エックハルト・マインベルク　壽福眞美・後藤浩子訳

Das neue Menschenbild im Zeichen der ökologischen Krise

エコロジー人間学

ホモ・エコロギクス——共-生の人間像を描く

Homo Oecologicus

Eckhard Meinberg

新評論

Eckhard Meinberg

HOMO OECOLOGICUS

エコロジー的人間とは何か——訳者から読者に向けて

全面的疎外に無自覚な現代人

エコロジー的危機は、たとえばレスター・ブラウンと「ワールドウォッチ研究所」が毎年報告しているように（『地球白書 2001—02』＝最新版、家の光協会、二〇〇一年）、日に日に深刻化している。これほど多くの人々が、持続可能な地球、循環型社会の建設に向けて、日本で世界中で努力しているにもかかわらず、残念ながらそれが現実である。

なぜなのだろうか。

この問いにたいして、本書の著者マインベルクは、全面的疎外に陥った自分自身を自覚できず反省できない現代人の精神的・身体的あり方にその根源があると考える。具体例を挙げよう。

衆目の一致するところ、エコロジー的危機を引き起こした主犯の一人は、〈ホモ・エコノミクス〉である。この人間像、すなわち、我々現代人の象徴は、経済合理性を金科玉条とし、獲得貨幣量利潤の極大化を唯一つの目的とする。このエゴイストにとっては、自らの快楽の最大化だけが計算と行動の原理なのだ。

まず、〈ホモ・エコノミクス〉にとって、人間を含めあらゆる生命を維持するシステムとしての自然生態系は、人間にとっての有用な価値という尺度に従って、操作、従属、支配される「他者」となる。これは、人間以外の生物を含め、あらゆる自然を他者とする意味で、徹頭徹尾、人間中心主義思想の典型と言えよう。

次に、我々の日常生活の基盤となる隣人、コミュニティについても、〈ホモ・エコノミクス〉においては相互扶助の共同主体ではなく、「私の快楽」を減殺する「疎遠な他者」となる。

そしてここでは、相互に平等な個人として相互補完関係にある男女関係も、文化＝男性によって、自然＝女性が支配・従属させられるヒエラルキー関係となる。貨幣・利潤を生みだす〈営利労働〉は、すぐれて男性の特権的役割とされるからである。

さらに、それだけではない。経済合理性に偏重した〈ホモ・エコノミクス〉は、理性を合理的な計算能力と同一視することによって、

第一に、人間というものが、身体をもち、直接的な自然体験と感覚をもつ自然的存在であることを忘れ、

第二に、この身体的知覚の土台の上に発展する理性の多元性・有機性・根源性を忘れ、

第三に、この身体化された理性、感覚的理性に基づいて、自らがその生と生活世界を自由意思に従って創造する文化的存在＝総体的人間であることを忘れてしまった。

このように、現代人たる〈ホモ・エコノミクス〉とは、三重の自然（外的自然、社会的・性的自然、内的自然）からの疎外を体現する存在、すなわち、エコロジー的危機を先鋭化させると同時に、その根

源的事実を自覚できない我々一人ひとりなのである。

ホモ・エコロギクス——二一世紀の人間像

〈ホモ・エコノミクス〉に未来はない。それでは、エコロジー的危機を克服し、二一世紀を創造する新たな理念、人間像とは何か。否、そもそも我々には理念的人間像が必要なのか。

マインベルクによれば、人間は〈欠陥ある生物〉として、生き残るための不可欠の手段として文化（技術や道徳を含む）的存在たらざるをえないよう進化してきた。文化の進化は、一方では自然的制約を逃れることは決してできないが、しかし他方では、人間—自然関係、および人間相互の関係を規定する要因として働いてきた。マインベルクは、この文化的進化の中核を、人間が自らについて描くヴィジョン、想像力による理念像のうちに見い出している。自然的・文化的存在としての人間は、そのような理念なしに生きることはできないのである。

マインベルクの提唱する〈ホモ・エコロギクス〉＝「エコロジー的人間」は、そのような理念的人間像として、〈ホモ・エコノミクス〉の対極にある。両者は、いわばポジとネガの関係にある。

その特質を手短かに紹介しよう。

(1)人間を包む自然は、全体的主体、一切を包摂する主体である。したがって、自然を構成するあらゆる生命もすべて平等であり、存在するという事実自体に価値がある（ここでマインベルクは、この裏面に、存在するか否かを判断する主体が人間であるかぎり、ディープ・エコロジーと同じく、エコ・ファシズムの危険が潜んでいることには無防備である)。

(2)文化的存在としての人間は、他の生命を殺す能力と過剰な欲望をもたざるをえないがゆえに、逆に、自覚的に禁欲し、他の生命との共-生*を実践する義務を負う(この考えは、自然生態系が、複雑かつ精緻な相互依存の共同体であって、一つの要素の消失が全体の均衡を脅かすというエコロジーの原理と照応する)。より進化した人類には、共-生を追求し保持する道徳的責務が課せられているのである。

(3)この共-生の理念は、もちろん人間世界の枠内をも貫く。

第一に、国民国家の枠を超えて、地球村の平等なメンバーとして〈地球市民〉、〈世界市民〉の立場から、全人類の共-生を実現しなければならない(この点で、マインベルクが南北の構造的不平等問題について言及していないことを、訳者としては残念に思う)。

第二に、国民国家内部においても、性・年齢・宗教・エスニシティ・国籍等々の属性による〈差異と排除のパラダイム〉は、多元主義的共-生に転換される。とりわけ、男女両性間の共-生は、相互補完原理あるいは両性具有原理・男女共通原理に基づいて再構築される必要がある(残念だが、ここでもマインベルクは、エコ・フェミニズムにおける〈女性と自然の親和性〉原理の積極的意味には触れず、「適切な生殖」(本書二二一―二三〇頁)という国際金融機関の脅迫的スローガンに対し無批判的である)。

(4)〈ホモ・エコロギクス〉の内面的構造は、三層**をなしている。

・**身体性**――自然物としての身体は、衝動・感覚を通じて世界に開かれている。この「身体―感覚―世界」の調和、自然の直接的体験が根源的基盤となる。

・**感性・情緒**――道具的理性が席捲し、メディアによるフィクションが支配する現代では、人間の内的自然に起因し、経験を通じて発現する感性の復権が、とくに重要な意味をもつ。

・**身体化された理性**――分別・判断し推論する能力としての理性は、身体性と感性の支配者ではなく、両者の共鳴板に他ならない。

(5)このような理念を実現するためには、必然的に〈ホモ・ポリティクス〉とならざるをえない。というのは、〈ホモ・エコロギクス〉が自然・身体的、道徳・倫理的、経済・技術的、美・感覚的、感性・理性的等々の存在として、文字通り〈総体的人間〉、二一世紀の新生人間であろうとするかぎり、その実現は自らの力に依る以外になく、したがって、既成の政治勢力を頼りにすることはできないからである。〈ホモ・エコロギクス〉は政治的市民としても成熟しなければならない(ただし、マインベルクは政治的ユートピアのヴィジョンについては明確にしていない)。

(6)したがって、ホモ・エコロギクスは、(1)―(5)の特質をもった人間へと生成するために、自らを陶冶形成する主体、自己教育の意思をもった人間を意味する。

＊共‐生：地球生態系は、何億年もの進化の過程を経て、現在見られるような平衡状態に達した。そのなかで万物は各々固有の価値をもった存在であり、いわば等しく生存する「権利」をもっている。それと同時に、より進化した存在は、万物の共生にたいするより高位の「義務」を負っている。なぜならば、たとえば人間は、植物が動物(人間を含む)の生存基盤となっていることを認識できるという意味で、植物の保全に責任を負っているからである。この「権利」と「義務」

に基づいた二重の意味によって、共 - 生を理解する必要がある。その意味を強調するために、たんなる共生ではなく、共 - 生とした。

＊＊厳密に言えば、三層構造ではなく、三集合の重層体であろう。

ヨーロッパ人間学の精華

ただし、マインベルクの構想する〈ホモ・エコロギクス〉は、彼単独の思索の産物ではなく、また、彼の生誕地ドイツに限定されるものでもない。

第一に、マインベルクは、プラトンやアリストパネスに始まり、ルソーやヘルダーを経て、サルトルやアドルノ、フーコーに至るヨーロッパの人間学、とりわけエコロジー倫理の精華を、理念的人間像の再構成という独自の視点から総括している。その意味では、読者は漸新なヨーロッパ社会思想史としても本書にあたることができよう。

第二に、マインベルクは、エコロジー的危機の根源を〈ホモ・エコノミクス〉に定め、その鏡像として〈ホモ・エコロギクス〉を構想していることから、この人間像はグローバルな資本主義的市場経済化にたいするオールタナティヴの一つとなりえている。南への視点が外されていることは、訳者として惜しまれるが、我々「日本人」にも示唆することの多い労作と言えよう。

二〇〇一年五月二〇日

壽福　眞美

エコロジー人間学／目次

エコロジー人間学

ホモ・エコロギクス――共‐生の人間像を描く

はじめに

自然の慰めがなければ
世界霊魂〔人間の魂の根源〕は苦しすぎるものとなろう

エコロジー的危機には数多くの原因や兆候があり、危機は絶えず新たな場所に広がっていき、巨大な影のように人類にのしかかっている。チェルノブイリはこの危機の比類なきシンボルとして悪名をはせている。この危機は現実にもまた可能性としても、地球的規模の射程をもつものであり、過少評価されてはならない。このような事情はまた、多様な活動の確かな原因ともなっており、世界規模のエコロジー的ジレンマを解決しようと、さまざまな形で誠実に努力がなされている。

誰の目にも明らかなように、この危機に続いて生気に満ち溢れた文献が（その一部は問題関心も議論のスタイルもきわめて多様だが）誕生した。そのトーンは必ずしも黙示録的な警告となることを免れているとは言いがたいが、最も広い意味で道徳的なインスピレーションに満ちたものとなっているように思われる。一連の出版物はきわめて多様な論拠に基づいてはいるが、それらの目的はこの危機の緩和策を提起することにあり、本書の探求を駆り立てた動機もまた、こうした意図に沿っている。だが本書はもっと野心的で、全体として他の文献よりももっとラディカル〔根源的〕な問題提起を行っている。つまり、そこでとくに問題としているのはエコロジー的危機を根源から把握することである。しかもその根源は人間自身のなかにあるのだ。この危機は逃れることのできない運命として人類に襲いかかってきたのでもなければ、盲滅法に荒れ狂う自然現象（もし自然現象であるなら人類は無力なまま身を委ねるほかないであろう）から出てきたものでもなく、結局のところ人間の行為がつくりだしたものなのである。

この意味で本書の究極のテーマとして前面に出てくるのが、人間の自己理解ということだ。エコロ

事故を起こしたチェルノブイリ原発４号炉。現在でもすさまじい放射線を発し続ける世界最大の核廃棄物。崩壊の危険にさらされているが、防ぐ手だては見つかっていない。（写真・文：広河隆一。「チェルノブイリ子ども基金」のホームページより。http : //www.smn.co.jp/cherno/index.html）

ジー的危機が提起しているのは、人間の使命を今ここで、新たにこれまでとは異なった形で問いかけることである。なぜなら、この危機のなかでは人間そのものが問われているからだ。

個々の人間と人類全体を対象とするこうした省察は人間学の領域に属する。さまざまの研究者がエコロジーの問題を熱心に追求してきたにもかかわらず、これまで人間学はそれに相応《ふさわ》しい注目を集めてこなかった。だが、人間の自己理解過程が問題とされる場合、人間が昔から自らに課してきたラディカルな問い、つまり、「人間とは何か」を問題とする人間学が沈黙を守ることなど不可能である。こうした問いにたいして人間学はしばしばさまざまな人間像を創造することで答えてきたが、本書の場合もそうである。人間はある像を描くことで自分をつくる傾向をもっている。だから、本書の試みの焦点にあるのは、エコロジー的危機の緩和を導く像としても役立ちうるような像を構想することなのである。

このような人間モデルは具体的な経験やエコロジー的危機との関わりに基づいており、「ホモ・エコロギクス」と命名されることになる。このモデルを使えば、人間の宇宙《コスモス》像が特殊な異形にまで拡張されることになるだろう。詳細を二の次にすれば、この像は、文化対自然という根源的な緊張関係から生まれてくる。そして、ホモ・エコロギクスは、自然と文化の両極を行ったり来たりしているうちにはっきりした形をとる。こうして、この人間像は必然的にきわだった特徴を獲得し、人間を可能なかぎり「総体的」かつあらゆる次元にわたって（深部に根ざした身体性にも入り込んで）正当に評価しようとするのである。

第一章　出発点

危機は異常なこと、一回かぎりのこと、偶然のことといった雰囲気をとうの昔に失ってしまった。時とともに人々は危機に慣れていき、今では危機と（あわただしくかき集められた）危機管理が日常の話題となっている。そして、危機はどこにでも見られるものとなり、ほとんどあらゆる生活領域を貫くもの、人間が現存するうえでの堅固な構成部分となってしまい、人々はこの危機に立ち向かうことを学んでいる。だが、核心をつかむことが困難であったり、あるいはきわめて不充分にしか核心をつかめない危機も存在している。つまり、とくに地域的に限定されないような危機や、原因や結果がまったく認識できないような危機である。危機が氾濫し多面的になればなるほど、それと首尾よく闘うことはいっそう難しくなる。このような事実が現代の何らかの危機に当てはまるとすれば、かなり以前からエコロジー的危機として広まっている危機にもまったく確実にそれは当てはまる。この危機は地域を越えた世界規模のもので、地球に住む人間すべてに関わっている。あるいは近い将来そうなるであろう。危機のひどさは、あちらよりもこちらの方が差し迫っているといった具合に、感じとり方の強烈さの点でもいろいろと異なり、その構造も異なっているかもしれないが、危機が国家を越えて現存していることに異論はない。

それだけではない。この危機の規模は高度に複雑化しており、その克服に敢然と立ち向かう人々すべてに数多くの謎を投げかけている。この特有の危機に関する知識は今もなおきわめて制限されており、そのため厄介な状況に陥り、本気で障害と闘うことが困難になっている。

ただ、このように知識が不足しているとはいっても、納得のいく危機の原因をいくつか挙げることは

東京のゴミも行き場をなくしている。（中央防波堤廃棄物処分場）

できる。その大部分はよく知られているものなので、本章ではごく手短かに述べておくことにしよう。

「惑星の略奪」という告発が正当だとすれば、時として浪費と区別できない点で、原材料の消費は「エコ・ギャングの行為」と紙一重である。なかでもとくに途方もない上昇率を示すエネルギー需要が挙げられる。かつては万能薬ともてはやされた原子力エネルギーも、一九八六年四月のチェルノブイリの災害以来、たんにエネルギー需要を賄う存在以上のものとなってしまった。

事態をとくに難しくした原因としては、消費量の絶えざる増加もある。ゴミの堆積が増大し、ゴミ処理が厄介なものとなるなかで、このことは紛れもなく誰の目にも明らかとなってきた。ゴミ焼却施設は出来高払いの〔ゴミ処理業・運搬業のような〕仕事をつくりだしているが、使い捨て社会の決定的なシンボルであるこの大量の塊をいつ処理できるようになるのか、厳密には誰にも分からない。なかでも有毒ゴミが目下のところ夜陰に乗じて、工業国から第三世界の国々に運ばれ、そこで二束三文で売られており、これはとりわけ恥ずべき問題となっている。

これに加えて、もう一つセンセーショナルな調査結果が明らかとなった。世界には「穴」が一つあいているのだ。悪名高いオゾン・ホールがそれである。オゾン・ホールがすでにすっかり悪化した状態だとすれば、それはその重大性と緊急性の点でいわゆる温室効果（これまた同様に、近年警告が発せられるようになった概念）よりはるかに勝っている。

最近新聞一面に大見出しで載ったアマゾン流域の熱帯雨林皆伐策はかなりの物議をかもした。というのは、皆伐によっていっそうの気候変動が懸念されるからである。毎年ドイツ連邦共和国の面積に匹敵する熱帯雨林が絶滅している。このことは洪水や旱魃、荒廃を引き起こし、当該地域を越えた影響を及ぼすだろう。それは同時に、文化の破壊も生みだしている。この地域の住民たちは、何百年にもわたって生活してきた場を放棄せざるをえなくなっているのである。

全体として見ると、人間の破壊志向の意思にはほとんど際限がないように思われる。交通、そしてますます過密になってきた交通網（地上でも、ボーイングやエアバスの飛ぶ空中でも）は破壊を上塗りしている。直視すべきは、旧西ドイツでは一九七〇年から八〇年にかけて一〇万キロメートルの大通りと経済道路が自然のなかに侵入し、一万キロメートルの河川がコンクリートで固められるか直線化させられた、という事実である。

ところが、それでも人間の破壊と征服の欲求はまだまだ満たされるどころではなく、言葉の二重の意味で「もっと高度なもの」〔宇宙とハイテク〕を手にしようと努めている。人間が地球外に突進するのを引き止めるものは何もないのだ。有人であろうと無人であろうと、宇宙飛行は人間の生存の可能性を地球の外部にまで広げ、宇宙を植民地とする巨大プロジェクトの代表的なものであり、しかも新たに誕生した「ハイテク文化」の印象深いシンボルとなっており、一部の自然が充分保護されないままにこの文化に引き渡されている。「自然保護」と言うけれども〔自然はたいてい充分な保護など受けてはいない!〕、人間の方も自分を保護しなければならないのだ、しかも自分自身から。なぜか。

エコロジー的危機の一つの原因は、近年爆発的に増えている人口にあると見られている。国連の見積りでは〔一九九五年〕現在約五〇億人以上の人口が、西暦二〇〇〇年にはおよそ六二億人になるとされている〔秒刻みの人口調査結果をリアルタイムに公開しているホームページ www.census.gov によれば、二〇〇一年六月現在、六一億人強〕。二〇二五年にはおよそ八五億人と推計され、その間にメキシコならびにインドの人口はとくに急激に増えることになる。地球全体で見ると、地域間の格差はいろいろあるが〔いわゆる開発途上国では工業先進国と比べて、はるかに大きな人間の洪水に見舞われる〕、五日毎に約一〇〇万人ずつ増加する計算になる。それによってもたらされるエコロジー的な損得計算はきわめて簡単なものだ。人間が地球上にたくさん住めば住むほど、それだけ消費量が増え、有限な天然資源が減少することになる。† これに政治的な問題が加わる。ますます低下し悪化する生活条件をめぐる闘争、食糧をめぐる争い、飢餓、貧困の一般化、難民の群れ、失業が予測されており、これはさらに先鋭化するであろう。

これを否定するような人間がいるだろうか。エコロジー的危機は根源的な危機であり、しかも多次元にわたる危機であって、相異なる「顔」と犯人をもっているのだ。

エコロジー的危機とは、人間と自然の関係の危機である。人間と自然の関係はますます齟齬をきたす危険に直面している。これこそエコロジー的危機のメッセージそのものなのだ。この危機は劇的に先鋭化してきているので、人類は自然との関わりかたを、改めて徹底して考え抜く必要がある。

その場合、政治家の助けにどれほど期待してよいのかは疑問だ。この間にほぼどの政府も環境部門(これはたいていの場合、省庁間のヒエラルキーのために見通しは暗く、したがって充分な権限ももってはいない)を設置したのは確かだが、実際に雄大で決定的な構想をもつにはほど遠い。

政治的な社交場での国際的な議論は中途半端に終わるのが普通で、励みになるどころの話ではない。それは駆け引きに満ちたオゾン・ホールをめぐる議論でも、一九九二年のリオ〔地球サミット「国連環境開発会議」〕、九五年のベルリン「環境サミット」でも証明されている。後者では人を幻滅させる政治的な「小競《こぜ》り合い」が前面に出て、「お偉方の」政治がどれほど時間の逼迫《ひっぱく》を認識していないかがはっきりした。これと同じく、国際的に無条件に要請されている調整過程も利害の相違のためになおざりにされたり、ボイコットされたりしていることはその後も証明されてきたし、現在でもそうである。だから目下のところ、そういった政治にそれほど多くを期待することはできないし、政治的な専門的知識や先見の明、眼識によってエコロジー的な被害を少なくしたり抑えたりすることは、はるか彼方に追いやられているのだ。

エコロジー的危機が強烈かつ具体的に示しているのは、自然と環境が政党政治の言い争いやまやかしを全部飛び越えて政治的なカテゴリーになってしまっているということ、しかもそれがすべてを、つまり普遍性を獲得しているという意味でそうなのだ。とりわけ一九七〇年代以降には、「エコロジー運動」がこの議論の輪のなかに入ってきて、しばしば既成政治にたいする公然たる抗議運動となってきている。

自然の濫用をストップさせようとする組織があちこちでできてきている。「グリーンピース」〔先駆的な国際環境保護団体〕はその特別な例と言える。また一九六八年には、五〇以上の国からのおよそ一〇〇人の科学者、経済学者、政治家からなる「ローマ・クラブ」も結成された。これは純然たる政党政治的な目標を掲げてはいるものの、人類の未来を深く憂慮して創設されたもので、それゆえに世界政治はこのクラブの主要テーマに向かって進んできたのである。「世界の現状」を診断すると同時に、建設的な解決策や戦略を提起することにメンバーの関心は集中しているし、それと並んで、数多くの運動も誕生している。たしかに環境の絶望的な状態は広く知れ渡っているとは言えないが、それでも多くの人がそ

---

†訳者注――ただし、著者のこの議論には致命的な欠陥がある。というのは、いわゆる人口爆発の事実が問題ではなく、北の豊かな国々の人間――我々日本人を含む――の過剰消費と浪費、北による南の搾取、南の国々における構造的不平等が根本問題だからである。さらに、南の人口増加だけを指摘することは、エコ・ファシズムの危険さえ孕《はら》んでいる。

れを知っている。

明らかにエコロジー的危機は、矛盾を内包しつつも危機に対応しようとするひとつの大きなうねりを引き起こした。それにたいして無関心でいられるのは鈍感な人間だけにすぎない。思考と行動の方向を変えようという呼びかけがきわめて頻繁になされている。人類の根源的な意識の変革が求められているのだ。人間の新しい観念と理念が呼び起こされ探し求められている。今とは質的に異なる別の意識形態だけが人類の未来を保証できるのだ、という信念は人々のなかに深く根をおろしている。エコロジー的危機は断固として、新たな人間の存在形態および異なるライフ・スタイルの探究を呼びかけているのである。

まさにこれが本書のテーマの肝心な点であって、この危機にたいして〔新たな〕人間像の構想を提示することで答えてみたいという欲求がテーマ探求の原動力となっている。エコロジー的な警告は人間に関するさまざまの新たな観念を伴侶としているが、私はこれを前提として、次のような人間像を描いてみたい。つまり、それはエコロジー的危機の経験に基づき、この危機にたいする意識を鋭くするだけでなく、（できるだけ！）行動も規定できるような理念像としての人間像である。これがホモ・エコロギクスと命名されるものなのである。

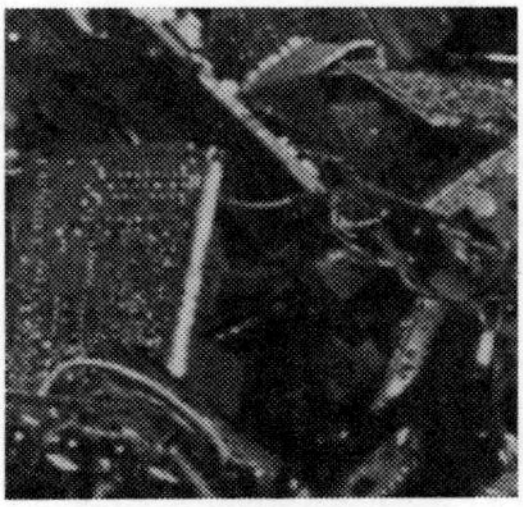

第二章　最初のアプローチ

——ホモ・エコロギクス論の現在

この間エコロジー的危機はある新たなジャンルを生みだした。エコロジー学がそれであり、その著者たちの出自はきわめて多種多様である。すでに一九六二年に発表されたアメリカの作家レイチェル・カーソン〔一九〇四―六四〕の『沈黙の春』はその注目すべき前兆であるが、彼女はそこで〔科学・〕技術革命によって引き起こされたエコロジー的な皆伐と荒廃を生々しく鮮明に描きだしている。エコロジー学には、時としてロマン主義的な色合いを帯びた自然の叙事詩と並んで、化学式の充満した分析があり、また神学的な警告の書と並んで確かな統計や教育プログラムも含まれている。意図や方法、読者層はそれぞれ異なるが、さまざまな文献が文字通り次々と出版され、しかも八〇年代以降、環境―自然をめぐる学問的な論争が誰の目にも見えるように活発になり、それに触発されて新たな専門領域――たとえばエコロジー的心理学、エコロジー的教育学、環境医学等々――が生まれてきた。

学問が果たす役割は、全体として見ると、二つに分裂している。すなわち、一方で学問はエコロジー的危機の連帯責任を問われ、激しく非難され、次々と告発されてきた。そうした――たいていの場合匿名で学問そのものに向けられた――非難が正当なものかどうかをここで判断する必要はない。むしろもう一つの側面を指摘することが有益である。すなわち、――自然科学、精神科学、社会科学といった「古典的な」区分、しかも説得力のない区分に従うかどうかに関係なく――ほとんどすべての学問が危機に触発されて環境と自然を「自らの」テーマとして再興したり、あるいは新たに発見し明確化する、という事実である。こうした〔人間の〕実存に関わるような問題に共感しないまま、「環境プロジェクト」や「第三の方法」が探究されうるような学問領域は目下のところほとんどない。

いくつかの学問領域を選んでザッと眺めてみれば、このことは確認できる。まずエコロジー〔生態学〕だが、これについてはすでに繰り返し語られてはいるが、明確な概念が確立しているとは言えない。ではいったいエコロジーとは何なのか。この言葉が本当の意味でつくられたのは一〇〇年以上も前のことで、エルンスト・ヘッケル〔一八三四―一九一九、ドイツの医学者・生物学者・哲学者〕に遡《さかのぼ》る。彼は『有機体の一般形態学』（一八六六）でこの概念を使用し、エコロジーを生物学の一分野として確立したが、そこでは有機体と外的環境世界との関連が力学的に説明されている。

この間エコロジーはこの元々の意味からかなりかけ離れ、生物学圏を脱して、今日では――このうえなく多彩な理論的出発点に源を発する――きわめて異なるアプローチを統合するものとなっている。人間の労働スタイルやライフ・スタイル（ここではたとえば水汚染や原子力エネルギーを考えればよい）による環境への影響に主たる注意が向けられ、学問としてのエコロジーは現在においても将来においても途方もなく成果が期待される遠大な営み、まさに普遍的な営みとなっている。

たとえば歴史学においても、環境問題にたいする無関心など少しも感じられない。環境問題というのは私たちにとって火急の問題だから回想とか回顧録とは関係がない、そう思うことはできるかもしれないが、人間はいつの世も環境と関係をもち、環境を保護したり破壊したりしてきた。だから環境破壊は現代の産物などではないのだ。時々の環境破壊が歴史的に一回かぎりだというのは確かだが、それぞれに固有の前史があるのであって、それについては、たとえば古代の証言や悲歌が教えてくれる（一九・二〇世紀〔の環境の歴史〕に関してはBrüggemeier/Rommerspacher 1987. Jäger 1994）。

人間の態度と行動がテーマとされる場合、社会学も登場する。その主たる狙いは環境の社会的解釈であり、それによって環境と自然は社会的カテゴリーとなる。環境問題には社会的次元が少なからず存在しているという認識がそこにはあり、とくに次のような点の解明が目指される。すなわち、どのような社会的布置関係と分化の過程が環境問題の発生を制約・促進してきたのか、それは社会によってどのように受け取られているのか、そしてそれは後代の発展にとってどのような結果をもたらす可能性があるのか、またそれを通じて政治的な立場や態度、ライフ・スタイル、生活形態はどのように変化し、またどう変化させうるのか、ということである。さらにはまた、社会にたいして「危機にある社会」（Beck 1986）というレッテルを貼ることも、エコロジー的「原罪」がすでに社会的共同生活をどれほどの状態にしているかを具体的に物語っている。ただし私たちは、エコロジー的危機〔への対処〕を指導していく可能性にたいして準備ができていないのが現状だが。

この指導の過程にはもう一つの学問、心理学も関心を寄せている。心理学で問題となるのは、社会を指導していくことではなくて、（たとえ社会的環境との相互作用のなかで行われるとはいえ）個人の行動であり、とりわけエコロジー的危機が個人の態度にどの程度影響するのか、またどの程度行動のパースペクティヴを変えるのか、少なくとも部分的にどの程度行動の指針となるのかといった問題を追究しようとしている。

こうした一般的問題の場合、心理学は（同じく行動科学である）教育学とも関連してくる。この学問は教育活動によって環境問題にたいする意識を助長し、適切な環境教育の可能性をもたらそうと努めるものだ。

だが手助けとなるもう一つの「古い」学問、医学も中心的なものとなっている。すでに広範に汚染された環境が悪質な病因と同じくらい〔人体に〕負荷を与えていることが証明され、また健康に敵対的な環境がおそらくは尽きることのない病源を内に抱えていることが恐れられるようになって以来、医学研究はのっぴきならない状況に追い込まれることになった。こうして環境医学の必要性は疑いもなくはっきりしてきたように思われる。

このような僅《わず》かの「抜き取り検査」からも分かるように、エコロジー的危機は多種多様な学問研究を活性化させることができるのであり、個々の学問がどれほど異なる議論のスタイルをもち、どれほど分業化・専門化されている――これが学際的な議論を困難にする――としても、事態はそのように進行しているのである。個々の課題設定や方法が諸分野ごとに隔てられ、真の対話の痕跡を見つけることができるのはきわめて稀だとしても、環境と自然の問題は緊急のものとなっているのだ。

他方上記の学問すべてを（名前を挙げなかったたくさんの学問も含めて）もっと厳密に見てみれば、それらがホモ・エコロギクスについても何事かを語っていると確認できよう。たとえば社会学はホモ・エコロギクスを社会的動物としてテーマにし、教育学は教育的動物として、医学は患者的動物としてテーマにしている。ただし、さほど明示的に行っているわけではないので、次のように言えよう。ホモ・エコロギクスの占める位置は上記の個別科学のなかにもあり、そこではホモ・エコロギクスについて何事かが――あれこれの特殊性についていわばモザイク風に――語られている。しかし、バラバラに併存しているものをまとめあげるこの「タイプ」の全体像は欠落している。とはいえ、それが必要となっているのだ。

そこで、全体像のことは脇に置いておいて、まずそのような〔個別科学の〕目論見《もくろみ》は体系のなかでいったいどこに位置づけることができるのか、またその目論見が思考の展開にとってどのような影響を及ぼすのかから始めることにする。散発的に瞥見してきたことからも分かるように、環境はエコロジー的危機を特徴とする状況下にある。

学問はひとつの議論の舞台だけを作りだすにせよ、詳細な説明はほとんどすべての領域にまたがっている。そのうえその場合、いわゆる人文科学の動機はさまざまでニュアンスも異なる。しかし同時に、それらの説明はホモ・エコロギクスという琴線に触れているのだ。もちろん学問の抱く野心は、均衡のとれた、「確固として」考え抜かれたホモ・エコロギクスの全体像を明示的に創造するところまでには至っておらず、実際にはあれこれの側面を描くことで満足しているのではあるが。

ではそのような包括的な人間像を諦められるだろうか、また諦めねばならないのだろうか。けっしてそんなことはない！　ただ問題は次のことだ。いったいどの領域で何を遂行できるのか。誰にその能力があるのか。どこで人間の、したがってホモ・エコロギクスの総体的かつ包括的な属性を人間の条件の特化として描けるのか。なによりもまず哲学が必要とされるのではないのか。哲学は昔から、存在全体だけでなく、存在の全体性のなかでの人間を考察することを要求しているのではないのか。その通りである。

哲学は過去一〇年間、自らの大いなる要求のますます多くを捨て去ってきた、あるいは捨てざるをえなかったというのはまったく正しい。それ以来、ほとんどの場合、経験的研究を志向する個別科学がこの前衛のなかに侵入し、それぞれが専門に特化することによって目に見える成果を挙げ勝利をおさめ、（必ずしも完全に追放できたわけではないにせよ）哲学を傍らに押しやってきた。だが相変わらず現在でも、哲学が保持し、とくに哲学的にも処理されるような問題にたいする要求は存在している。ありとあらゆる細部を包括し、それをまとめあげるような全体像を提供することが今でも重要な課題だとすれば、ホモ・エコロギクスというテーマもそのような哲学的領域のなかで追究される必要がある。それを実行するのは依然としてまず哲学の課題なのだ。

もしホモ・エコロギクスの全体像を描くことが哲学の仕事であると確認できるなら、そのためには哲学を厳密に規定することが望ましい。というのは、哲学はたくさんの部門、区分、下位区分をもった広大な領域だからである。哲学は普遍化の要求を掲げているにせよ、他のすべての個別科学同様、分化と専門化を特徴としており、相異なる分野の諸々の哲学に分裂している。存在論〔存在者を存在者として成立させる本性や可能性である「存在」に関わること〕は形而上学と競合し、実践哲学は歴史哲学と、美学は国家哲学や法哲学、教育哲学等々と競合しているのである。

哲学者の眼というのはあらゆるものを一度にかつ同時に観察しているのではなくて、選択的な視点をとっているものであるが、それにもかかわらず存在の総体を同時に考える必然性をもっている。それが哲学者の品位であり存在理由だからである。かりにもし哲学がエコロジー的危機にたいして無関心である場合、それはまさに怠堕なのであって、むしろおそらく哲学は他の学問に先んじて先駆者の役割を引き受けることができるのだ。ではこれまで何をしてきたのか。〔エコロジー的危機が〕無条件で要請している「業績」を提示したのだろうか。これについては、きわめて制約された形でしか、と答えるほかないであろう。

哲学は、一面ではエコロジー的危機にたいしてよい勘を働かせ、この差し迫った黙示録を思慮深く「受け取め」、分別のある注釈を書いてきたが、他面ではその欠陥は明白であって、全体として見た場合、その可能性にはまだまだ余地が残っている。

哲学の分野のなかで一番魅力的なのは倫理学であって、(純粋に出版点数に関するかぎり) 哲学の頂点に立っている。「エコロジー的危機に直面して人間は何をなすべきか」という問いがこれまでの倫理的議論では支配的であり、よく言われる目標設定としてはエコロジー的倫理学を据える試みが見られる。それは(エコロジー的な救いの声の時代に適切な道徳的態度をとる)転轍手たることを義務とするようなタイプの倫理学である。私たちは、エコロジー的倫理学の助けを借りて人類の自殺の可能性を頓挫させるべきである。だがその場合、ほとんど退化している倫理的な構想が互いに引き離され、多くの場合統合不可能とされているのが従来の状況であることを指摘しておかねばならない。とはいえ、哲学のなかでどの分野が一番熱心だったかと言えば、目下のところそれは倫理学の領域なのだ。

それ以外の哲学分野では状況ははるかに悪い。たとえば実際のところかなりエコロジー的危機に、したがって自然の問題に近接している場合でも、事態はよくはない(自然の問題は何世紀にもわたって自然哲学のなかで論じられているのだ)。事実この場合でも討論が始まったのは最近であって、(かなり長い間陥っていたいばら姫の)眠りからようやく覚めたばかりなのである。自然哲学という総称のもとにはさまざまな思想傾向があるが、広範な世論のなかで自然という言葉がポピュラーになったことでそれは疑いもなく利益を得ている。一九七〇年代の初めに人が「実践哲学の復権」について語ることができると信じていたとしたら、当然、自然哲学の復権にも着手しただろう(Böhme 1992)。もっともこれはエコロジー的危機がなければほとんど考えられなかったことであろうが。

　それ以外の哲学分野もすべて、私の見るところ、議論の余地がなく同様に判断される。それらの哲学はこれまでまさに覆《おお》いをかけられ、口火がついただけの状態で、名前を挙げる値打ちのあるものはほとんどと言っていいほどなく、だからまさに「壮大な」ヴィジョンもユートピアも生みだしてこなかった。歴史哲学や政治哲学も、あるいは「老婦人」たる形而上学も(エコロジー的危機をめぐる議論の場に)登場してはいない(登場は可能だったし有意義でもあったろうが)。

　したがって人はなおのこと息をのんで、比較的自律的なエコロジー的哲学と共鳴するような試みを待ち受けることになるのだ(Sachsse 1984 参照)。つい最近「エコロジー的危機の哲学」(Hösle 1991)が求められるようになったことで、きわめて熱心に哲学の良心に訴える動きが改めて芽生え、世界的な規模の人類の危機を適切な哲学的手段を用いて克服する試みがなされるようになった。これによって必然的にあらゆる分野の哲学が参加するようになったのである。

　これまで哲学は主として二つの軌道を敷いてきた。一つはこの領域特有の形で(たとえば倫理学ないし自然哲学として）エコロジー的な問題に取り組む試みであり、もう一つはエコロジー的哲学のコンテキスト内で〔諸領域間を〕架橋する試みである。いずれの哲学領域でも人間は、ホモ・エコロギクスとしてテーマとされ、たとえば倫理学においては道徳的動物として、自然哲学においては生物、すなわち身体に制約された生物としてテーマにされている。だがここでも他の経験的な個別科学同様、このような個々の要素を一つの全体像としてまとめあげることは断念されている。ではそうした企図はどこでなされるのだろうか。人間学の領域においてである。そこがホモ・エコロギクスの思想上の故郷なのだ。ホモ・エコロギクスは人間学にとってひとつの難問である。次章ではその理由について、暫定的な答えが与えられることになろう。

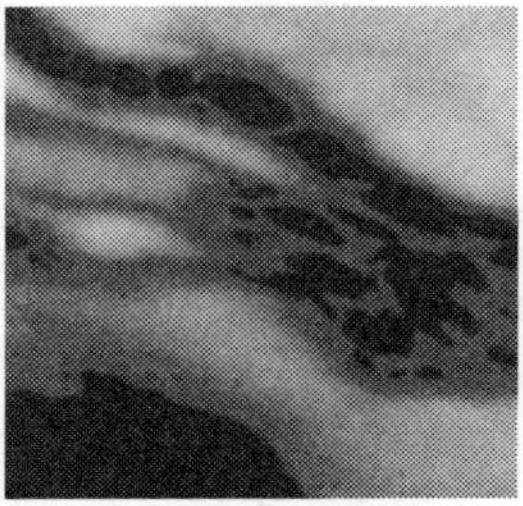

第三章　ホモ・エコロギクス——一つの人間学的問題

まず第一に人間学とは何か。実際これは難しく実に高度に複雑な問いであり、これにたいする答えは図書館に充満しており、一つに統一されてはいない。人間学は多様な意味をもちうる。広く通用している用法では、人間学という言葉は「人間についての教説」を意味する。これについては、あらゆる人間学の旋回点は人間そのものであって、際限なく異論が出てくるような余地はない。これをよくある言い回しに引きつけて言えば、関心の中心にあるのは人間であるということになる。

ではこのことは、「人間についての学」とも称されているいくつかの学問にも同様にあてはまらないのだろうか。哲学はその起源からしてつねに人間と人間的なものに集中してきたが、「人間についての学」〔という規定〕は哲学一般にはあてはまらないのだろうか。昔から諸々の哲学が養分を得てきた素材は人間ではなかったのか。ではなぜ「人間学」なのか。まさに哲学においてはすべてが、あるいはほとんどすべてが人間を中心として旋回しているのに、人間学が人間を専門的に扱うというのは奇妙な話ではないか。

これらの否応なく生じてくる疑問は少なからず哲学的で、学問の理論的相互関係を前提として含んでいるものだが、私たちはこれにたいする解答を、何のためらいもなく回避することができる。というのは、私たちはホモ・エコロギクスにたいしてただ〔ホモ・エコロギクスに相応しい〕場所だけを割り当てようとしているに「すぎない」からだ。ホモ・エコロギクスを人間学的視野のなかに取り込む主な理由は五つある。

古代の哲学的幕開け以来、哲学的思考の決定的な動機の一つは、人間の行為と思考の足跡を辿ることであり、この欲求は何世紀にもわたって命脈を保ち続け、新たな形態で表現されてきた。「人間が万物の尺度である」というプロタゴラス〔前五〇〇―四〇〇頃〕の箴言《しんげん》は長い間堅持されてきたのである。

その当時はまだ人間学という概念が公認されていなかったにせよ、すでに人間学的問題としての人間は重要だったのであり、それ以来これはもはや埋もれてしまうことはなかった。しかし、近代になって変化が生じた。マグヌス・フント〔ドイツの哲学者〕が一六〇一年に人間学を学問分野の名称として考え出して以来、この学問は広範な影響力を獲得し、まさに一八世紀後半、頂点に達した。古代や中世とは異なる問いかけと思考方法のなかで、人間学がアカデミックなサークルや「教養ある」サロンにかぎらず話題にのぼったのは確かであり、さまざまな色合いをもった多くの思想家の寵児となった。最も精通した唱道者の一人となったのがヴィルヘルム・フォン・フンボルト〔ドイツの哲学者〕であって、彼は高度な博識で同時代人を魅了し、とくに『比較人間学の計画』（一七九五）によって〔人間学に〕活力と輪郭を与えた。

この人間学に積極的に打ち込んだ実践家であり理論家であったペスタロッチ〔一七四六―一八二七、スイスの教育家〕も同様に、若干の文献学的準備作業の後に、容易には理解できない著作『人類の発達における自然の進行に関する私の探究』（一七九七）によって、真の人間学的デビューをした。偉大なケーニヒスベルクの哲学者イマヌエル・カント〔一七二四―一八〇四、ドイツの哲学者〕も引っ込んではいなかった。大評判をとるためめか。とんでもない。後期の講義草稿に基づく『実践的見地における人間学』（一七九八）は、カントが人間学的思想家であることを証明している。もし彼がこの領域でも価値基準を設定することに成功していなかったとしたら、カントはカントでなくなってしまっただろう。マルクス・ヘルツ〔一七四七―一八〇三、ドイツの哲学者・医師〕宛の手紙で表明された彼の意図は、人間学を真の学問領域として導入してその価値を引き上げることであった。その結果、叙述のなかでは、より自然科学的な人間学とより精神科学的な人間学が区分され、この区分は今日に至るまで人間学にとって有効性を保っている。いくつかの詳細な点については今日では時代遅れとなっているにせよ、カントは人間学の歴史に重要な一章を記したのである。彼によれば、人間学は、「人間とは何か」――人間の思考が自らに課すことができ、また課さねばならない第一義的問いの一つ――という問いにたいし〔して回答〕する独占的な権利を獲得しているのである。

ホモ・エコロギクスを人間学的視野のなかへ取り込む五つの理由

(1)ホモ・エコロギクスも以上のような〔自然科学と精神科学への〕地平の広がりを前提として〔人間学的視野のなかに〕位置づけられねばならない。というのは、ホモ・エコロギクスは、人間とは何かという問いに答える試みとみなされうるからである。それによってホモ・エコロギクスは、哲学的行為としての人間学のなかで自分の正当な場所を獲得する。カントの不滅の功績は、人間学の思考領域の境界線を定めたことであったが、この〔カントの〕人間学の奇妙さの一つは、彼が人間学に最上位の問題設定を認めながら、その問い自体にははっきりとした回答を与えなかったことである。一八世紀末に播かれた種が芽を出すまで何十年も過ぎた。厳密に言えば、二〇世紀初頭の三〇年間に、哲学に籍をおく権利をもった人間学がこの世に誕生し、この哲学的人間学が哲学の一分野として成立したのだが、それが、ホモ・エコロギクスのプロジェクトにとって重要となる、より広範なモチーフと目標設定をもたらしたのである。

(2)二〇世紀の哲学的人間学は、カントの一般的問いをもち続けているだけでなく、これを哲学のテーマ設定そのものだと宣言する。というのは、哲学の中心問題は皆、ある程度はこの問いを出発点とし、また終着点としているからである（シェーラー）。人間学は長い歴史をもつが、その根本的要求ゆえに一時的に哲学の王座に着くのだ。これにはとりわけマックス・シェーラー（一八七四―一九二八、ドイツの哲学者・社会学者）とヘルムート・プレスナー（一八九二―　ドイツの哲学者）が寄与している。彼らの著作『宇宙における人間の位置』（シェーラー）と『有機的なものの諸段階と人間』（プレスナー）は二つとも一九二八年に刊行されたが、それらは人間学を定礎する書物となり、その後数多くの思想家たちに直接間接に影響を及ぼし、二人を範とさせることになった。人間学的テーマは哲学の優先順位リストの最初に載り、一時的に他のすべてのものを第二義的なものへと押しのけた。しかし、（いわば時代の風潮であった）人間学の並外れた示唆の力強さはいったい何に基づいていたのだろうか。

人間の位置を世界全体のなかで新たに把握しようとする強い要求がそれに寄与したのは確かである。自分たちの世界にたいして人間がとる立場が脆弱になり、もはやそれが自明のものではなくなって、解体し始めたのである。ある大きな方向づけの必要性が拡がり、世界にたいする慣れ親しんだ信頼が広範囲にわたって消え去った。そのような状況下で哲学的人間学は、考えうるかぎり根源的に人間と世界の関係を、より正確に言えば、人間と世界の連関そのものを問題とする。そしてまさにこのことによって（これは後戻りのきかないことなのだが）、ホモ・エコロギクスの考察に向かう〔理論的〕枠組が可能となる。というのは、後に明らかにされるように、ホモ・エコロギクスを考案する必要の源は人間と世界の緊張関係にあるからだ。そこでは人間と世界の関係が欠陥のあるものとして経験され省察されるからである。

こうして、人間をめぐる多種多様の異質で分裂した知——これは専門化された個別科学に支えられ、堆《うずたか》く蓄積されている——を並存状態から解放し、人間についての統一的理念に関連させることに目標は限定される。ダイナミックに把握された人間存在の合法則性に迫ろうとするこの哲学（プレスナー）が人間についてさまざまな見解を生みだすことは、何ら驚くべきことではないし、しかもそれは一つの側面にしかすぎないのである。

(3)他面で、この哲学的人間学は統一的な理念（シェーラー）の必要性にたいして開眼させようとする。私たちの思考の歩みにあてはめてやや単純化すれば、ホモ・エコロギクスは人間のある特有な理念を表現しているのだが、これは人間について個々別々に獲得された相異なる洞察を一つの全体像に統合することを念頭においており、ホモ・エコロギクスに関して個々に鑑定された重要な内容を結び合わせ、緊密に繋ぎ合わせようとする。個別科学には見えず他の哲学部門も除外してきたものを、人間学的な見方は、統一的なホモ・エコロギクスを基準として叙述しようとするのである。

もしホモ・エコロギクスのポートレートを完璧に描写する何らかの叙述の「媒体」が存在するとしたら、それこそ人間学なのだ。

(4)人間学的議論を的確にかつ卓越した形で捉える営みの一つが人間像と世界像の関わりあいである。人間像の創造はしばしば人間以外の生物と対比しながら獲得されるが、〔これに関して〕人間学は揺るぎない独占権をもっている。

しかも、このことは偶然などではなく、むしろさまざまな人間像は人間にとって無視できないものである。それは時折無視されたり過小評価されたりもするが、ある途方もなく大きな実践的意味をもっている。しかもそのようなさまざまな像は私たちの実存の形成に役立ち、生の実践のなかに統合され、その行為の助けを借りて私たちは自分の輪郭を描くのである。私たちの実践的行為を導く理念として人間像は不可欠なのであり、それゆえ人間像はけっして、象牙の塔の怪しい知識人たちのちっぽけな秘教的な群れによって守られるような理論的贅沢品ではない。この事実を自覚しているかどうかは別にして、人間は自分の生存を確保するために「日々の糧」を必要とするように、実践的に実存するために人間像を頼りとしている。人間像は行為にとって理想像の役割を果たしており——哲学者エルンスト・ブロッホ〔一八八五—一九七七、ドイツの哲学者〕が遺した箴言に従えば——、人間はこの像をより人間らしくなるために必要としているのである。

人間像は方向づけの機能を負っている。この方向づけによって同時に人間性の表象も発達する。理想像に流れ込んでいる人間把握は倫理的な性格をもっている。どのように実存が導かれるべきかについて手引きしようとしているからである。つまりそれらは、私たちが自らを形成すべき根拠となる「正しい」生活についての仮定を含んでいるのだ。

ここから、そのような人間像が原理的に人間自身と同じくらい古いものだということが分かるだろう。それゆえ人間の歴史は、自らの人間像の永遠の歴史なのである。あらゆる時代、あらゆる文化圏のあらゆる証文や資料のなかに人間像を探し求めることができるのであり、それは「公式の」人間学よりはるかに古いものである。

さらに人間についてのモデルは、そうした構想のなかに、ユートピア的なものも含め建設的な潜在的可能性が入り込んでいることも、またそれがどの程度かということも教えてくれる。その最高の証明が「新しい人間」についての無数の像であり、「ホモ・ノーウス〔新しい人間〕」のヴィジョンを描き出すことは根絶しがたい魅力をもっているように思われる。

現存しているものは〔すべて〕「新しい人間」像を基にして批判的に測定され、人間像は現在支配的な諸関係の審判者となる。これらの関係は、将来存在することになる「よりよい」人間把握や人間性把握に基づいて評価される。その場合、きわめて多くの願望的思考や憧憬も当然、多岐に渡る犠牲をもつ「新しい人間」の構築を促進する。だが人は意のままに人間像をひねくり回すことができる。「ホモ・ノーウス〔新しい人間〕」の多元的ヴィジョンが強調するのは、人間像が現実を超越して、未だ存在しないもののなかへと足を伸ばし、その結果ユートピアを想起させる推進力を備えるようになることだ。つまり、それらのヴィジョンは、現実の人間を可能的な人間と関係させるのである。

ホモ・エコロギクスはある特別の人間像を代表しているが、それはエコロジー的危機における生を体現しており、これが私の根本命題となっている。したがってホモ・エコロギクスの姿形となりその指導的理想像となるのは、歴史的・社会的に一回かぎりの特殊な状況であり、したがって、ホモ・エコロギクスはたんに何らかの任意の人間像ではなく、むしろ一つの比較的新しい指導的理想像なのである。この像には、エコロジー的アウシュヴィッツ〔自然の絶滅〕が妄想に終わるように、エコロジー的危機を転換する力があると思われる。その意味では、ホモ・エコロギクスは希望の担い手ともなるのだ。

そのような人間はどのようにして形成されるのか、この場ではまだ「語られる」べきでない。ここではただ、人間学の内部にホモ・エコロギクスがどう位置づけられるのかという論拠だけが問題となる。これまでの思考の歩みから分かるように、哲学的人間学は人間像の問題についてある特権を有しており、ホモ・エコロギクスが容易にこうしたモデルのなかの一つとしての役割を果たすかぎりで、人間学はホモ・エコロギクスの「住処《すみか》」となるのである。

もっとも、人間学がまったく一般的かつ形式的な手法で人間像やモデル像をただ思弁的に思索するだけだと思うのは間違いであろう。人間学は、思弁的要素にたいして完全に門戸を開いてはいるが、この要素を強制することはない。人間学は成立史からも理解できるように、状況に拘束された具体的な人間の経験をけっして無視するものではなく、むしろこの経験に飢えた人間学の炯眼《けいがん》は今世紀になって、世界に密着した人間を考慮する人間像をつくることになった。人間学のなかではすべての細かな差異を超えて、人間はすぐれて世界的存在だと考えられており、しかも心の奥底で世界に係留され、それと存亡をともにしている「世界内存在」なのである。人間とは世界であり世界をもっている存在にして、世界と一体化してもいる。もちろんこの世界は堅い一枚岩の塊として人間に立ち向かうようなことはないし、単一の分割されざる世界として人間の前に立ちはだかることもない。「一つの」世界として現われはするが、実際には複数の世界が実存しており、多元的なものへと人間を押しやる。したがって、人間は「世界を解釈する多くの舞台」に登場している。さらに極端に言えば、日常的言い回しに反映されているように、世界は複数の世界に満ちているのである。日常的言い回しにはメディア界、モード界、スポーツ界、文学界、オペラ界、信仰の世界、サーカスの世界等々の言い方がある。このように人間は世界についての像を自分でつくって、それにしたがって多様な世界のなかで生き、そうした世界間をあちこち「行き来する」。世界に根ざす力がつねに現存しており、特殊な世界間の移動と結合が、人間の世界在住を際立たせ、それに部分的にスパイスを加えるのである。

このことが認識され、明確になれば、良心ある哲学的人間学が算定されうる。その語り口では（プレスナーを考えればよい）、「外的世界」、「共同世界」、「内的世界」は生にとって有意味であると規定される。ここから話はいきなりホモ・エコロギクスへとつながる。なぜか。

(5)それは、環境（周囲の世界）という意味で世界が強調されるように、「エコロギクス」という言葉のなかには世界との連関が直接含まれているからである。エコロジー的危機はそのような人間と環境の関係の危機であり、ホモ・エコロギクスはこの関係を、ある特殊な形態でシンボル化する。とりわけホモ・エコロギクスに特有なものは——後に詳論するが——、その実存が外的世界、内的世界、共同世界という三つの世界によって決定的に刻印されているという点にある。ホモ・エコロギクスはこれら三世界ときわめて特殊な仕方で関係するのである。

ホモ・エコロギクスは外的世界と対立すると同時に、身体に拘束された生物として外的世界の一部をなしている。外的世界は、まず自然存在としてのホモ・エコロギクスにとって問題となる。次いで、共同世界は共‐生〔本書五頁注参照〕のあり方として問題となり、内的世界は主体性と個性として経験される内的自然〔本性〕として問題となる。この三重の世界の組み合わせにしたがって、ホモ・エコロギクスは自然、社会、そして自分自身と関係する。

自然との関係がとりわけ危うくなれば、この三幅対の世界はエコロジー的危機のなかで劇的に先鋭化する。だがこの危機は、けっして自然問題にすぎないのではなく、社会的・政治的かつ個人的なものと一つに溶け合ったものであるから、文化的な自然存在あるいは自然的な文化存在としての人間に関係している。これらの世界はエコロジー的危機に陥っている。だからこそ、新秩序の探究が必要となる。しかも、指導的理想像としてホモ・エコロギクスを立てることは、「世界秩序」の「公正な」回復という希望と結びついている。それは複雑きわまりないものなのだ！

他の似たような試みに反して、ここではホモ・エコロギクスの可能なかぎり包括的な全体像が描かれる。それは世界内へ深く沈潜するに応じて、ホモ・ムンダヌス〔世界内存在〕の特殊事例となる。ホモ・エコロギクスは苦境の産物であり、地球的なエコロジー的危機から生まれてくる。ホモ・エコロギクスは苦境をひっくり返すために登場するのであり、したがって真に必要から生まれたものなのである。

それがけっして容易な状態ではなく、その道がかなり苦難に満ちたものになることは、ホモ・エコロギクスの生を困難なものにしている相手を見れば一目瞭然である。というのは、それがエコロジー的危機の主たる原因だからである。

第四章　ホモ・エコロギクスの必然性とそのライバル

なぜホモ・エコロギクスの話に直接入ることを避け、その代わりにとりわけ危険な論敵のいくつかを論評するのか、これについてまず疑問をもたれるかもしれない。それは回り道ではないのか、それによって話がおそらく中心人物から脇道にそれはしないのか。否である！　この懸念に根拠がないことははっきりしている。競争相手を描写するなかですでに間接的にホモ・エコロギクスの重要な特質が解明され、なぜホモ・エコロギクスが最終的に必要なのかが明白になるからである。対立像を明らかにすることで、ホモ・エコロギクスの実存根拠が正当化され、私たちが望むなら、ホモ・エコロギクスは、これらの対立像にたいして一つの対照像、重要なアンチテーゼとなるのである。

しかし、どれが悪評をかう相手なのか、そして彼らは、ホモ・エコロギクスによる監視が不可避となっている事態にたいして、いかなる罪を犯しているのか。〔罪を犯しているのは〕たくさんの人々だ、と自動的に答えられるかもしれないし、たしかにそれは間違っていないかもしれない。実際、自然と環境を侵犯し、その美観をますます損ねているのは、無数の人間ではないのか。渋滞に巻き込まれた大勢の自動車運転手のことを考えてみるだけでよい。彼らにとって「触媒式〔排気ガス〕浄化装置」は、彼らの良心の浄化を決して約束しはしないだろう。彼らは皆狭義にも広義にも共犯者であり、安全なガラス箱のなかから石を投げて、有罪の人間をよそに探し求める根拠など彼らには少しもない。だから、この人気のある免責論には説得力はないのだ。

エコロジー的危機には、どの人間も関係者であり、しかも何らかの仕方ですべての人々も共犯者であるという事実がつきまとっている。ただし犯行に程度の違いがあるのは当然である――なるほど全員つまり人類全体がエコロジー的悪事と過失に関係しているかもしれない。しかし、全員を千篇一律に扱うことはできない。今も昔も、ある人間は他の人間よりも重い罪を犯しているし、ある人間は他の人間とは別の動機によってそれを行っている。たとえば仮に、少なくとも一時的な生存だけを確保するという信念のもとに、まったくの貧困が原因で森が伐採されるとしたら、人口密度の低い辺境にまで充分拡張されている一〇万キロメートルの道路交通網を（それによって台無しにされる自然景観を考慮することなく）さらに何千キロも延長しようとする政治家たちよりも、むしろ〔生存のための〕森林伐採の方が理解を得られるだろう。

差異の問題が提起されると、人類全体についてまとまった一つの像を描くことはできなくなる。なぜなら、そのような像は概括的になりすぎて、余計な歪んだ状況を生みだすことになろうからである。したがって、エコロジー的危機の張本人とされるタイプを描くことに〔課題は〕限定されることになる。ではいったい誰がエコロジー的悪事の核心をなしているのか。犯罪者仲間を探ってみれば、私の見るところ、男女を問わず告発者の力強い合唱に従って、本質的には四悪人が浮かび上がってくる。彼らはいくつかの基本的要素を共有し、多くの点で親縁的だが、理念型としては互いに区別される。

ホモ・ファーベル

その一人がホモ・ファーベル〔工作人〕である。ホモ・ファーベルは再三再四不快の念を引き起こし、明白な環境の敵として有罪判決を下されている。では、なぜそのように怪しく思われているのか。その理由はすべてのものを自分の意志に従ってつくろうとする、際限のない飽くことを知らぬ彼の欲望にある。彼は典型的なつくる人間であり、もっぱら自分の満足を永遠の「つくる行為」のなかにしか見出さず、他のすべてのもの、とりわけ彼に対立する自然は、この傾向に従属させられる。ホモ・ファーベルが自然にたいして開始した巨大な戦役は、一大軍勢となった。喪失、とりわけ自然の喪失を考慮しないこと、これがホモ・ファーベルの生の格率〔行為の規則〕なのである。

ホモ・ファーベルは、自然を変化させられるべき原材料として構築し、この原材料によって、拡大し続ける自らの人間的欲求をどうにか満たすことができる。彼は外的世界を自分のために利用するが、人間以外のものの要求は、その思考や行為のなかでは何の位置も占めていない。彼にとって唯一重要とみなされるのは人間的欲求の多様さであり、これには人間以外のすべてのものが屈しなければならないのである。彼の考えによれば、「神の死」(ニーチェ〔一八四四―一九〇〇、ドイツの哲学者〕)以来、世界を動かす光り輝く中心点にいるのは人間なのだという点に自らの行為を正当化する根拠がある。この特別な立場から、人間は人間以外の自然と生物にたいする特許状も手に入れ、それらを自分の目的に合わせて変形も破壊もできる。ホモ・ファーベルは、宇宙的連帯について思い悩むことのない向こう見ずの権力者であり、その支配ぶりは強情かつ無情であり、共生的態度などほとんどもちあわせていないのだ。

とりわけ彼を駆り立てると同時に絶えざる不安に陥れるのが進歩信仰であって、彼にとって停滞と思われるものほど厭うべきものはない。進歩は最高価値の一つであり、おそらく自分自身を導く価値そのものである。これが彼を他のものにたいして盲目にする原因だが、それについて彼は何の疑念に苛《さいな》まれることもないのだろう。「進歩は善であり、進歩がなければならない。どんな犠牲を払っても」――これもまた最も重要な行為の格率の一つなのだ。

この「精神」は進歩妄想のなかでピークに達する。その場合、操作可能性と進歩の妄想は明らかに理想的な盟友となり、とりわけ強烈な密着関係をつくりだす。進歩の道は人間に基づいて、しかも人間だけに基づいて敷設されるのだから、ホモ・ファーベルは複合的な人間中心主義者として正体を現す。その思考と振る舞いのなかで、そしてその知覚と反応のなかで（ほとんど全員一致の評価で）、度し難い人間中心主義の常習犯となる。人間以外の他の生物の尊厳や固有の価値、彼を取り巻く自然の豊穣さなど、彼にとってはほとんど何の意味ももってはいないのだ。

たしかに、ホモ・ファーベルは、自分以外の、「空を飛び、地を這うすべてのもの」に好意をもっていない。人間の自己賛美は振る舞いを貫き、染色体のなかにまで染み透っている。人間は〔人間という次元からのみ〕一元的に査定される。とはいえ、それは必ずしも画一的であるということではない。ホモ・ファーベルはさまざまな衣をさっと身にまとうのだ。

ホモ・テクニクス

現代の目撃者や（吉兆を問わず）時代診断を信じるとすれば、ホモ・ファーベルが「ホモ・テクニクス〔技術人〕」の姿をとって登場するとき、それはとりわけ危険に満ちた唾棄すべき存在となる。私が知っているどのエコロジー的罪業のカード目録にも、環境の窮状にたいする責任が、とりわけ技術的進歩衝動にあるという意見表明がある。したがって、これを人間像論で言えば、ホモ・ファーベルの分枝たるホモ・テクニクスは、集団的な怒りを買っているのである。ホモ・テクニクスは自然にたいする笞《むち》だとみなされているからだ。彼は無防備の自然に技術的に介入し、自然をハイテク世界の至上命令に従わせる。ホモ・テクニクスは「自然との平和」をすべて妨害し、進歩に憑かれた尊大さを恥じることがない。(多数のエコロジー的批判者はこのような確固たる信念をもっている。)さらに彼は、疑問の余地のある技術の名の下に自然を一つ一つ根絶やしにするだけではなく、見る見るうちに技術と自然の地位を置き換えていく。技術は自然の延長された腕などではなく、自然の生産者となるのである。

もし人間が技術のお蔭で自然の演出家となり、技術が自然を人間の作品としてつくることになるなら、このハイブリッドな考え方の結果として、ホモ・テクニクスは驚くべき創造力を具えるものとなり、凌駕しがたい宇宙の頂点に立つ。自然を含めたすべてのものを欺いて、運命は彼の手に握られる。セルジュ・モスコヴィッシ(一九二五― フランスの社会学者)が見ているように(一九八二)、ホモ・テクニクスは人類史および自然史の指揮者となるのだ。言うまでもないことだが、ホモ・テクニクスは人間中心主義者という極端な姿で描かれ、火に油を注ぐ結果となる。こうしてホモ・テクニクスと技術は、環境にたいする最悪の敵という烙印を押されることになる。

ホモ・テクニクスは、とくに深刻な科学信仰の罪を負っている。ホモ・テクニクスを蔓延させる土台が、何よりも自然科学によって準備されたことは、確実であると思われるからである。ホモ・テクニクスの躍進は、自然科学の威力にたいする信仰によってもたらされたのである。この信頼がなければ、ホモ・テクニクスの成功は考えられないだろう。だが、文化批判という既存の型に完全に囚われている批判者の見方からすれば、この成功は偽りの成功であり、自然に味方する立場から見れば、ピュロス風の見かけ上の勝利〔多大な犠牲を払った上での勝利〕であることが明らかになる。ホモ・テクニクスは、自然科学的知の無誤謬性を確信するだけでなく、科学が押しつける模範的な合理性への服従を自明のものともするのである。

つまり、ホモ・テクニクスはテクニシャンとしての人間を賛美するだけでなく、目的合理性も賛美する。この目的合理性を最高の合理性として賞賛し、一点の曇りもなく敬意を表する。そして科学信仰と断固たる合理性信仰は相互に補い合う。ホモ・テクニクスは人間と自然を疎外した罪で告発される。ホモ・テクニクスのように、自然の破壊と改造を絶えず狙ってきた者は故郷喪失の感覚を抱くようになり、人間は「技術的精神」によって徹底的に支配された世界のなかで居場所の喪失感に襲われるのだ。

ホモ・テクニクスにたいする敵意は日常茶飯事となり、その反響は技術にたいする敵意のなかに頻繁に現れてくる。環境にたいして友好的なあり方は、しばしば技術にたいする敵対的なあり方と一致し、逆も真である。すなわち、技術にたいして友好的なあり方は、環境にたいする敵対的なあり方と一致する。ホモ・ファーベルとホモ・テクニクスはまさに技術と環境の敵対的関係の象徴なのである。だが、これだけがホモ・エコロギクスの唯一の敵ではない。何よりもまずホモ・エコノミクスが対象となる。

ホモ・エコノミクス

ではなぜ何よりもホモ・エコノミクスなのか。一般的な意見によれば、ホモ・エコノミクスは、とりわけ悔悛の情なき環境を害する人間であるからだ。ではどうしてそう言えるのか。なぜ環境の眼から見れば、このタイプの人間がほんの僅かな信用しかもっていないのか。

まず究明されないままになっている点がある。何十年も前からホモ・エコノミクスはフィクションあるいは抽象物として、また（直接・間接に）経済学の指針となる人間像として機能してきたが、その場合、けっしてあなどれない一定の理論的機能を果たし（Schmölders 1972）、そしてさまざまな衣装を着て威張って歩いている（Kirchgässner 1991）。だから、本書でその多彩な特徴を再構成したり、分類図式のなかにはめ込んだりしても、ほとんど意味がない。さらにここでの関心事は、経済学や社会科学の描くホモ・エコノミクスでもなければ、またホモ・エコノミクスが異母弟の「ホモ・ソシオロギクス」〔社会学的人間〕（Weise 1989）と関係するのかどうか、関係するとすれば（対立ないし類縁のいずれであれ）どんな関係にあるのか、という問いでもない。いま問題なのは、万人がホモ・エコノミクスとなっている事実、きちんとした学問的な記述とは無関係に、日常生活のなかで行為するホモ・エコノミクスのことなのだ。それは、理念型的にまとめれば次のように描くことができよう。

まず第一に、ホモ・エコノミクスは、ホモ・テクニクスやホモ・ファーベル同様、不可避的に自然とのある物理的連関のなかに織り込まれていて、そこから絶対に逃れることはできない。自然の素材を基盤としており、自分の存在確保と欲求充足のためには自然の素材が不可欠なのだ。人間はより受動的態度で所与の自然に適応し、最悪の場合には譲歩しなければならないという古い見解と対立して、ホモ・エコノミクスは、自然を自分固有の欲求に適合させることをめざしている。また、いわゆる自然の摂理に唯々諾々と従うのでも、自然の不可避的な破局に身を委ねるのでもなく、自然を操作し、目的実現のための手段とする。自然と自然諸力を勝手気儘に利用することによって、自然の主人となる。そしてホモ・エコノミクスは、自然素材ばかりか人工的な生産物も消費し使い果たすという、いわば抗しがたい衝動につき動かされているのだ。

ホモ・エコノミクスにとって大事なのは（すべてとは言わないまでも）自分の安寧であって、それは欲求のヒエラルキーのなかでも最上位に置かれている。自然、社会、同胞にたいするホモ・エコノミクスの関係は経済的に定義され、そのことが彼に特有の価値基準を内包させ、その行為を制御する。すべてのものを多かれ少なかれ経済性の面から眺める人間は、つねに便益を問題にするから、ホモ・エコノミクスは有用性ということをきわめて重視する。そして有用性にたいする評価が指導的役割を演じる場合、得失が厳しく量られ、貸借対照表が作成され、利益と損失が相殺される。有用性の優位が染みついた態度は、真理問題や人間同胞をほとんど気遣うことなく、利得の最大化と損失の最小化を念頭におく。

ホモ・エコノミクスにとっては利得が市場の最高の価値となり、利潤獲得の努力がその第二の本性として焼きつけられている。市場とはつまり価格であるが、これにホモ・エコノミクスの意識、熟考、配慮は向けられている。それゆえ、首尾よい経済的行動の「基礎」をなしているある特殊な合理性を優遇するのだ。同胞との相互行為は、自らの合理的行動を定めるためのさまざまな交換・取引を目的とするようになる。

その合理性の主要な基準には、効率のほかに、正しい選択・決定、効率の最大化、めざす目的にたいする適切な手段の設定などがある。したがって、ホモ・エコノミクスは本質的に、自らの目的合理性に支えられているのである。その場合貨幣が一種の聖人とされるのは、首尾一貫している。ホモ・エコノミクスは明らかに、貨幣とともに生きる同時代人そのものなのだ。貨幣はなるほど固有の「哲学」(Simmel 1989) ももっており、独自の詩文さえもっているが、またある言葉、つまり価格の発する言葉も確実にもち合わせている。ホモ・エコノミクスは自分と貨幣利潤を同一視するが、それは名声と権力確保の助けとなり、これによって権力が外的自然や人間にたいして向けられる可能性も現れてくる。

ホモ・エコノミクスのこうした搾取者としてのメンタリティは、自然の素材に乱暴に襲いかかるが、このメンタリティこそ疑いもなくエコロジー的危機の主因なのだ。これについてはすべての思慮深い人たちの間で合意ができている。「経済人」は自然と人間同胞との絶え間ない競争のなかに生き、エゴイズムによって駆り立てられ、それにいわば養われているのである。エゴイズムの対極にある共生は、ホモ・エコノミクスにとって相対的にほとんど何の価値ももっていない。たとえ、ときにはやっと協同する気になったとしても、それはやむをえない事情によるか、もしくはそれによって自分のエゴが最終的には何らかの利益をえられるだろうという理由からにすぎない。

「純粋な」ホモ・エコノミクスに関して知りうることすべてが、彼が頑迷な競争心と利得欲を備えていることを示している。

ホモ・エコノミクスにたいしては、極度の懐疑が向けられているが、この懐疑はホモ・エコノミクスが近代に存在し始めて以来の運命であるように思われる（Schüßler 1988）。環境保護の同調者が主張するように、ホモ・エコノミクスはある種の「好ましからざる人物」であり、たいていの場合そういう判断は、ホモ・エコノミクスが浪費癖ある消費者を意味しているという事実に出来し、それによって強められている。——この判断は文字通りに受け取る必要がある。

ホモ・エコノミクスは、環境を利するどころかこれをむさぼり食い、謙虚さには何の関心も示さず、膨張を旨とする消費者として振る舞う。「ローマ・クラブ」が警告したような『成長の限界』（一九七二）にたいして、ホモ・エコノミクスはほとんど耳を貸さない。強迫的消費に屈服し、これを強化する。この消費のテロ行為がますます自分自身に敵対してくる可能性があることをはっきりと知ることもない。その行為の結果は見たところほとんど自身を傷つけることもなく、視野の外に置かれる。このことはホモ・エコノミクスの特殊な変様としての享楽人が具体的に示している。というのは、ホモ・エコノミクスは自分の利益を求めて有用性を比較考量し、計算高く振る舞うだけでなく、享楽のためにも消費し、そのためにいかに多くの消費財が思いのままに使われているかという問いすら無視し一顧だにしないからである。

しかも、過剰のなかに生きる現実にしり込みもせず、商品寿命の短さや、ましてやそれと結びついている（「使い捨て社会」に特有の）ゴミなども〔価値判断の〕基準にはならない。多くの場合、享楽には快楽が結びついているため、享楽欲の満足は快楽の最大化に依存することになる。そんなときでも、この種のホモ・エコノミクスの子孫たちは天然資源をとくに気にかけることもない。快楽に満ちた消費行為は行動の原動力となり、職業労働というものはたいていレジャー時に満たされる消費の快楽を充分に味わうためのやむをえざる手段でしかないとみなされる。享楽をもたらすレジャー時のアヴァンチュールの追求は、規律的な職業活動に優先し、むしろ職業的強制から解放された「余暇」のなかで精神的・物質的な消費願望をうまく追求するのである。

享楽を追求するホモ・エコノミクスは、消費による享楽を通して自分の自我を育成し、消費を通して現在のあるがままの自分をつくり上げるのである。ホモ・エコノミクスにとっての全面的「自己実現」と「真正さ」は、消費すること、つまり使用したり浪費することによって成立しているものと理解されるべきなのだ。

ホモ・エコノミクスは（つねにではないにせよ、しかし稀にでもなく）快楽主義的ライフ・スタイルを大事にするが、これは何よりもまず過剰生産によって保証されている。なるほど倹約という徳は「古い」ホモ・エコノミクスの抜きんでた特性としてすべて失われたわけではないが、これがホモ・エコノミクスの性格類型の中核を成しているわけでないことは確かである。小商人的に彼が倹約を行うのは、些事に拘泥しつつ簿記をつけるように財産を永遠に死蔵しておくためではない。むしろ自分が獲得した財産を自発的かつ直接的に、しかもそれを即刻楽しむために、ホモ・エコノミクスは冷静な計算でやりくりを行うのである。瞬間としての今を生きることと即座の〔欲求〕充足が、快楽主義者にとっては都合のよい自己実現の自明の条件となるからであって、それは一般的に言って、ピューリタニズムが命じ、また実際に範を示してきたような禁欲的な動機づけとは調和しない。

快楽主義的な生活形態は過剰の経済社会のなかで生みだされるが、それは幾度もホモ・エコノミクスを捕らえ、時としてナルシシストの仮面をつけたり外したりする。ナルシシズムとは快楽主義の特殊な表現であり、その信奉者は絶えず増大していく。だが、享楽を追求するナルシシストも、強力な自己中心性と虚構に満ちた自己演出に囚われているとはいえ、呼吸するために空気が必要なように、他人を必要としているのである。

ここまでの僅かな注解で証明しようとしてきたように、ホモ・エコノミクスは広く分布している。それは若干の分家と「人目をひく」代表をもっているのだが、彼らを一人残らず結びつけているのは、(自らが不可避的にはまり込んでいる)自然との関連を無視し、その関連に少しの関心も寄せないありかたなのである。ホモ・エコノミクスと自然の関係は途方もない対立につきまとわれており、この点では本質的にホモ・ファーベルに似ている。

この事実はやがて多くの人の知るところとなり、ホモ・エコノミクスを(少なくとも理論的に)抑制せざるをえなくなった。ホモ・エコノミクスの行動様式はエコロジー的危機をいっそう深い渦のなかに引きずり込むだろう――、こうした認識が主張されればされるほど、同じだけ頻繁に倫理的停止標識が四方八方から設置されることになるのである。現在一つの議論の流れとして、ホモ・エコノミクスを道徳的に教化する試みがあるが、その場合、ホモ・エコノミクスはエコロジー的に調整された経済倫理によってブレーキをかけられることになる——たとえば、この利己的な消費者にたいしエコロジー税を課し、課された者はこの税を自分の経済活動の行動基準のなかに組み入れ、自分の費用・便益計算の対象にすべきだというふうに。つまり、経済的合理性というものはエコロジー的な価値評価に注意を払うことによって変わるはずだというのである。それによって浪費と濫費が実際に止むかどうかは分からないが。

そのうえ、ホモ・エコノミクスは、その際立ったエゴイズムの代わりに、もっと利他主義的な協同行動をとり、人間と自然にたいする共感を積極的に強めるよう勧められている。あるいはまた、ホモ・エコノミクスの拡張欲をせき止めるために、すべての消費行動において将来世代の消費を守るという、道徳的な動機も勧められている。経済的合理性とエコロジー的合理性の結合も広く語られている。緊急の課題とされるこうした消費様式に関する変換は、経済とエコロジーの調和にかかっており、環境に適合した新しい生活形態の基本要素として、簡素さとつつましさがホモ・エコノミクスに勧められている。だが果たして、ホモ・エコノミクスがこのようなすべての助言と訴えに感銘を受けることがありうるだろうか。

逆に、次のことはほぼ確実に言えるだろう。つまり現在理解されている形のホモ・エコノミクスは、ホモ・テクニクスやホモ・ファーベルと同様、本質的にエコロジー的危機を促進する人間であること、そして最悪の事態は回避しようと思えばできるにしても、ホモ・エコノミクスは一人残らず克服されるべき人物であること、したがって人類の未来から見れば時代遅れの人物だということである。したがって、今必要なのは、現在とは異なる生活形態を優先する人間であって、彼らこそがエコロジー的危機に有効に対処できるのである。

敵対者たりうるこのような人間モデルは、まだ幻のようにぼんやりしたものである。エコロジー論議全体を通じて浮かび上がり始めているとはいえ、それが一つのはっきりした姿形に収斂していないのは事実である。この欠点は次章以下で一定の範囲内で矯正されることになる。そこで意図されているのは、人間像としてのホモ・エコロギクスの洗礼式に立ち会うことである。それとともに、ある比較的新種の存在が人間像のなかに登場してくるが、その確かな構造をこれからもっと詳細に調べることにしよう。

第五章　ホモ・エコロギクスの構造

第一節　注意と前提

人間が惑星地球に住むようになり、刺激に満ちた進化過程のなかで知性と理性を生みだして以来、精神とか理性的文化とかいったものが生まれたが、それによって人間は何をもつようになったのか、人間はどこから来てどこへ行くのか、地上の諸力とどのような関係にあるのか、世界のどこに居場所を占めるのか。これらの根源を探ろうと人間はあちこちうろついてきた。絶えず生まれるこのような好奇心と、時として悩みの種となる知的欲求に囚われながら、人間が自分自身に問うてきたのは、「自分が何者なのか」ということである。つまり、人間は（出自や性、民族にかかわらず）、自分自身について了解しあうという、刺激に満ち、心中深く根ざした利害関心をもっている生きものと言っても過言ではない。この自己理解過程は容易に変化しないものであり、これがあるから人間は思考と行為において（世界の中に何者かとして）実存することができるのである。あたかも人間はあくまでも自己理解の吟味に固執することによってのみ、世界内での生き方を定めることができるかのように思われる。

自己反省というものが緊張なくしては不可能なことは、数多くの事例が証明しており、少なくとも文学作品を参照するかぎりそうである。他方、文章として残らない会話やコミュニケーションにおいても、自己理解と理解志向、すなわち、人間にとって自己とは何かが問題となっている。文学作品（散文であろうと詩であろうと）や造形美術、宗教や科学、とりわけ哲学は、（そう言いたければ）どれも「人間学的衝動」に絶えずつき動かされて、人間という種に「固有なもの」、その「本質に適《かな》うもの」、その「根源をなすもの」を理解しようとしてきた。

「私は何を知ることができるか」、「私は何をなすべきなのか」、「私は何を望んでよいのか」、「人間とは何か」、一七七〇年代にカントが投げかけたこれらの問いは今でも妥当性をもっているが、それらにたいする解答には数限りがない。つまり、それは自分自身についてより深く熟考し、自分のなかにより深く入り込み、人間実存の秘密を解きあかすという自己探究の紛うかたなき証でもあるのだ。だからこそ最後には、もっとも奥深い問い、「人間とは何か」というところに至ったのであろう。だがこれも暗黙裡には、ある特定の人間理解であることをすでに含んでいる。つまり人間の知性には（人間がいかなる存在と規定されようと）、決定的かつ最高の確信をもって、規範となるべき〔人間像を〕確定する能力が具わっているということである。だからここで問題となるのは、けっして普遍化できないある一つの人間理解でしかないのだ。

もちろんカント以前にも、「人間とは何か」という問いにたいしてさまざまな答えがなされてきた。古代と中世では異なるし、また中世とルネッサンスでも違う。一九世紀の答えも二〇世紀のものとは異なっているし、極東の地ではヨーロッパとは異なる答えが見出される。自己とは何かについてより接近したいという人間の願望が、きわめて長期にわたって繰り返されてきた現実的問いかけであるのは事実だが、その答えは（何らかの共通性もあるけれども）互いに違っており、時間と文化によって異なっている。だから何が人間の本質かを明確にするために、複数のモデルと人間像が描かれ続けてきたのだ。

したがって私たち人間は多彩で、部分的には混乱した人間像のコスモスのなかで生きているということになる。人間の精神と想像力によって構想された像は、たとえよく知られた人間像であっても、一筆で描ききれるものではなく、どれもが豊かさに満ちている。本書でも大雑把な簡略化を行うことで、その系譜を追えるにすぎない（たとえば Hampden-Turner [2]1983. Meinberg 1988)。そういったモデルを完全な記録に基づいて総括することなど無意味だし、ほとんど何の役にも立たないばかりか、まったく必要でもない。むしろここで指摘しておきたい大切な点は、ホモ・エコロギクスがそのような伝統のうちに位置を占めているということだ。なぜか。

ホモ・エコロギクスもある一つの人間像をモデル化したものだから、ある特定の歴史的経験に基づいている。エコロジー的危機に根ざしたこのモデルを数多い他のさまざまな人間像に付け加えるという試みはきわめて控えめであって、もし「あからさまな」エコロジー的荒廃がなかったとすれば、存在しえないものと言えよう。だから、ホモ・エコロギクスが理論狂の人間学者の頭から紡ぎだされたものだとか、象牙の塔のなかでつくりだされたものの一つにすぎないといった非難は見当ちがいというものだ。逆にホモ・エコロギクスというのは、エコロジー的危機の精神から生まれた人間モデルであり、またエコロジー的荒廃を直接間接に引き起こしたすべての人間像にたいする対案でもあるというのが本当なのである。

したがって、ホモ・エコロギクスは次のことを示そうとするモデルでもある。つまり、どのようにすればこのエコロジー的脅威を可能なかぎり取り除けるのか、この危機を完全に乗り越えることはできないにせよ、どのようにすれば、少なくとも過度の乱暴狼藉を除去しうるような形姿を描きだせるのかを示すモデルである。それは単純素朴な人間像にすぎないわけではなく、すぐれて指導理念的な特徴をもっているけれども、だからといって、このモデルによって世界の「治癒」とか「救済」が期待できるようなものではない。そこまで楽観論に陥っているわけではない！　だがいずれにせよ、大昔からの伝統的な考えでは、指導理念というのは正当なものにたいする前提を与え、その方向を定めるものだ。だから、ホモ・エコロギクスも充分受け容れられ広がる力をもつならば、こうした主導的な役割を引き受けられるかもしれない。

ホモ・エコロギクスは自ら自認しているとおり一つの理念型であり、ある特定の人間の理念に基づいている。それは必要不可欠のものではあるが、ホモ・エコロギクスには経験的な性格も色濃く備わっている。つまり、現実とはつねに（それがどのようなものであれ、どのように構成されているとしても）、何らかの「理想的な対照像」を必要としているのであって、それに照らしてはじめて現実を測り判断することが可能となり、その欠点を浮き彫りにすることができる。〔このような理念型を〕ホモ・エコロギクスに転写する。だから、彼は、現存するものとは質的に異なる別のものを具現し、より善いものを実現する基準となりうるのである。

ここまでくれば、基本的な前提をもう一つスケッチしておく「だけ」でよいだろう。それによってホモ・エコロギクスのある輪郭がはっきりし、その精緻なプロフィールが描きだせるようになる。すなわち、ホモ・エコロギクスは疑いもなく世界という枠のなかで、現世のなかで構成されており、本当の意味で「世界〔のなかで生きている〕」人間だということである。彼は世界のなかで生活しており、世界によって取り囲まれている。世界とはホモ・エコロギクスにとっては家（オイコス〔元来ギリシャ語で、公的領域としてのポリスと対比して、私的な経済単位としての家を指す〕）であって、自分の故郷、安心できる所、親密な場所と感じることもあれば、脅威、故郷喪失、危険を感じる所でもある。だから、ホモ・エコロギクスは世界のなかに根をおろしており、現世の諸関係によって構成されている——と同時に、この「世界内存在」（ハイデガー〔一八八九—一九七六、ドイツの哲学者〕）は大きな問題を抱えることにもなる。きわめて簡略に述べると、ホモ・エコロギクスは、世界の秩序から逸脱し、世界との真の適合というものが欠落していることを経験するからである。

エコロジー的危機が何ものかのシンボルであり、その何ものかを白日の下に晒《さら》すとすれば、それは世界が破綻する危険に晒され、居所たりえないという体験が増大するということである。「健全な世界」といった牧歌的な姿がとうの昔に時代遅れとなったのとは対照的に、苦悩する世界というカテゴリーが（真の意味で）新たな思いがけない栄誉に浴することになったわけである。世界はエコロジー的に傷つけられ、保護どころか盲目的な略奪行為を受けて、明らかに苦悩している。ホモ・エコロギクスはこれに立ち向かおうとしているのだ。遠慮なく言わせてもらえば、彼は反逆の闘士であり、「自らの」世界を憂慮するがゆえに闘士となるのだが、そのためにはある特別な本性が必要となる。

ところで、「自らの」世界とはいったい何か。世界というのは抽象的すぎる概念であり現象である。そうした抽象的な姿で人間は世界という現象に出会うのではない。世界そのものを感知することはけっしてできないのであって、出会えるのは思想的・観念的に構成された世界、すなわちさまざまな具体的な世界、いわゆる「生活世界」だけであり、これは「大きな」世界をいわば縮小し分割したものである。たとえば、そうした生活世界の一つが職場であり、あるいはスポーツ界、演劇界、財界等々がそうであって、こうしたたくさんの生活世界が具体的に存在する世界である。人間はこのような世界のうちに身を置き、それらの間をあちこち動き回っては移り渡る。世界に住むとはつまり、複数の世界の内部で自己運動を行うのと同じことなのである。ホモ・エコロギクスもまた、いくらか俗な表現をすれば、多元的世界に生きる人間であり、ホモ・エコロギクスに固有の性質、ホモ・エコロギクスにだけ属する性質によって世界、厳密に言えば、複数の世界との関係の仕方が決まってくるのだ。

人間が多様な世界のなかで生きているという事実は、ホモ・エコロギクスのみならず、〔人間の根源的かつ不可避の性質たる〕ホモ・ムンダヌス〔世界のなかの人間〕もまた世界にたいして開かれた存在であるということについて、きわめて重要な示唆を与えてくれる。世界に帰属しているということは束縛を意味するが、だからこそ同時に世界にたいして開かれているということも意味する。このことはすでに西洋の自己反省史のごく初期に、かのプラトン〔前四二七—三四七、ギリシャの哲学者〕が有名な「洞窟の比喩」（プラトン『国家』第七章参照）でいわば法則として語っている。それによれば、住処としての洞窟は密閉されておらず、またすべての他者にたいして閉じてはおらず開かれており、（苦痛に耐え、また冒険心がなければ不可能だが）それによって本質的に世界とコンタクトをとることができる。だからプラトンの暗示する解釈では、世界は人間にたいして開かれかつ冒険に満ちたものとなる。このような哲学的・比喩的な記述は今述べたことの核心的本質を突いている。

「世界」人の、だからホモ・エコロギクスの特質はとりわけその開放的性格にあるけれども、よくよく観察してみると、それは徹頭徹尾両義的性格をもっている。エコロジー的危機はまさにこの不確定性ゆえに発生することになり、現在驚くほど広がっているのだが、他方ではこうした「世界にたいして開かれた性格」（シェーラー）ゆえに、危機的状態を救う方策も生みだされる。そしてこの可逆性ゆえに、現在でも将来においても、ホモ・エコロギクスにとっては今とはまったく異なる行動の可能性も存在しうるのである。さらにホモ・エコロギクスという理念は、開放性を今とは違った形で「利用」することができ、（およそ考えうるかぎり）これまで支配的であったのとは異なる世界との関係（これは内的世界、外的世界、共同世界と関連する）を「証明」できるものなのである。

ここで言う内的世界とは、とくに単独の精神的主体性を意味し、外的世界とは、その主体を取り囲む世界、すなわち「内部にあるもの」を取り巻く「外部にあるもの」を指し、「外的自然」、広義の環境とされるものである。そして共同世界とは、すぐれて社会性と文化性を帯びた世界を意味する。現代の世界的問題はまさにこの三つの世界相互の関係が歪んでいる点にあり、そうだとすると、エコロジー的危機というのは三世界のあからさまな断絶に起因し、この断絶によって三世界の相互関係が不調和の状態に陥っていることの現れなのだ。だから、ホモ・エコロギクスは新たな世界秩序の可能性を提起しようとする。したがって、この危機はたんに自然発生的な危機などではなく、何よりもまず文化的—社会的危機に根ざしているのだ。

だが、ホモ・エコロギクスが世界的存在だとすれば、このことはホモ・エコロギクスの構造にとっていかなる意味をもっているのだろうか（これまでのところ大雑把にしか述べてこなかった）。ホモ・エコロギクスの自然〔本性〕とは厳密には何なのか。エコロジーをめぐる議論ではいつでも自然がキーワードになっているだけに、これには急いで答える必要があろう。エコロジー論議とは何より自然をめぐる論議なのであって、その場合「自然の忘却」（Altner 1991）が何よりもまず否定されねばならない。自然を忘却しないことは、ホモ・エコロギクスにとってどんな結果をもたらすのだろうか。ホモ・エコロギクスを「自然的人間」と規定してはならないのだろうか。すぐれて自然的人間そのものではないのではないか。だが自然的人間とはいったい何なのか。こういった問いに答えながら、次節ではホモ・エコロギクスの構造を詳細に辿ることにしよう。

第二節　ホモ・エコロギクス、「自然的人間」？──ホモ・エコロギクスの起源

「自然的人間」という名称が、ある新参の概念だと思うのは間違いであって、その逆である。「自然的人間」という理念は多様な証言に基づく過去をもっているのである。現在のエコロジー的危機の時代においてそのような構築物が繰り返しひんぱんに議論の俎上《そじょう》にのせられるということは偶然には起こらない。自然的人間についてのさまざまな像がほとんど絶え間なくつくられたのは、人間と自然の関係が実存的だからである。用語がさしあたり未分化な状態すべてについては、自然〔という言葉〕が通用する。人間が自然に構造的に根ざしているかぎり、何世紀もの以前から自然的人間についてのモデル、イデオロギー、神話は存続してきた。

自然的人間という表象は可変的である。人間や自然も多かれ少なかれ緊張に満ちた歴史をもっているように、自然的人間もそうなのであって、それは多様に色彩を変えつつ、詩や文学、宗教や神話、哲学や科学の内部にも見出される。

ホモ・エコロギクスが自然的人間のある一つの特殊なバリエーションだと一度仮定すれば、ホモ・エコロギクスがけっして「無からの創造物」でないことは疑いえない。逆に、ホモ・エコロギクスにはある先史があるということが正しいならば、ホモ・エコロギクスはある系図と祖先をもっている。いったいどんな？ それについて答えることはできるが、あれこれ長々と考えることはするまい。

ここでは、方々で広まっている人間像から選択した結果、傑出していると同時に論争の余地のある一人の創始者に行き着く。ルソー〔一七一二―七八、フランス啓蒙期の思想家〕である。その自然的人間のモデルにおいて、彼は自然的人間のある特殊な形態をつくりだしたが、この形態は二〇〇年以上にもわたって受け継がれ、現代にとっても啓発的で有用なものとなりうる。

ラ＝トゥールによるルソー像（1753）

するとすぐさま、なかなか根絶しがたい異論が出てくるだろうが、ルソーへの注目は古書店や博物館風の動機ではなく、何よりも事実に基づいた動機によるのだ。ホモ・エコロギクスが歴史的先例をもっていることが論証されねばならない。とりわけ、とくにルソー的人間像がその非現代性にもかかわらず、きわめて注目すべき現代性ももっていることが証明されなければならない。彼が描いた自然的人間の構造は体系的な視点からのものであって、これはホモ・エコロギクスにとってきわめて重要である。彼がモデル化したパラダイムを、あらゆる批判を念頭に置いた上で考察するのはまさに今日でもなおやりがいのあることなのだ。ともかくルソーの思考モデルをいくつかの点にわたって採り入れることで、ホモ・エコロギクスについての理解は確実に深められる。では個々具体的に言って何がルソーの〔思想の〕、時を超えた現実性の原因なのか。

まず導入として、（ルソーの広範な著作全体の中心的意図を明示している）中心思想を先に採り上げよう。近代思想の全「巨匠たち」にとってと同様、彼にとっても問題は人間の規定であった。彼の政治学的、教育学的、哲学的、社会学的営為は、人間の目的、出自、将来について絶えず新たに生ずる問いが、その強大な推進力となっている。彼は死後もこのように多くの点で比類なく切望される対話の相手であり、今後もかなり長期的にそうであり続けるかもしれないが、このように不断にルソーが求められるのは、人間に相応しい条件に関する探究のおかげなのである。

彼の活動の基盤となっている広大な思考および議論の範囲は、相変わらず実に多様な関心をもつ代表的人物を魅了してきた。ルソーの才気は実に多様に分化し、彼は——おそらく——あらゆることを試みた。その結果、才気ある着想や真理とともに、多くの矛盾や不条理も提供することとなった。彼は矛盾に満ちた著作を残したが、それは一連の注目に値する、現代につながるものを準備しているにもかかわらず、若干の不合理も含んでいる。

ここで議論すべきはこのヤヌス性〔二面性〕ではなく、その魅力であって、彼はそれを、自然の思想

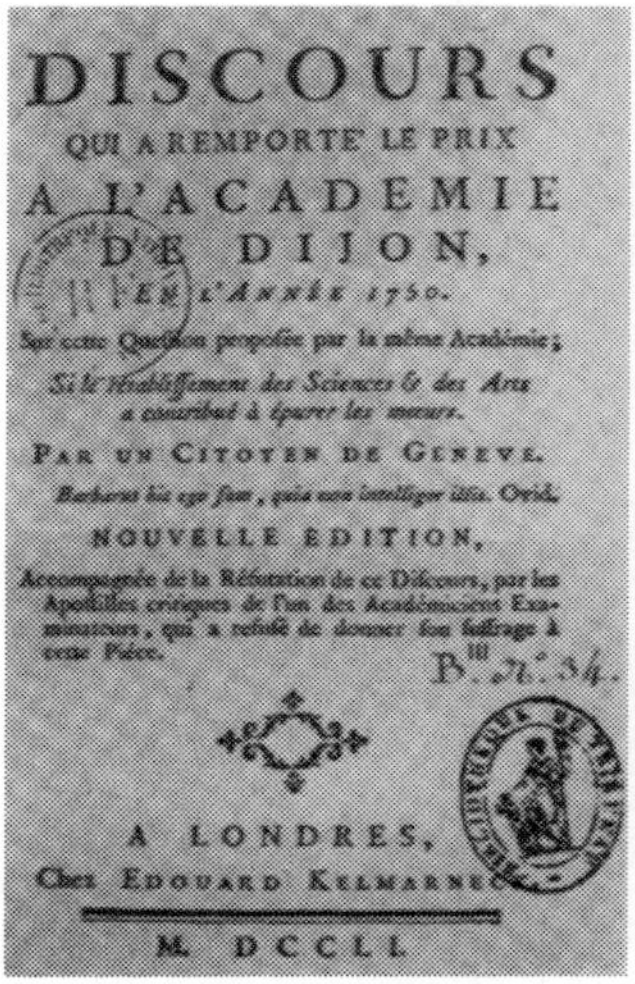

ルソー『学問・芸術論』(1750)

同『人間不平等起源論』(1755)

を人間の規定に不可分なものとして埋め込み、自然を人間学的な指導的カテゴリーへと高めることによって獲得した。まさにこの点にホモ・エコロギクスとの接点がある。ホモ・エコロギクスも同様に、自然をキーワードにして人間の規定を問う一つの試みであるとみなすことができるからである。

これ以外にも、ルソーとの相似が認められるのは危機の経験である。つまりホモ・エコロギクスはエコロジー的危機を背景にしてのみ把握されうるのだが、この危機においては人間・人類および自然の疎外が明白になっているように思われる。この状態は、自然のなかへどんな内在的テロス（完成態としての目的）も置き入れられない（もしくは置き入れることが不可能である）ということから生じてくる。これときわめて類似した思考がルソーにもあり、彼は自然をいわば脱目的論化し、それゆえ自然は――論理必然的に――多種多様な目的に、たとえば統治や支配といった目的に「利用」できることになる。ルソーは人間的実存形態の可能性を構想しようとするが、この可能性は危機的状況を克服する確率を高める。このような刺激が、ホモ・エコロギクス像にはより明示的に存在している。

ルソーはさらに、実際の自然が「自然的なもの」以上の存在だという洞察を確立するのに貢献した。何が自然であるかは解釈の営みのなかに求められるということは、その著作から明確に読み取ることができる。自然それ自身は自分がそもそも何であるかなど私たちにまったく語らないのだ。自然とは一つの解釈概念、構築物であり、ルソーの場合それは強烈な想像力の働きに基づいている。自然が解釈に基づく構築物である場合、ルソーのように、経験的な所与を飛び越えることになり、「形而上学的欲求」（ショーペンハウアー〔一七八八―一八六〇、ドイツの哲学者〕）がまさに包み隠すことなく表現されることになる。さらに解明さるべきルソーの自然的人間像には、溢れんばかりの形而上学的仮定が存在しているが、ホモ・エコロギクス・モデルもそれから完全に逃れることはできないのである。

現代のエコロジー論議は、絶えざる自然喪失の嘆きによって、部分的にはルソー主義的な色合いを帯びている。ある者は、森林の漸次的な死に怒り、他の者は種の多様性の減少に不安を抱く。ほとんどの人が自然の酷使を悲しみ、これを自然自身の喪失として経験し、こうして（頑強な保護運動においては頻繁に）「自然に帰れ」というスローガンに同調する。この場合、この至上命令がしばしば誤ってルソーのものとして語られるのは些末なことであって、より重要なのは、自然喪失の思想がルソーの思想大系のなかにしっかり固定されているという点なのだ。この喪失という公理はただちに、第二論文〔『人間不平等起源論』一七五五〕で描いている自然的人間の肖像へとつながる。そこで彼はディジョン・アカデミーの懸賞問題「人間の不平等の起源は何か、この不平等は自然の掟によって正当化されるか」に答えたのだが、以前の懸賞問題「芸術と学問は習俗浄化に寄与してきたか」への回答である第一論文〔『学問・芸術論』一七五〇〕では賞賛されたのに、はるかに水準の高い第二論文では空しい結果に終わった。もちろんそれによって潜在的読者をなくすことにはならなかった――逆なのだ。

受賞を逃した第二論文は自然的人間のすばらしい描写を、より厳密に言うと、自然的人間の特殊例たる「自然的野生人」の描写を含んでいる。しかしそもそもルソーはこのタイプをなぜ採り上げ、それをどのように描いているのだろうか。

まず第一の問いについて考えよう。彼は自然からの人間の離反に起因する危機を診断する。この鋭い判断の尺度は、人間および人類が自然を現実化するよう定められているという把握にある。ルソーの警告によれば、個人や類としての人間は根源的自然を喪失してしまったのである。彼の考えでは、同時代人が自然との明白な不和状態に入り込むのは、人間固有の定めをもったからなのである。真の人間的実存形態を見失うことによって、必然的に根源的自然を熟考することになる。そしてこの強制は彼にとって、根源的自然への還帰と符合する。近代的人間が「自然状態」から何マイルも隔たってしまったことを査定するために根源的自然へと遡行するのだ。

ルソーは近代性の危機を、過去つまり自然状態から評価するが、自然状態は発展ゼロの地点として構想されている。彼の見解では、この回顧の助けによって、近代の人間は自らが苦しんでいる、かの有害な自然の退廃にたいして開かれた目をもちうるようになる。人類史の遡及は、人間がかつてはそうだったもの、ありえたかもしれないが現在はそうでないものを示そうとする比類ない志向の追求である。

だが、注意が必要だ。彼の自然状態の歴史像は文字通りに受け取られてはならず、学識ある歴史学者の厳正な洞察に従って研究されるようなことがあってはならない。ジュネーヴ市民〔ルソー〕は、自分の探究が純粋に仮説であると率直に告白しているからである。確実には調べられない「偉大な」真理を告げるという不遜な要求をしているのではない。彼がスケッチしたような自然状態にある自然人は、ほぼ確実に近い確率で、実在したことはけっしてない。それは一つのフィクションである。とはいえ必要不可欠のフィクションなのだ。このフィクションによってのみ近代的人間は揺り起こされ、自分の真の定めについて然るべき像を獲得することができるからである。

では、〔第二論文において想像力の芸術家ルソーが語った〕この自然的人間は人間にとっては何を意味するのか。こうして私たちは第二の問いに至る。その問いは大雑把な特徴づけで充分であろう。ルソーの信条に従えば、自然的人間は人間の一類型を代表しており、歴史の始まりにおいて真の自然を体現したものである。とくにその前提は、この人間が何らかの社会制度と規則から独立して自由に存在できたというものであって、独立性は自然状態における真の実存を実現するための必須条件なのである。

そのうえ自然人は、群と仲間のなかにいることが一番快適だと感じる群居的人間の対極をなし、ルソーの自然的人間は、自分自身を頼りとする独居性動物〔一人だけで行動する人間〕であって、危険な状況、たとえば外的環境の過酷さに立ち向かう場合でも、自分自身だけを頼みとする。この自然的人間は、「単独で闘争する人間」の典型である。というのは、自然状態において身体的不平等が存在するかぎり、その根源的状態は闘争状態に類似しているからである。もちろんルソーの自然的野生人には、環境や同族仲間が押しつける災難をも多かれ少なかれ雄々しく克服するといった能力が賦与されている。

「野生的人間」は、ルソーが「自らの」自然的人間とも命名しているように、言語や戦争なしで成長し、道徳以前の状態に生きているが、その場合、身体的不平等とは区別される道徳的不平等が、所有と分業によって発生してくる。これによって人間は依存状態に巻き込まれ、そこから自然人には疎遠な一つの世界が成立する。とはいえ、それは、この人間の類型があらゆる道徳感情から自由であったということではない。憐憫という「自然的感情」をともかくも知っており、これが類の存続にも貢献するのである。

この自然的感情は、他の人間への自己移入という、確かに制限された能力と結びついており、だから想像力を必要とするが、ルソーの場合この感情はたんに共生へのまなざしを包含しているだけでなく、さらに苦しみにたいして備え強化するという自我の実現も意味している。とくに、道徳以前の自然状態において血生臭い野蛮と放恣なカオスが勝利することがないのも、この共感にかかっている。

憐憫の能力によって自然的人間は、他人に意地悪をするのを抑制される。ルソーにとって、憐憫の強さと苦悩の感情は、知性〔思考力〕にはまったく関係しないものであるが、過度の暴力行為を阻止し、「自然的」実存の保証となる。もちろん苦悩は恣意的に激情を制限することはない。

「野生人」はたしかに苦悩し哀れむことはできるが、彼を引きずり圧迫しながらかなえられない願いと過大なあこがれを起こさせる、「大いなる」激情をもった人間ではない。それに照応して、その欲望は特別に目立っておらず、その気質はその本性〔自然〕によって規定され、欲求が満たされると途端にその欲望は消え失せる。自然状態の人間は真の欲求のみを感知する。欲求の体系は健全であり、「虚偽の」欲求、すなわち、社会制度によって注入された非自然的な欲求をすっかり欠いている。欲求は自然的人間を脅かしはしないのだ。彼は「自然の内なる声」に従うとはいえ、虚偽の欲求と真の欲求の間で引き裂かれもせず、したがって、自分の自我をやむをえず分裂状態のなかでもちこたえさせなければならない事態にも陥らない。

したがって、「野生的人間」は非常に釣り合いがとれていて、内的平衡の変調によって悩まされないということになる。その激情はごくわずか発達しているだけであり、利己心〔自尊心〕とは異なり、自己愛は実存保持の力として働いているから、彼は自分自身のなかで安らいでいる。自然的人間に浸透している自己愛は利己心を粉砕する一方で、自らを構築する。「自然的野生人」にとって、利己心と自己愛の不一致は本質的に縁のないものであって、だから（うらやましい？）内的平衡を保って生きることができるのであり、不調和にたいして元来抵抗力がある。ルソーによれば、この不調和は人類が自然状態から遠ざかるほど起こってくる。人間が社会を形成し、文明化の欠陥が生じてくるまさにその時点で、子どもの段階にとどまっている根源的人間の「内的自然」は砕ける。自然の「内面」と「外面」の疎外が進行し、人間の規定そのものとしての自然の現実化はまったくの妄想と化す。社会性は止むことのない頑迷で利己的な競争ゆえに、人間を腐敗させる。言い換えると、――第二論文〔『人間不平等起源論』〕の眼目であり、付随的には第一論文〔『学問・芸術論』〕の眼目でもある――自然喪失は、最終的には人間の自己喪失を意味するのである。「社会性の精神」（ルソー〔『人間不平等起源論』〕）は「自然的性向」を滅ぼし、自我の本性〔自然〕を破壊するのだ。

なぜルソーにとって自然状態と自然的人間へ遡行することがこれほど重要なのかは、この議論の頂点に近づくと、おそらくよりはっきりとするだろう。私の考えでは、なぜ人間の規定についての問いに、ただ自然を通じてのみ回答できるかは、自然的人間の姿からかなりよく理解できると思われる。だから、ルソーは二〇〇年以上も後の今日、少なくとも著作のいくつかの原理的部分では後人の批判にもさらされてはいないのである。

疑いもなく、ホモ・エコロギクスの構造はルソーを参照することによってより明晰になる。彼は『人間不平等起源論』で、自然的人間の機能を通して人間の構造を認識しようと努力した。この第二論文は、ある意味でホモ・エコロギクス像にとって根本的なものである。ホモ・エコロギクスは一連の構造問題にさらされており、それをルソーは真に批判的で社会的な立場から表現した。なかでも特筆されるのは、彼が（矛盾がなくもないとはいえ）自然の問題の複雑さと複合性について教示したことである。その永続的な功績は、とりわけ「外的」自然と「内的」自然の区別にあり、この点から今日のエコロジー的危機を見た場合、この危機がたんに自然という「外的なもの」つまり「外部にあるもの」に限定されてしまうなら、危機の規模と根源にある本来同一のもの〔「内的」自然〕が適切に把握されないことがわかる。

彼は内的自然と外的自然の差異が、人間の欲求の体系といかに密接につながりあっているかを見抜いていると同時に、自然の問題が社会の問題であり、社会・文化的次元をもっていること、そしてその程度がどれほどかを理論的に根拠づけている。その峻烈な文化・社会批判はまさに真正な自然の回復のために捧げられているものであり、これは自然的人間と社会的人間を対比することによって一段と先鋭になる。

自然の問題と進歩の問題は解き難く結びついている。なぜか。自然状態から遠ざかって文明化に向かう進歩を、人間は重大な喪失と引き替えに得る。公式的に言えば、前進は後退なしには獲得されえない。これによってルソーは根本的主張において、とくにアドルノ〔一九〇三―六九、ドイツの哲学者〕とホルクハイマー〔一八九五―一九七三、ドイツの哲学者・社会学者〕がおよそ二〇〇年後に『啓蒙の弁証法』（一九四七）で理解したことをすでに先取りしている。進歩の楽観論はルソーの態度ではない。もっとも、だからといって底なしの悲観論や宿命論的な諦観に陥っているわけでもない。彼は自然喪失の一定の回復が可能であると信じており、このジレンマにたいしてどのように（部分的にであれ）対処するかについて熟考したのである。

自分の最大の願いを彼は教育に賭けた。教育の力によって損傷は補償され、いわば修復されるはずだというわけである。しかしそのためには新種の教育計画が必要であり、これをルソーは有名な教育小説『エミール』（一七六二）で提示した。そこでは彼の「自然」章のさまざまな側面が開示されている。ここでも手短かに触れておく価値があろう。

いったんルソー解釈者の論争問題と精緻さを無視してしまって、ホモ・エコロギクスと間接的に関連する自然概念に新しい表現を与えるかぎりでのみ『エミール』を問題にすれば、とくに次のようなことがテーマとして生じてくるだろう。

第一に、第一論文〔『人間不平等起源論』〕・第二論文〔『学問・芸術論』〕と『エミール』の間には明白な共通性と動機の重なり、繰り返し、と同時に志向の転換が存在する（『エミール』は、政治的主論文『社会契約論』と同年に出版された）。この事実上の親近性は、自然の主題化によって確証され、人間が「何のために」、「どこへゆくのか」という問いによって社会・文化批判へと架橋されていることは疑いない。

『エミール』においてルソーは、「道程」という観点から人間の規定を問題とする。いかにして主人公の少年「エミール」は自分に適合した実存形態に至る適切な道を見出すのか。ルソーの思考をここで息づかせているものが何かが自ずと知られる。

ルソーは、（まさに第二論文における「野生的人間」のように現実性をまったくもたない）擬制的形象である「エミール」を主役にして、実存形成の一つの可能性をいわば演出し続ける。第二論文の自然人のように、「エミール」は自然的人間として提示されるが、他方で、「エミール」は教育と陶冶の産物であり、それは教育を必要としていなかった野生人ではない。

「エミール」を、成るべきものに形成するのは、どのような教育なのか？　手短かな答えは、堕落という足枷《あしかせ》から解放されうる「新しい人間」つまり「エミール」をつくりだすような自然的教育が、求められるべき新しい教育であるということだ。ルソーによれば、自然的教育とは、(「政治的・公的・普遍的なもの」と私的・家庭的なものを不幸にも混同する)当時の袋小路と迷路を乗り越えることを可能にするものだ。この教育方法の混同は、人間が自分の「真の実存」を見出すのを妨げ、むしろ人間的規定を無効にする結果となる。そして現れるのが二重人格、分裂した人間である。

これを救うためには、ただ一つの解決策しかない。政治的・公的教育について「指導」される「公的市民《シトワイヤン》」としての実存を選ぶか、それとも「自然的に」教育された「人間」としての実存を選ぶかのいずれかである。ルソーは『エミール』において自然的教育を支持する。

この教育の特徴は、とくにそれが三人の教師を必要とするという考えである。伝統的で通常考えられているような「教育者」だけでなく、「事物」も必要だし、とりわけ「自然」が必要となる。三人の教師は相互に同調しなければならない。さもないと自己調和を不可能にするさまざまな矛盾が生じてくるからである。この文脈で自然は教育されるべき者に備わる広義の心的性向の構造と理解されるが、ルソーは、こうした自然に影響を及ぼすことの困難さを軽視しているわけではない。「師である自然」を恣意的に処理することはできない。ここで各々の教育は(たとえそれが「自然的」であっても)その限界にぶつかる。「人間による教育」にはより親密で、より高度な確信と確実性がある。ルソーによれば、それは物事を扱うこつをはるかによく知っており、したがって、新しい教育というルソーのユートピアのなかで、教育者は鍵となる位置を占めているのである。

自然的教育によって要求されているように、「自然の歩み」に従い「自然の秩序」に則りながら、「エミール」は自然的人間としての自分固有の規定を現実化できるのだが、これは教育者にたいする比類のない雄大な挑戦である。自然の計画を判読し、それに合わせて教育基準を定める者は教育者であり、そして教育者だけなのだ。彼こそ「エミール」に気づかれることなく、「自然的環境」を提供し制御する者であり、同時に、社会的に生みだされた否定的影響を「エミール」から遠ざけておくのも、教育者の仕事なのだ。

ルソーはこの教育者にかなりの権力を与え、逆に「エミール」を従属状態に置いておく。彼は「自由」教育という模範や「成長するに任せる」教育モデルの唱道者として賛美されているのだが、それは何世代も前からルソー信奉者によって広められた純粋な神話である。(自分自身を自然から解放することができ、なおかつ自分と調和して生きる)成熟した自然的人間を目標とする「自然的教育」は、自然を想像する教育者の指導と実践にその存亡がかかっている。どの程度まで実際に「エミール」が自分自身を知ることになるのか、そして自分から解放されるのかについて決定を下すのは、最終的に教育者の責任なのである。

自然的人間「エミール」は、彼を腐敗させる社会的感化作用から遠く離れて田舎で成長し、そこで実践的経験を積むとされているのだが、第二論文(『人間不平等起源論』)の「野生人」と比べると、独立性の程度の低い状態で発達し、(望むと望まざるとにかかわらず)教育者の犠牲者となる危険を引き受けなければならない。教育は、ルソーの自然的教育のユートピアのなかでは隠されているにせよ、つねに失敗の可能性があるものであり、変動する基盤に依拠している。自然的人間は詳細に計画された指導過程の結果であり、このことは、あまりにも頻繁にルソーのものと「思われている」感傷を抜いて、冷静に把握しておかなければならない。

どの橋頭堡がここからホモ・エコロギクスに続いているのだろうか。たくさんある！　第一に、自然的人間は自分で自分をつくりだすのではなく、援助と一定の教育的介入とに基づいて「指導される」のであり、この援助と介入は、発達に影響を与える人間ないし教育する人間の力に存している。その場合、外的規定と自己規定は、排除し合わない。第二に、自然的人間の形成にとってアイデンティティ問題が構造上本質的である。第三に、自然は自然的人間にたいして規範として機能する。人間と自然の関係では、自然理解が方向づけの作用を及ぼすべきだとされる。ルソーの場合、教育の目的とは自然であることを意味する。自然は規範の位置を占めており、まだ存在してはいないが存在すべきものの証明となる。たとえば、自然的なものは健全なもの、無傷のもの、救済するものだというような自然の価値についての観念が、確固たる方向づけの指標となることは、実際のエコロジー論議が確証している。多くの善意の助言や「自然的生活様式」というような半ば誠心誠意の推奨は、今日自然食品専門店や健康雑誌以外でも過剰なほどに提供されているのだが、これは明らかに、自然的なものが一つの規範であるということに基づいている。つまりそれは、ルソーが独創的に準備した議論の範例——社会的、文化的、政治的に変化してはいるものの、ホモ・エコロギクスの登場を呼びかける近代の危機感に発する——を無意識のうちに利用しているのである。

ルソー的な自然的人間、つまり「自然的野生人」ならびに「エミール」は、ホモ・エコロギクスの出自に関してだけでなく、その「建築計画」に関してもきわめて重要な推論を可能にするが、この計画は部分的にはルソーの解釈から骨格をつくりだすことができたし、現実の次元で展開することもできよう。

第三節　文化と自然の間のホモ・エコロギクス——文化と自然の関連について

「自然的人間」が文化的人間でもあることを、ルソーはきっぱりと是認した。この認識は、（およそルソーの示唆力に達することはないにせよ）近代の他の思想家によっても表明され、その後一つの共有財産となった。これは、なぜ絶えずフランス人にたいして極端なまでに敬意が払われたのかの一つの説明となる。エコロジー的危機に巻き込まれた人間は、自然的存在にしてなおかつ文化的存在としての二重の性格を生々しく経験している。私たちがこの危機の産物として規定しようとしているホモ・エコロギクスは、この事態を根源的に証示している。彼は、それ以外の仕方では実存できないのだ。つまり、サルトル（一九〇五—八〇、フランスの哲学者・小説家）の言葉を言い直せば、ホモ・エコロギクスは、この二重存在という刑に——しかも、その毛穴、認知的構造、感情的状態の奥深くにまで浸透しているほど根本的に——処されているのである。

もし私たちがもう一度世界のカテゴリーを問題にするとしたら、こう言ってよいであろう。ホモ・エコロギクスは、自然的かつ文化的な世界の「市民」であり、この世界はホモ・エコロギクスの行為の可能領域を予め定めているがゆえに、現代の条件下では文化的・自然的存在として描かれることになる。まず、文化的人間として、それから自然的人間として論ずることにするが、なるほど、こうして順を追うのは事態を単純化してしまうことになろう。というのは、人間は第一に文化的存在で、それから自然的存在だなどというのは誤りだし、逆もそうであって、しかも人間はある場合にはただ文化的存在「にすぎないもの」として、別な場合には「純粋に」自然的存在としてふるまうというような関係でもないからである。実際には両者は相互に引き裂かれてはいないのである。自然と文化は分かちがたく共に一つの全体をなしているのであって、もっぱら叙述上の理論的手法という理由でこうした理念型的区分をもち込まざるをえないのである。

なぜ自然的人間のなかに文化的なものが包含され、それゆえ文化的なもののなかで自然的なものが脈動するのか、これについてルソーはある予感をもっていたが、この人間学的存在様式を満足のいくように説明するためには、彼の思考方法はまだ充分ではなかった。ただし、このことは批判と誤解されてはならない。一八世紀は非常に刺激的で、一方影響力が大きくてブレーキがかからないほど熱狂的で、時代を凌駕する洞察と推察において密度の濃い世紀であり、この世紀が近代に現実的な人間学的全盛をもたらした（これは熱を込めて言うことではないだろうが）のだが、そこには自然と文化の一体性をより深く見るための道具立てと個別科学の成果がまだ欠けていた。より広く受け容れられるようにこの課題を実行することは、二〇世紀の哲学的人間学の手に委ねられたのであり、したがって、少しこの点に立ち入っておく必要がある。

この人間学の功績は、人間のなりたち全体に新しい光を投じたことであり、それは人間の秘密にもっと接近する手がかりを求めるという動機につき動かされて、次のような方法をとった。個別科学の専門主義に対抗して、人間のなかの何らかのもの、たとえば肺機能や社会的階級帰属、あるいは知的発達等々を探究しようとするのではなく、隙間なく詰まった全体的なもの、生の一体性として人間を考察したのである。「総体的人間」を視野に入れようという企図に駆り立てられたことによって、当然の帰結として、人間のなかでの自然と文化の絡み合う連関が追求されることになった。

二〇世紀のドイツ語圏の哲学的人間学が、人間という現象へ広く歩み寄ることを認めたので、それによってはじめて自然的かつ文化的な人間の融合（こう呼ぶことにする）の理論的基礎が据えられたのだと主張するのはきわめて正当である。一九三〇年代に哲学に独自の人間学的転回をもたらした現代の他の思想家を無視するか、あるいはその重要性という点で過小評価しようというのでなければ、シェーラー、カッシーラー〔一八七四―一九四五、ドイツの哲学者〕、ボルノー〔一九〇三―九一、ドイツの教育哲学者〕等々と並んでプレスナーやゲーレン〔一九〇四―七六、ドイツの哲学者・社会心理学者〕が、率先して広大なさらなる発展をめざした哲学者として挙げられる。後者二人は二つの異なる人間概念を述べているが、それは、哲学的人間学が多岐にわたる思潮であるという証拠である。それはただ人間の「全体性」を回復しようとするという点でのみ共通分母をもっているのである。

まずプレスナーを見てみよう。彼は、かなり多岐にわたる著作と並外れて長い研究経歴をもち（Plessner 1980)、当初は、人間の本質的あり方をきわめて野心的に探究した。そして実際この試みは成果のないものではなかった。人間を存在と生成において構成する三つの「人間学的根本法則」の一つは、自然と文化の関係の中枢に関わり、この関係をはっきりと対象にしている。彼は「自然的人為性の法則」を定式化したが、この法則は、一九二三年の『感覚の美学』によって間接的にではあるが準備され、一九二八年に書かれた人間学的主著『有機的なものの諸段階と人間』のかなり末尾で初めて登場した。この法則は非常に単純化してしまえば、人間が身体的性向や衝動を備えた自然的な生物として、どれほど人為的に形成された世界、つまり文化の世界のなかで生きているかを表すものである。

人間は「自然的—身体的生物」と「人為的—文化的生物」との混成であり、だから自然と文化を相互に対立させることはできない。二つはある相互依存的な関係のなかにあり、相互に作用しあい、交互に影響を及ぼしあい、相互作用を形成している。人間の許にある「自然的なもの」は「人為的なもの」によって制御され、他方文化的なものはただ「自然的なもの」が許す方向においてのみ形づくられる。人間が「自然的なもの」であるとみなし、そのようなものとして証明しようとしているものは、ただ文化という立場から見た場合にのみ「自然的」なのである。

プレスナーにとってこの合法則性は、世界にたいする人間の立場から生まれてくるもので、それをきわめて独創的に、「脱中心的態度」として定義している。これによって彼は人間に、独特の世界内地位を与え、この地位に従って人間は自分の中心から歩み出て、「自己の外部で」そして自分自身にたいして、距離を保って存在できる。次に、人間は自分自身の舞台監督であるだけでなく、自分自身の観客にもなりうる。さらにその場合、プレスナーは人間の実存形態とは遂行と表出性、身体性を特徴とするものだと理解しているが、同時にこの実存形態には、(徹底的な内的平衡と自分自身についての徹底的明証性とを獲得するという)漂白化という特徴もある。

他のすべての生物と比べてこのように独特な、世界にたいする脱中心的立場を通じて、人間は「独創的な生の根拠」に、つまり文化を担い保持する存在になるのである。人間の「本性(自然)」つまり脱中心的立場は必然的に文化をつくりだす。換言すれば、文化は、生物学的・自然的存在様式から本質的に生じてくる。これが自然的人為性というプレスナーの法則の精髄であるが、ゲーレンはこれをいわば急進化し、いずれにせよ先鋭化させることになる。

ゲーレンの人間学的主著『人間——その自然と世界における位置』(一九四〇)は二〇世紀の人間学のまさにベストセラーになることになる。この著作で彼は、人間を第一義的に行為する本質存在として規定したが、これは、手堅い伝統を継承しつつ、(人間における)各種の有機的・生理的欠陥を提示するものとなっている。動物から見れば、人間は有機体としては単純であり、欠陥をもつ変人に他ならない。人間はいわば生理的にフラストレーションを起こしており、「自然」から継子扱いされている。この欠陥のある器官を備えているがゆえに、ゲーレンはヘルダー(一七四四—一八〇三、ドイツの哲学者・文学者)の用語をはっきり借用して、人間に慢性的な「欠陥ある存在」というレッテルを貼るのである。

なるほどこんな言い方ではほとんど希望が開けないように聞こえるだろう。では、それなら生理的にこれほど資質の劣った存在が、つまりこの一回限りの「自然の特別な被造物」(ゲーレン)が、生存能力をもつことがそもそもどのようにして可能なのか。何が人間の生存を支えているのか。それが、文化なのである！　これがゲーレンの簡にして要を得た答えである。文化的創造の精神が実存を確実にし、生存を保障する。彼にとって文化とは、「生に役立つもの」へと改造され克服され変容された自然なのである。人間と人類は、もし生命の維持を望むならば、自然を変容し改造しなければならないし、自然を手つかずのままにしておくことは不可能である。この欠陥ある生理的―自然的被造物は、文化つまり「第二の自然」を通していわば補償されるのだ。

（不運において選択された概念であるにせよ）〔欠陥のある存在という〕人間の「第二の自然」は、人間の生の保証人であって、人類の存続を保障する多種多様な制度がこれを裏書きしている。動物にとって環境であるものは、人間にとっては（「第二の自然」によって生みだされる）文化的世界を意味するのである。

プレスナーよりもより強烈により根源的に、ゲーレンは「第一の自然」にたいする「第二の自然」の位置的重要性を強調するが、それは、この第二の自然が人間の実存の仕方にとって本質的なものと想定されるからである。人為的につくりだされる世界つまり「人為的自然」（ソレル〔一八四七―一九二二、フランスの社会思想家〕）は第一の自然を凌駕する。というのは、第一の自然は、第二の自然による解釈と構築に依存しているからである。

第一の自然は、第二の自然を通してのみ解釈され理解され構成され、カテゴリー的にも把握できる。もしそうなら第二の自然は私たちに、第一の自然についての像やモデルをつくる可能性を提供する。

――これを疑えば何物も生みだされない――、第一の自然は事実上第二の自然に従属していくことになるが、他方、第二の自然の広がりと多様な発展が今度は第一の自然によって制限されるということも明白である。第二の自然は第一の自然から生まれるが、第二の自然なしに、第一の自然がそれ自体として、また本質的にどんなものであるかということは認識も理解もできないであろう。

ゲーレンはプレスナーとは違った思考の前提と人間像に基づいて、人間はなぜ本性的に文化的存在なのか、なぜ自然と文化は、自然が文化のなかへ、文化が自然のなかへと入り込むといったように、相互に入れ子構造になっているのかを説明しようとした。そこで明らかになるのは、自然は解釈されるということである。つまり、文化は自然についてのモデル・プランを認め、外的（に私たちを取り巻いている）自然と内的自然から覆いを取り除く道具を私たちの手に引き渡すと同時に、自然を「それ自体としてのあり方」で把握することが私たちには不可能だと確信しているのだ。しかもさらに、このような仕方で〔自然というモデル・プランを〕規定できるようにするために、人間は他の生物を頼りとする。というのは、このような対照・比較を通じてはじめて人間は自分自身についていろいろ知るのだから。人間という類は、他の生物との対照によってアイデンティティを獲得するのである。

哲学的人間学のこのような成果を踏まえてこそ、エコロジー的危機の人間学の試みを再考できる。ホモ・エコロギクスは、まさに相互に制約しあう自然と文化への共属性からしか構想できないのだ。自然および文化は、まったく同一の被造物の二つの側面そのものなのである。ホモ・エコロギクスとは、ゲーレンの言葉を借りれば、第一ならびに第二の自然のなかで、そしてそれらと共に生きている分身なのである（たとえこの二つの自然が容易ならぬ不適合に至るほど極度の緊張関係をもつ場合があるとしても）。

さて、このような人間学的な根本的洞察からホモ・エコロギクスの片面つまり「文化的なもの」と、続いて他の片面である「自然的なもの」が検証されることになる。こうしてホモ・エコロギクスはまず文化的存在として、それから自然的生物として考察されるのである。

第四節　「文化的存在」としてのホモ・エコロギクス

　ここでは必要最少のかぎりで再説するにとどめるが、哲学的人間学は、人間の世界滞在がいかに解釈の過程と結果であるかということにたいする感覚もとりわけ敏感にした。文化は、つねに新しく現れ、普遍的でけっして終わることのない無数の解釈行為に基づいている。文化的存在として把握されたホモ・エコロギクスは、すでに予め解釈されシンボルを孕んだ世界（カッシーラーは人間を「シンボル的動物」と規定している）、つまり、構成とモデル形成、言語規則、神話、理論の世界、すなわち解釈を通じて準備された世界のなかに生きている。ホモ・エコロギクスはルソーの「自然的野生人」とは違って、発達の零点でも出発点でもない。違うのだ。ホモ・エコロギクスは文化的に刻印された記号、制度、シンボルの世界に取り巻かれそのなかに組み込まれており、これらはホモ・エコロギクスの関与なしにすでに現存しているのである。

　文化を通じた人間実存のタイプの厖大な刻印は、至るところで私たちにたいしてきわめて支配的に立ち現れてくるので、それについて熟考することはほとんどない。それは自明なこととして提示されているからである。ほとんどすべてが創造的な遂行や活動の表現、行為、作品として、文化によって規定されているように見える（それらは長い間続いてきた文化的財のなかに沈殿している）。そして人間は文化の被造物であると同時に、文化の創造者（想像力に富んだ解釈者、理屈好きの解釈者）であるということがつねに繰り返し実証されることになる。ホモ・エコロギクスもこのようなタイプの人間であり、世界の内で存続しうるためには解釈に熟達しなければならない。

文化が極度に解釈行為に支えられているということは、ホモ・エコロギクスにとってきわめて重要な自然との関係の基礎をなしている。哲学的人間学の洞察によって確証されたように、ホモ・エコロギクスに相対している外的自然を、直接認識することはできないのである。人間は自然の「本質」つまり自然「それ自体のあり方」を知ることはできないのだ。逆に人間がなすことができ、すでに充分に利用してきたものは、自然との解釈的対論であり、自然解釈者としての営為なのである。ホモ・エコロギクスはこのような自然の解釈者であり、そうでなければならない。なぜなら、エコロジー的危機は――できるかぎり適切な――自然解釈を強く求めているからであり、そして、そのような自然解釈はこれまでまったく欠けていたわけではなく、それに携わることをホモ・エコロギクスはめざしてきたのだから。

(1) 自然解釈者としてのホモ・エコロギクス

このような行為によってホモ・エコロギクスは比較的すばやく、多様な自然解釈が競合して存在していることを洞察するようになり、同じく迅速に、自然解釈の領域には一つの独占的解釈つまり科学的解釈があることを見つけることになる。すなわち、自然科学的解釈は他のすべての解釈に先んじてきたが、その規定力は目下のところまだ打ち破られてはいないのである。自然科学的な自然像の曇りなき勝利の道はすでに一六世紀末、一七世紀初めに一人の思想家によって準備された。彼は現代では多くの人々にとって目の上のたんこぶとなっているが、それは人間中心主義の家長の一人とみなされているからだ。この人間中心主義こそエコロジー的危機を引き起こした恐るべき立場なのである。

「被告人」の名はフランシス・ベーコン〔一五六一―一六二六〔イギリスの哲学者〕〕であり、彼は、可能なかぎりすべての自然の秘密を知り、人間の幸福に利用するために、実験を通じて自然と関係することを要求した。これによって彼は、後代の自然科学的研究が公認することになる、ものの見方の土台を原理的に準備した。つまり自然は人間に対立させられ、人間の無限の実験領域と枯渇することのない実験室であると宣言された。デカルト〔一五九六―一六五〇、フランス生まれの哲学者〕の認識論がもたらした「知るもの」と「延長のあるもの」との二元論、主体と客体の分離によって、自然科学に特有の自然像は先鋭化する。

自然は、探究する主体の他者として、人間の目的に合わせて支配されるのが当然とされ、自然は認識論的にまた科学の名において、人間の意のままになる集合物となる。自然は人間の客体の領域として構成される、これとともに、知る存在、思考する実体には外的自然よりも高い価値が与えられる。言い換えると、文化、つまり科学的に構想された文化は、自然の上位に立ち、そこでは文化と自然のヒエラルキーがつくられ、これは人間から分離していると考えられた自然を征服する権能を人間に与え、自然は自然科学を通じて、人間の恣意的な支配欲のための道具となる。

この自然科学的解釈に特徴的なのは、自然を包み込んでいる「理念という外被」の考えであるが、この理念の衣に従ってデカルトやガリレイ〔一五六四—一六四二、イタリアの数学者・自然学者〕など周知の当時の理論家は、自然科学が数学のなかに基礎をもたなければならないと信じ、これによって自然から、普遍的に妥当する法則性が無理やり取りだされることになった。

普遍的に妥当するものは、たんなる主観的感覚や私見を凌駕し、客観的なものとなる。自然科学は自然のなかに客観性を読み込むが、この客観性は数学化と計算可能性によって取りだされるべきものとされる。自然は、それ自体計測され量化され実験によって可能なかぎり厳密で法則化されうるものへ還元される。

自然は量的に計測しうる量に分解され、あたかもこれが実際の自然の真なる様相であるかのような外観が引き起こされる。この客観性と数学化の可能性を称賛する自然科学の場合、実際肝要なのは構成であり、これがその根源的性格をますます奪われた人為的自然を成立させてきた。そしてこれを疑うことは排除される。つまり、この自然解釈はとりわけ成功をおさめ、他のすべての解釈を日陰に置き、（エコロジー的危機において苦痛に悩みつつ疎外として知覚される）自然と人間の対立を科学的に、つまり

「客観性の精神」の下に服属させ封印してしまったのである。

もちろん自然科学の内部で別の見解を耳にする可能性もあることに口をつぐむのは許されない。たとえば、相対性理論の立場がそれであって、客観性の理念に背き、控えめな主張においてではあるが、この理念の代わりに人間のあらゆる認識の不明瞭さを浮き彫りにし、それによって真理の教条主義者全体を驚愕させる。知とは不確実なものであって、普遍的に妥当することなどほとんどないのだ。アインシュタイン〔一八七九―一九五五、ドイツ生まれの理論物理学者〕の相対性理論の教えによれば、この客観的かつ現実的に把握しようとする自然解釈のすべてが疑わしく見えてこざるをえない。彼の解釈に従えば、厳密な自然科学によって発見される法則性は、実際にはけっして客観的かつ自然法則ではなく、むしろ直観なのであり、この直観が私たち人間にたいして世界について解き明かそうとしているのである。したがって、このような法則も自然そのものではなく、道具的・実験的に整序された自然を表現している。相対性理論の立場からすれば、客観的自然科学は、客観的で現実的な自然ではなく、むしろ自然を測定する道具の結果を観察するのである。自然についての認識は自然を探究する物理的装置とほとんど区別できなくなる。自然の許における「自然的なもの」は技術的な処理によってははっきりとは分離できないし、自然科学と自然はさらに別々の方向へ漂流する。これが誘因となって、かつてハイゼンベルク〔一九〇一―七六、ドイツの理論物理学者〕は、現代自然科学における人間はただ自分自身に相対しているにすぎないという有名な確認をすることになった。自然は自然科学においてはつねにますます防御力のない無用のものになっていくにせよ、本質的には「自然科学の」自然構成と関係するのである。

さらに次の点も看過できない。すなわち、批判者たちは自然破壊をさまざまな仕方で「客観的」自然科学の直接的帰結とみなしているが、この破壊に直面してパラダイム転換を意図した自然科学的研究の新しいモデルも提供されているのだという点だ。その背後にはある一つの自然現象の解釈が存在しており、その解釈に従えば、自然は機械論的・技術主義的に説明されるのではなくて、ある「開かれた」進化過程として解釈され、この過程は固有のダイナミズムを特徴とし、人間自身がこの過程のなかに編込まれている。人間は一つの開かれたシステムの一部とみなされ、そのシステムによって形態化され、それを人間自身が解釈する。この「開かれた」自然科学的アプローチの目標は、自然にたいする人間の立場の新しい基礎づけにあり、自然の外部ではなく内部で人間の立場を確定しなければならないとする。人間は包括的な自然連関の一部であり、この連関から出発して自然と自分自身を理解しなければならないのである。

その場合、そのような自然—人間関係の新しい測定は、古い自然科学によるいわゆる破壊過程に挑む希望と信念をも伴っている。ホモ・エコロギクスはこのきわめて簡略な自然論議からどんな帰結を引きだすことができるのだろうか。それはとりわけ次のようなものと言えよう。

自然科学は久しい以前から、人間の態度・行動にとって尺度となる自然解釈を支配してきた。それはとくに機械論的・技術主義的解釈にあてはまる。これは外的自然を、意のままに処理することができ、またそうしなければならず、そうすべき非人間的なものとして、人間に対立させる。こうして自然は、人間の支配要求が不完全に投影される場になるが、もしこの解釈が絶対的ということになれば、イデオロギー化の危険が生ずる。これは依然として影響力をもっている。誰が自分が善いと信じていることに異論をとなえようとするだろうか？　当然、このような解釈の独裁にたいする反対が批判者の間で起こり、彼らはこのような自然科学的解釈とエコロジー的荒廃の因果関連を打ち立てることになる。

自然科学的な色合いを帯びた自然概念は、科学的理論が自然像——研究に先行するが、科学的でもなく、厳密には証明もできないものであって、形而上学的前提の地位、（広義の）世界観の地位を占めている——によって作動することも例証している。そしてこの自然像は、自然そのものや、具体的に経験される自然と等しいものではない。

自然科学の古典的・伝統的な自然理解にたいする批判は、競合する自然概念が存在するということだけでなく、それが可変的で時間依存的でもあるということを誤解の余地なく明らかにする。

この場合、とくに相対性理論によって強化されることでよりはっきりするのが、他の諸制度（宗教ないし文化）同様、科学的解釈の試みにも絶対的確実さはけっして与えられないということである。唯一信憑性があるのは、どの確実さにも欠陥があるということであって、これは自然をめぐる論議の不明瞭さと鈍さのなかに現在見られるものである。自然の理解は現実から遠ざかってユートピアに向かっているのだ。それでも、ホモ・エコロギクスは生きていかなければならない！

結局ホモ・エコロギクスにとって明らかになるのは、自然科学においてだけでなく、科学一般並びに他の解釈の審級〔物事を理解・評価したり行動を規制したりする物の見方の構造が複数あり、それが段階的もしくは重層的に重なり合っている状態。その一つ一つを審級という〕においても、自然に関する解釈範例には多元論が描き込まれねばならないということであり、この多元論は――幸いにも！――範例そのものとして自分のプロフィールを描く指導者たちをイライラさせている。もっとも力のある解釈の牙城である自然科学とは異なるその他の解釈が見過ごされたり、早計に握りつぶされたりすることがあってはならない。

ホモ・エコロギクスが最初から一つの自然解釈だけを優先し、オールタナティヴを綿密に吟味しないとすれば、それはよい助言ということにはならない。期待さるべきことは、ホモ・エコロギクスが文化依存的で相対的な解釈の多様性を知り、これを（必要な場合には）批判的に精製し習慣化することである。その場合、自然科学が始めた機械論的見解が採用されることはほとんどありえない。人間対自然の関係を両方の側からかなりの程度形成し、自然的人間と文化的人間の疎外を可能なかぎり最小化すること、その場合、両者の宥和が努力目標だが、せいぜい近似的にしか達成できないという信念をもつこと、これが行為のモチーフである。ホモ・エコロギクスの文化的構成には不可欠な基盤として解釈能力が含まれており、この構成はホモ・エコロギクスを実存的に自然解釈学に向かわせ、健全な人間―自然関係を約束するような解釈に優位を与えるようにさせる。

すなわち、（自然の）解釈を強要されるホモ・エコロギクスは、外的自然の破壊が人間の自己破壊と同一であることを内面化し、行為の戒律にする――まさにこの破壊にたいして立ち向かおうとするのだ。

自然像に取り組むことは、そのための本質的条件の一つであり、それは、自然科学の周りから離れて他の解釈像――たとえば、神話として培われた〔自然の〕図像群が古来よりどのように存続し、錯綜した伝統のなかで伝えられているかを想起することによってというように――に接近する場合に、実り豊かなことになるかもしれない。これらは通例散漫に自然について語っており、抵抗するもの、災いに満ちたもの、脅かす運命的なものであるが、しかしまた多幸なもの、魅惑的なものとしての自然について、そして秘密に包まれた宇宙的諸力について語っている。

では次に、まったく別の省察に移ろう。哲学は、早くも古代においてピュシス〔自然〕を引き受け、自然への驚愕を先へ先へと推し進め、専門化の過程で自然哲学を打ち立て、この自然哲学はすでに生成の萌芽のうちから多様な自然解釈を生みだした。近・現代の哲学の分科の協奏曲においては、時勢に応じて浮き沈みはあるものの、確固たる席が自然哲学に与えられたが、第一バイオリンを弾くことはめったになかった。とはいえ現在では自然哲学は失われた名声を回復しつつあり、返り咲きは確実である(Böhme 1992)。

自然哲学はエコロジー的危機の時代に立身出世しようとしているが、自然破壊にたいして納得のゆく解釈モデルをもって答えるのに充分な能力があるかはまったく別問題である。もっともかなり確実なことが一つある。それは無批判にではないにせよ、シェリング〔一七七五―一八五四、ドイツの哲学者〕の自然哲学が当代権勢を張っているということだ。それはただロマン主義的なエコロジー的批判家として適切なメニューをそろえているからだけではなく、シェリングには、本質的に積極的に受け継がれることになるだろう二つの理念があるからだ。一つは「産みだされた自然」と「産みだす自然」への分化、つまり自然を生産物という点から考察する産みだされた自然と、自然が産出力をもつとみなす産みだす自然への分化である。

自然科学が「たんに」産みだされた自然にたいする目しかもっていないとすれば、シェリングの自然哲学的関心はまさに産みだす自然にある。さらには、全体論的自然理解を擁護し、自然全体のなかに人間を位置づけることから出発し、宥和した人間―自然関係という夢にしばしば耽《ふけ》る人々も、少なからずシェリングを引き合いにだす。

一切を包括する開かれた現象として自然を解釈するこの志向からみれば、この種の自然哲学は――シェリングの場合きわめてはっきりしているが――詩と一脈相通じるところがあって、詩も自然科学と同様、その始まりから、幾度となく人間―自然関係のさまざまなバリエーションをつくってきた。自然の叙情詩は、ある固有のジャンルを特徴的な形でつくりあげ、このような意味で多くの相異なる音色をもった自然の代弁者であり解釈者であって、ファンタジーやメタファーに富んだ形で人間と自然の本質的な共属性に言及し、同時に自然について見渡せないほどの画像的宇宙を創造する。その場合、全体論的考察のパースペクティヴがしばしば相対的に前面に押しだされる。それは人間を自然によって「包まれている」(ゲーテ)ものと解釈するものである。つまり人間は、どれほど傑出しているとしても自然に絡みつかれている一つの分肢であり、地を這い空を飛ぶものすべてと結合されているのだ。全体論的思考や、素朴な感傷に至るセンチメンタルなもの、また哀愁や驚愕、対立や恐怖、威嚇と充溢、啓示などもも等しく自然の叙情詩のなかに場をもっており、そしてもちろん際立った美的なものを欠くこともない。

叙情詩は意識的に自然美にたいする感覚を喚起し、その点で自然美は不可欠のものとなり、それによってこそ自然にたいする自然科学的な把握と区別される。後者は、自然を装置を使って測定し、大胆な操作可能性戦略の下で脱感覚化するのにたいして、自然美学は感覚を訓練して自然を感覚化しようとする。そして、感情と感覚に訴え、これを開示しようとし、科学的に整序された質とは別の質を活性化させる。こうして、叙情詩が再度芸術一般と結びつく。芸術的表現は特殊な自然理解を体現するが、この自然理解は自然科学的な自然理解と比較して劣等であるということはまったくないのであって、むしろ破壊的なエコロジー的危機にあって失われたもの、ないし今にも絶滅しそうになっているもの、つまり「産みだす自然」という理念を「違った風に」語ろうとしているのである。

もちろん、このことから、それによって完全な自然理解が可能になるという早まった結論を引きだしてはならない。それはおそらく誤った考えであろう。というのは、人間は何よりまず自然を「構成」するのであり、したがって自然の根源的なあり方から自らを疎隔するからである。説明や解釈、推敲がたくさん為《な》されれば為されるほど、それだけ根源的自然は次第に消え失せ、現にある自然の姿のなかに隠されたままになる。

もしホモ・エコロギクスがこの確信を保持し、解釈の多元性にただちに誠実になるなら、多くのものが得られるだろう。なぜなら、ひょっとしたら、これが自然との命令的で独裁的なかかわりを避ける一つの道だからである。

(2) 緊張を孕《はら》んだ技術のなかのホモ・エコロギクス

エコロジー的災禍は解き放たれた技術の所産でもある。このことを認識できない人間ははっきり蒙昧だと言わざるをえない。しかも、技術が人類の潜在的な墓掘り人であると信じているのは、たんに著名な悲観論者や黙示録信奉者だけではない。ともかく技術は、地域的・国家的な違いはそれぞれあるにせよ、全世界にわたって、いわゆる工業国において暫定的繁栄を達成してきた。「技術の時代」の存在は多くの人々にとって、エコロジー的暴虐が技術の「精神」に基づいているという事実と同じく、異論の余地がない。

これが結局、なぜホモ・エコロギクスが創造されなければならないかの原因でもある。というのは、ホモ・エコロギクスは、私の議論だと、ホモ・テクニクスの専制に挑戦すべきだからである。本章の冒頭でテーゼとしてまとめたように、ホモ・エコロギクスは、何よりもまずホモ・テクニクスやホモ・ファーベルといった種にたいする不快感が原因となって生まれてきたのである。ホモ・テクニクスやホモ・ファーベルは操作可能性のメンタリティによって形づくられ、ベルトコンベア上でエコロジー的犯行を生みだしている。これにたいして、ホモ・エコロギクスは反対の立場を採っているのだ。

ではこのことは必然的に次のことを意味するのだろうか。つまり、ホモ・エコロギクスは技術の敵であり、自分たちが技術的発明の積極的な受益者でありながら、技術を非文化に属するものとして告発する、往々にして十二分に偽善的以上の連中、技術を一切拒絶する何世紀も前から存在している連中に賛同することを意味するのだろうか。この「グレートヒェンの問い〔答えに窮する決定的な問いかけ〕」にたいする答えは再度、文化的存在としてのホモ・エコロギクスに関わることになる。技術というものは徹頭徹尾人間の文化的成果であるからだ。実にさまざまな技術の反対者がいかに諫言しようとも、技術は文化とは別物ではない。逆に正しいのは、技術とは文化であり、それぞれの文化は各々の技術をもっているということなのである。技術はそれまでの標準兵器庫〔すでに形成された文化〕の備蓄を消費しつくすので、すでに何世紀も前から技術批判は慣れ親しまれてきた。この技術批判が、文化批判の衣をまとって登場する――これはロマン主義的に輝く「自然への還帰」を熱望したり、技術をよそ者であり、人間の「真なる存在」を破壊するものとして告発する場合に限られてはいない。

さて私の見解では、典型的技術が極度に複雑な文化現象として規定されることになり、この現象は、人類の来るべき運命を決定する第一義的なものとなる。ホモ・エコロギクスは技術という緊張を孕んだ領域のただ中に立っており、よかれ悪しかれ実際にこの技術と対決しなければならないのであって、それ以外のオールタナティヴは存在しないのだ。なぜか。

第一にこの必要性は他の生物の場合には決して生じない。人間の根源的かつ人間学的な性質から技術の必然性は生じてくるからだ。これはゲーレンが人間の欠陥ある自然的所与から導きだしたものである。動物とは対照的に、人間には本能的安全保証がなく、外的な器官は不完全で、したがって人間は、このいわゆるハンディキャップを技術の創造によって埋め合わせるように特化している。「第一の自然」によって動物には付与されているものが人間には欠けており、この人間学的欠損を技術によって補う。もし技術がなければ、人間は生き延びることはできなかったであろう。動物には「自然的なもの」として付与されているものを、人間は技術という形をとった人為的・文化的なものを通じて補充するのであり、自然的存在かつ文化的存在としての人間の中間的性格が深い奥底まで浸透しているのである。

人間は技術のなかで、また技術を通して文化創造者となる。技術は「テクナゼイン（technazein）」というギリシャ語に由来するが、これは創造と制作を意味し、ある特定の遂行能力を前提している。テクネー〔制作〕は特定の目的の達成をめざす技芸である。手段の利用を通じて技術は道具的性格をもち、多種多様の道具、器具、装置のなかで外面的に可視的になるが、そのなかでも機械は典型的なシンボル力をもっており、これは、機械を人類の新段階の革命家として賛美したかつての「機械の時代」に限られたことではない。機械は依然として一般的に技術を象徴している。現代では、人間はコンピューターのなかに新たな聖なるものを見出しており、コンピューターは頻繁なウイルス感染にもかかわらず、人々の群れに取り囲まれ、神格化されている。

もし人間が自らの存在を、たとえば機械に基づいて解釈するならば、機械が、一般的には技術が、人間の本性〔自然〕となる。機械のモデルは、たとえまずは遡及的にだとしても、人間の上に投影され、人間像のなかに注入され、これに基づいて行動が測られ、活動が評価されてきたし、現代でもそうである。技術的行為を通じて外的自然に干渉する場合には、自然の物質とエネルギーは、広義の意味での道具の使用によって変形されるが、その場合、たいていは人間の欲求が決定的となる。これらの欲求を人間の「内的自然」の一つと見れば、「内的」自然と「外的」自然の相互作用は技術を通じて生ずるが、その場合、必ずしも、「真」の欲求と「偽」の欲求を分けることはできない。もっともルソーは、仲裁者の態度をとりながらもそれを真実と思いこませようとしたが、彼にとって、「自然的欲求」は同時に充足するに値する「純粋な真の」欲求であった。しかし哲学的人間学が最終的に認識したように、もし「自然的」欲求がいつでも人為的―文化的に変形されているとしたら、どの欲求が自然的に「良性」（つまり「真」）で、どれが「悪性」（つまり「偽」）であるかを識別する確実な基準を定めることはできない。

だが、ルソーが炯眼をもって自覚するようになったのは、精選されない欲求のシステムは人間と人類を破壊する可能性があるという決定的な洞察である。そして次第にますますはっきりと分かってきたのは、均衡を欠き暴利をむさぼる傾向のある欲望が、（外見上は人間自身のために具体化されるのではあるが）エコロジー的危機を引き起こしてきたということである。そして、（まったく異なる根拠と誘因をもちながらも）技術によって顕著にこの欲求の過剰が強化されてきたということは誰も否定しようとはしないだろう。技術が欲求の触媒であることは証明されているのだ。

人間は技術によって自然への依存から自分を解放しようとしてきたし、現在でもそうである。その結果技術は、「反―自然」となる（ロポール〔一九三九―　ドイツの技術哲学・社会学の研究者〕）。ところが、この勤勉で飽くことのない解放の行為にはある固有の弁証法が付着している。つまり、一方で人間の要求は、自然に従属するのではなく、自然を自らの安寧幸福のために罠にはめるが、他方では、――これは以前より頻繁に経験されることだが――人間はますます自らの策略の犠牲になっているように思われる。技術的行為は二つの顔をもつヤヌスなのである。可能なかぎり変形するために自然を取り扱おうとする威力的な意思のなかで、弓が極端に張られすぎるのだ。エコロジー的危機はこのことをあからさまに示している。自然が反撃するのは、技術によって無慈悲に操作され束縛されているからでもあるが、これはまた、技術が人間に反逆し、技術が人間から離れて自立し、技術的論理の法則に従うことも意味している。

やや大げさに言えば、エコロジー的危機は、自然へのあらゆる従属から人間を解放しようという善意から始まった技術が、人間の自由にならないものに転化するメルクマールでもあって、人間は見る見るうちに技術にたいする支配を失してしまったのだ。行為者が犠牲者となり、自然にたいする主体としての立場を喪失し、自分の挽き臼のなかに落ち込み、客体となる。技術の自立化過程の進行、技術の占有と権力行使にたいして、人間自身も危険を感じてはきたが、この過程は至るところで人類を粉砕しようとしているのである。

技術的論理の凱旋行列は近い将来の文化的問題そのものとなり、それは、エコロジー的危機に直面した人類の試練となろう。技術と結びついた幸福の約束は、たとえそこかしこで技術的熱狂がイデオロギーや神話としてきわめて頑強に存続するとしても、恐るべきことにその反対物に転化してしまったのだ。

自己完結的で利己主義的な技術的論理の支配の意思は窮境を生みだしてきた。この窮境はただ文化的にのみ解決できると同時に、いかに技術的行為が文化的刻印を帯びた他の行為によって支えられているかをありありと描きだす。もし技術を一つの文化的領域であると理解するならば——そしてこれは正しい——、この文化的領域は他の文化システムと融合しているが、そのうちで、技術の推移と進歩を共に決定するのがとくに二つの文化領域、すなわち、科学と経済である。

通常の考えに従えば、科学と研究が技術の土台をなしており、技術は科学が「考えだした」ものを応用する。したがって、技術の運命は科学に結びつけられているが、逆に、科学の進歩が技術革新に依存しているというのも正しい。後者はしばしば見過ごされてはいるが、技術と科学は相互的に依存しあっているのだ。その場合、決定的な——方法論的——先導的仕事については実験がこれを行い、それは抑えがたい実験の喜びに起因する。実験は現代の技術巨大主義を進んで導いてきただけでなく、総じてそれを初めて可能にしたのだ。その結果、すでに他のところで明示されたような自然の人為化に至り、自然は唯一無二の実験場へと変質させられる。遺伝子工学という最近の飛躍が示唆しているように、可能なかぎりすべてを実験と技術化に「委ねる」という衝動をそれほど抑制できないのは明らかである。今ではついに古くからの人間の夢、つまり人間の姿そっくりに、遺伝子工学的な操作を行い人為的に人間をつくりだすという夢が可能だと信じられているが、この新しい人間創造において、従来存在してきた実験志向と技術的処理能力すべてはその頂点に達する。

技術がもう一つ別の文化的パートナー、つまり経済に秋波を送らないとしたら、そのような大進歩と介入はもちろん不可能であろう。ハイブリッドな技術的狂気は、経済の支援がなければ財政的に不可能であり、その場合ここでも相互的な利益混合が存在する。すなわち、技術はその僭越な計画を実現するために豊富な財源を必要とし、経済は技術的に達成された革新によって利潤を増大させることができる。こうして、大雑把に言えば、旅は道連れ世は情けで、技術と経済は双方で協働しあう。軍需産業はその代表例であろう。理性の尺度をもってしてはもはや実行不可能なほどの技術的軍拡、軍事技術のオンパレードは、たとえば湾岸戦争中にテレビ放映され、とうとう戦争は非日常的テレビ・スペクタクルともみなされるようになったが、これはただ科学・資本・技術の協定によってのみ可能なのである。

この例が選ばれたのは偶然ではない。いかにこの種の産業、研究、技術が環境に負担をかけているかを非常にドラスティックに明証しているからである。というのも、以前から技術的進歩によって得られ蓄えられてきた何百万もの爆弾やすべての核の兵器庫が、錆を付着させつつも、いつか処分され、それによって地球上での居住可能性がますます脅かされるようになる日を待っているのだから。

科学と経済は技術の盟友であり、そしてこれらは文化現象である。しかしながら、必ずしもすべての文化領域が自動的に特定の行為の結果を考慮するようになっているわけではないことは明らかである。技術は、自分の「アウトプット」の応用をほとんど乃至まったく気にかけないので、強力な攻撃の矢面に立たされる。技術は、他の文化システムすなわち道徳から解放されていると非難され、人間の行為を部分的には根本的に変容させてしまった無責任さを責められる。そして技術は即刻道徳によって召喚され、道徳は技術がもたらす結果を熟考し、今日至るところで行われるべきもの、すなわち技術のもたらす結果の評価を行う。

技術の浄化は（文化全体のなかで支柱の役割を果たす）道徳によってなされるべきであるが、これに

技術と経済の協働の代表例・軍需産業の脅威はいつ終わるのか。アメリカ空軍のB—1B長距離戦闘爆撃機。（アメリカ合衆国空軍のホームページAir Force Linkより）

ついては、道徳的鑑定や理想や鼓舞激励するアピールが実際に技術愛好者の「精神」に対抗しうるという確信はない。これに反して、技術問題を（ホモ・エコロギクスに実質的に挑戦する）文化的複合体の問題として提起することは禁じられていない。しかし、ホモ・エコロギクスは何を通じてこの挑戦に出会うことができるのだろうか。

ホモ・エコロギクスが重視しなければならないのは、技術は科学と協働しつつ一つの文化的解釈の威力となるという洞察であって、この威力が私たちの世界へのアプローチの仕方を決定するのである。だからホモ・エコロギクスは、自分の「生存衝動」に耳を傾けつつ、技術の意味を問わなければならない。技術の意味は、技術自身によっては与えられないのである。またしてもホモ・エコロギクスは解釈者であることを実証しなければならず〔本章第四節(1)参照〕、同時にまた、技術が彼に「提供する」すべてのものを喜んで受け取りはしない抵抗者であることも実証しなければならない。

もちろんホモ・エコロギクスは、世界を包摂する、もはや後戻りできない技術を前にして、断続的に繰り返される「自然に還れ」というスローガンが時代錯誤であることを暴くのに、充分に注意深くなろう。

このモットーは疑いもなく哀愁を喚起するが、そこで称賛されている自然がいかに技術的かつ人為的に形成されているかを知ってしまえば、真剣に考えられるべきどんな解決も表現していないことが分かる。自然の許における自然的なものと技術的なものは、時として、もはやきっちりとは識別されず、解き難く相互に混交している。技術の濫用はいつの時代でも可能でありまた起こってもいるが、古びた決まり文句や格言によってもくい止められないし、「さらなる」技術的プロジェクトによっても不可能なことも確かである。技術の否定的所産を「技術的に」探知し除去することはできないのだ。

必要なのは技術にたいする態度の転換である。これはとりわけ、人間を技術の攪乱要因、いわば技術自身の好ましからざる業務災害であるかのようにみなす誤りをも取り除くことになろう。ある種の技術理解は、侵略戦争への出征といった態度で自然に立ち向かい、自然を在庫品の取次業者へ送って次第に備蓄を減らし、その業者の干渉によって以前は無傷であったエコ・システムを傷つけるものだが、そのような自然理解は果てしなく勝利し続けることはできない。そのような一元的技術は継続されてはならないのであって、むしろ重要なのはそのような技術から解放されることなのである。これは勇気を必要とする。カール・ヤスパース〔一八八三―一九六九、ドイツの哲学者〕が信じていたように、技術が徹底的に人間を野蛮化するかどうかは、またエコロジー的危機がさらに拡大するかどうかは、意識の転換次第なのであり、この意識の転換をホモ・エコロギクスは根源的な意味で文化人になることによって確実に成し遂げることができよう。それは、「魂を耕す」という根源的な意味でたんに自分の魂を手入れするだけではなく、自然をも世話することである。しかも、ホモ・エコロギクスは、自分の発明の才によって念入りに自然を取り扱うにせよ、他を顧みない支配の論理によってではなく、奉仕と共生の道徳によって「導かれる」のである。この道徳は――たとえば、環境テクノロジーという形で――自然を技術化しはするが、それは人間性喪失という犠牲を払ってのことではない。

要するに、ホモ・エコロギクスは、技術の外へと飛び出したり――それは完全に致命的なことになろう——、逆に自然を賛美するのでもなく、いわば自然を人間化しようとするのだ。しかもその場合、人間が放棄することのできない自然の人為化は、道徳的かつ美的原理に即して測られねばならないのである。この点をより詳細に述べる前に、高度に多元的な社会形態における科学の位置について補足的注釈を提示することにしたい。というのは、すでに述べたように、技術と科学は協働しているからである。

ここまでの議論では、「技術の時代」の無条件の弁明にたいして疑問を呈することができたが、私たちは技術の時代について語っているだけでなく、同時に「科学の社会」(R・クライビッヒ〔一九三八— ドイツの物理学者。技術社会学教授〕)というものを現代社会の特性として信頼もしている。だから、科学は発展の動力源であり、社会の生産力だと言われることになる。科学はしばしば人間の合理性の固有で比類なき高度な形態として称賛され、社会の存続はこの科学に広範に依存させられている。多くの使命をもった科学化は、自然も社会も包括し、したがって、存在しはするがまだ科学化の対象とはなっていない、宇宙のなかに生起するすべてのものに関連している。このことは現代社会における科学がもつ例外的立場の特徴となっている。科学の素早い手を逃れることができるものなどほとんどないように思われる。私たちが日常生活で接触するほとんどすべてのものが、科学的な認識に媒介されているのだ。

しかしながら、高度な多元主義を特徴とする社会が、実際に不可避的に科学の優位に屈服しなければならないと結論していいものだろうか。もしここで技術問題や「技術の時代」の問題の場合と同じように議論するならば、答えは即座に見出される。否である。科学は他にも数多くあるうちのたんなる一文化領域にすぎないし、科学が全体主義的で独占的になっている場合にはきわめて批判的に、かつ炯眼をもって考察されなければならない。科学以外の文化領域もそれ固有の権利と、指導力・方向づけの可能性をもっている。なのに、なぜ科学はあらゆる犠牲を払ってまでこの無制限の指導機能を引き受けることになるのか。科学の外部に根をおろし、それ自身としては科学より「劣悪」でもなければ「無価値」でもなく、科学とはまったく別の付加的な合理性の形態はどこにあるのか。まさに自然科学的に解釈された自然観と対決したことによって、私たちは科学的知覚がいかに一面的で、それゆえ眼差しを他へと転換することがいかに不可欠であるかを照らしだすことができたのではなかったのか。

　この考えをさらに紡いでいくと、科学の構造にたいするこうした内面的眼差しは、科学とは複数の科学なのであって、厳密な意味では固定的に係留されたいかなる統一性もなしてはいないことを即座に解き明かす。諸科学にとってはその始まり以来、多元性の萌芽が科学の組成のなかにコード化されてきており、それは近代の自然科学、精神科学、社会科学といった伝統的な領域区分によって裏書きされている。しかも、個々の科学、たとえば社会学の内部では、もっとも特徴的な概念は重なり合ったり対立し合ったりという形で衝突し合い、同意と不同意は変転している。多元性はまさに規則なのであり、しかも諸科学はたんに先例のない「好奇心の企て」（フィンク）であるだけでなく、ある壮大な多元性の企てでもあるのであり、したがって、この多元性によって、諸科学が認識しようとしている真なるものと関連している。

　この地球のすべての科学者たちが忠誠を誓うような真理概念など存在しない。真なるものは科学の探求する現実と同じく多種多様なのである。この現実については「構造主義」だけでなく近頃評判を増しつつあるカオス研究も教示している。現実性はきわめて多様に構成され構造化されうるもので、しばしば現実について想定される従属的な均質性など少しももってはいないのだ。

このことはとくに、諸科学が絶対性の思考にたいしてアレルギー症的になるという帰結を含んでいる。非同時性の同時性、成果の成立と同じようにかつての成果の抵抗も科学の本性となっており、絶えず凌駕される新たな認識、しかも高度に分化した多元主義社会は科学による肥大化に逆らわねばならないのだ。

したがってホモ・エコロギクスは、技術や科学、そしてその合理性に例外なく絶対的に固執してはならず、「開かれた」ダイナミックな社会において、エコロジー的危機回避のために有益さをもたらすかもしれない別の指導者に相談する可能性ももっているのである。

(3) ホモ・エコロギクスの道徳

予告

ホモ・エコロギクスは根本的に「自然的な」文化的存在であり、自然であると同時に文化でもある。この世のどんな社会でも文化の支えとなっているのは道徳であり、これは人間の実践にとって不可欠なものである。たとえあらゆる瞬間や状況下での行動が必ずしもすべて道徳的ではないとしても、規範や価値、規則に体現された道徳的な性格を否認するのは難しいであろう。ある行動の「善《よ》し悪し」を決める道徳的な価値判断はいつでも存在する。

エコロジー的危機はそれ自身高度の道徳的内容をもっており、人間の行為の道徳性にたいする視線をきわめて劇的に先鋭化させる——しかも二つの方向で。この危機は一方では人間の誤った態度、現代人の（道徳的な）悪と把握され、他方では道徳的な意識変革によって癒されねばならないと考えられている。それに従えば、「誤った」道徳は人類を危機に陥れ、「正しい」、「適切な」道徳は泥沼から人類を引き上げる。明らかに道徳が秤《はかり》の指針とされているのである。

医学についてはヒッポクラテス〔前四六〇頃—三七五頃、古代ギリシャの医者〕の時代から、危機は両刃の剣であって、適切な手段を講ずることで患者を健康にもできれば、死に至らしめることもできるということが知られているが、エコロジー的危機の場合も、似たような現象と関係することになる。この危機も健康や積極的なものに向けられることも可能だが、死や否定的なものに向けられることも可能だからだ。ほとんどすべての時代、批評家や予言者、未来「研究者」は異口同音に（これは滅多にないことだ）、この危機からの脱出と人類のエコロジー的な回復が新たな道徳に、もっと一般化すれば、道徳的態度の変革に決定的にかかっていると語っている。

もしホモ・エコロギクスが自らを危機の信管を取り除く人間として確証しようと意思するならば（そしてまさにこれがなされるべきことである）、先の議論に基づいてある独特の（まさに健康をもたらす！）道徳を発見しなければいけないのだ。

だから、ホモ・エコロギクスをホモ・フマーヌスス〔人間的な人間〕と描くのは自明のことであり、しかもホモ・エコロギクスを道徳的存在と考えることが、実はその実体に触れることにもなるのだ。というのは、道徳的なものとは、ホモ・エコロギクスに帰属し推賞され命ぜられるようなものではなく、ホモ・エコロギクスの頭のてっぺんから爪先までを規定するもので、比喩的に言えば、ホモ・エコロギクスの実存形成を「左右する」、彼の心臓なのだ。ホモ・エコロギクスは、自らの実存をかけて定義する道徳によって、自らのアイデンティティを決定的に獲得するのである。

だがホモ・エコロギクスの特質となるべき道徳的態度とはどんなものなのか。何らかの任意のものではあってはならないのではないか。それが特別に優れた道徳形態であるのはなるほど確かだろうが、それを実践するには確固とした立場が前提となり、長い時間を必要とするから、実際は努力して獲得されねばならないのだ。もし仮に問題となっている道徳が容易なら、つまり努力しなくとも容易に実践できる道徳なら、確実に人類の状態は今より「もっとよく」なっていただろうし、エコロジー的危機も悪夢にはならなかったであろう。

ホモ・エコロギクスの道徳的態度について直接答える前に、もっと間接的に、だが脇道にそれずに注解からやってみる。この注解は初めは幾分用語に関わっているけれども、後にはもっと狭義の実質的な内容に入っていくことになる。本節全般にわたって、相互に関連しあった二つの基本カテゴリー、つまり道徳と倫理を取り扱うことにする。

道徳は特有の価値と規範に基づく実践を意味し、元来は具体的な行動の手本を整序し形成する習俗を意味しているが、これにたいして、倫理は道徳を熟考する場であり、〔単数の〕道徳の省察、道徳の理論である。もちろん、多様な道徳的実践が形成されてきているのだから、本来なら複数の道徳の理論と言わなければならないが。道徳も倫理も単一の構造をもってはいないし、多元主義が普通なのであって、これはとくに文化の多様性から生まれてくるものである。多様な文化があるから、多様な道徳と倫理が存在するのだが、だからといってそこから必然的に、任意のものに向かう相対主義の結論を引き出してはならないだろう。

道徳および倫理と近接しているのがエートス――倫理の元の語幹――である。これは最初たんに慣習や風習を意味していたが、次には根本原則や価値評価に照らして、習練と省察を通じて習慣となった行為を包摂するようになり、これによって善が実現されるとされている。どんな道徳的行為にもエートスはあるが、これはむしろ学問の世界においてはほとんど流行遅れとなった性格や品性といった言葉に近い。しかも今日エートスは、職業上の行動と結びついており、医者や女性教師、女性裁判官だけでなく、肉屋や看護士、パン屋も皆ある特定の職業的エートスに従っている。

だから、倫理は道徳およびエートスと関係があるが、同時に道徳性や人倫とも関係がある。道徳が具体的な行為を表すのにたいして、道徳性はもっと抽象的な段階に位置しており、実践を査定すべき原理、志向的要請を表している。それは同時にまた、道徳性の観念が、実践さるべき道徳からの逸脱を判断する基準となる――この観念によって倫理とも区別される――ことを意味する。道徳性と比較すると、人倫は具体的なものである。それは習俗や制度のなかで形成された実践的な生活形態であって、その根拠は（道徳性とは異なり）経験的な生活のなかにあり、それから切り離されない。その基盤は生活世界的なものであって、アリストテレス〔前三八四―三二二、ギリシャの哲学者〕からヘーゲル〔一七七〇―一八三一、ドイツの哲学者〕、近代のアプローチに至るまでの道徳哲学がそれをよく示している。

今スケッチした倫理、道徳、エートス、道徳性、人倫、「善と悪」といった一群の概念が、これから導きの糸となる。道徳と倫理は人間存在の特別な領域を表現しており、それには何世紀にもわたり伝統的に固有の概念装置が用意されている。つまり、道徳は独特の用語をもっている〔これについてはHare 1972 参照〕。道徳と倫理は〔古典的に表現すれば〕、「私は何をなすべきか」という差し迫った問いにたいして答えるが、カントに倣《なら》って言えば、そこには一切を包括する問い、つまり「人間とは何か」が流れ込んでいる。倫理や道徳を志向しようとする人間は、ある人間学的な背景をもってこれに答えるのであり、そこに現れるさまざまな人間像は、驚くべき秩序をなして倫理・道徳と関連しているのだ。しかも倫理学や「人間像の人間学」も、自らの必然的な普遍性にもかかわらず、生の実践〔生活態度〕という点で収斂することになる。

「私は自分の生をどのように送るべきか」、これはすぐれて実践的な問いであり、ホモ・エコロギクスもこれに答えようとする。この問いは同時に、何世代にもわたって新たに倫理学をきわめて異なる省察に駆り立ててきた問いかけでもある。しかもそれについてはすでに古代の哲学が多様な答えを出しており、そこで「正義に適《かな》った」適正な道徳的態度について卓越した論争がなされたことが明らかになっている。「論客」のプラトンやソフィスト〔古代ギリシャの「詭弁」哲学者たち〕、アリストテレスも忘れることはできない。プラトンの天才的な弟子〔アリストテレス〕は容赦なくプラトンを攻撃し、一つの倫

ラファエロ『アテネの学堂』（部分）に描かれたプラトン（左）とアリストテレス。（ローマ、ヴァティカーノ宮「署名の間」のフレスコ壁画）

理学を書いた（それはとりわけ倫理に関する主著『ニコマコス倫理学』に見て取ることができる）。それはポリスの経験世界に根ざしていて、師の形而上学的なイデア論とは両立しがたいものである。

ギリシャ哲学ではすでに多彩な倫理的論争の文化が花開き、それは味気ない単一の倫理的王国の思想にたいしてきわめて激しく抵抗した。一様さではなく倫理的多元性が古代倫理学の旗印そのものであり、これは近代において、とくに現代においてますます強力になり、概観するのも困難で、だからこそ絶えず整序の試みがなされてきたのである（Pieper 1993）。だが、ここでは専門的な内部論争に立ち入ることはできない——たとえば道徳や倫理の先験哲学的な究極的基礎づけについて推論を重ねること、形而上学の高みに飛び上がること、あるいは徹底的な言語分析を行うこと、偉大な道徳哲学者カントやヘーゲル、ショーペンハウアーやニーチェを改めて尊敬と権威に値する解釈の対象とすること、こういったことはすべて断念せざるをえない。というのは、趨勢を描く一つの試みが完全に消え失せることはないにしても、問題はただホモ・エコロギクスの道徳を重点的に記述するということ「だけ」であって、それがそのままホモ・エコロギクスへと導いていくからである。

はっきりと確認したように、倫理をめぐる近代の議論はとくに二〇世紀を通して、古代以来の倫理的多元性の方向を著しく強めてきたが、それによってギリシャの遺産やローマの遺産までも永遠に葬りさることはできなかったし、これからもそうだろう。変動と志向の転換という点でとりわけ重要な展開を遂げてきたのは、増大する特殊な倫理学、特別倫理学、領域倫理学であって、今やほとんどすべての人間行動の領域が、相対的に自律的な倫理をもっている。医者の行為や法律家・経営者の行為、性的態度やスポーツ・遊び、さらには教育活動や宗教活動もそうである。現時点の倫理学の特徴は、およそここ二〇年来、元来退屈で扱いにくく、しかもアイデアに乏しく用済みとなった倫理学、さらに往々にして伝統を反芻するだけの倫理学が復権し、かつては予想もできなかった活況を呈していることである。

至るところで新たな倫理学論議が渇望され、倫理学の必要性は測りがたいほど高まっているように思われる。根気はいるが空疎な机上の空論の段階はとうの昔に飛び越えているのだ。経済の言い回しを借りるとこうなる。倫理学はブームなのだ、しかも依然として絶え間なく。信頼できる新進の経営者はますます倫理的基礎コースのセミナーを受けねばならず、時期を失しながらも一再ならず求められている医学研究の改革では、医療倫理が試験科目として採用されようとしている。要するに、倫理学は非常な評判を獲得しており、大学の規準科目をはじめとして、さまざまな分野で採り上げられはじめているのである。

そして、倫理学がまさにエコロジー的危機の時代にあって開花し復興しているのは公然たる事実であって、絶え間なく増大する「エコロジー文献」はきわめて高い比率で倫理学を熱望しており、そこでは燃え上がるアピールと要請が蠢《うごめ》いている。倫理的な弱点を含めエコロジー的危機を解明する努力が日々なされており、それはけっして哲学の専門科目としての倫理学には限定されない。ここでも環境の危機はしばらく前から倫理学のテーマとなり、哲学に新しい特別な倫理学——エコロジー倫理学（時として環境倫理学、自然と親和的な倫理学、生命倫理学とも称される）——を加えてきた。

この倫理学は、人間と自然の関係を倫理的に探り、適切に根拠づける努力を行っているが、そこには人間以外のものという意味での自然が明白に取り込まれており、多くの倫理学が、自然は人間や人類と同様に固有の道徳的権利を主張できるのか、またその主張は許容されるのかという難問に取り組んでいる。周知のように、エコロジー的危機にあっては人間と自然は遠く引き離されており、（何度も議論され、望まれ信じられているように）ただ「正しい」道徳的態度だけがこの裂け目をつなぎ合わせることができるとされている。したがってエコロジー倫理学は、人間がエコロジー的危機を前にしてどのように道徳的にまっとうな対応をすべきなのかという問いに答えようと腐心しているのである。

ところで、エコロジー倫理学は多くの人々から人類の救世主として選ばれてはいる。しかし、その倫理学が厳しい危機的状態にあるという認識で多くが一致しており、互いに不一致を克服して答えを出すだろうということはとてもありそうにない。どんな些細な合意であっても、合意など奇跡であろう。むしろ議論は論争状態にある。しかもその基本的認識は、そもそもエコロジー倫理学にはある特別な地位を要求する権利があるのかどうか、つまり医学倫理や科学倫理その他と同じく領域倫理学として成立しうるかどうかとか、環境問題は一つの要因として普遍的な倫理学に統合されるべきかどうかという点にあるのだ。

ある人間が、エコロジー的危機は（独自の形態をもった倫理学によってのみ公平に評価できる）新しいテーマをいくつも投げかけていると主張すれば、別の人間はエコロジー的危機のなかに、「旧来の」倫理学が提起するテーマの延長だけを見て取るという具合であり、相対的に自立的なエコロジー倫理学に賛成する前者のような人々の間でも、その立場は多元的であり、場合によっては相対立している。

たとえば、人間ではないものという意味での自然にどの程度固有の道徳的価値を認めるかという普遍的な問いにたいして、固有の道徳的価値は人間にだけ認められるとする意見（「人間中心主義的」立場）から、無機的なものも含めこの世に存在するすべてのものにそれを認めるとする信念（「全体論的」立場）にまで答えは広がっており、この両極の間には次のようなさらに多くのアプローチが存在していよう。つまり、原理的に痛みを感じることのできる生物に道徳的要求権を認める「情感中心主義」的立場や、生きているという事実だけを根拠にしてすべての生物に道徳的権利を認める「生物中心主義」的立場などがそうであり、こういった立場の内部でもさらに差異があることはこれ以上語る必要はないだろう。

それよりもっと大事なのは、エコロジー倫理学が直接ホモ・エコロギクスの道徳と関連しているという事実である。つまりホモ・エコロギクスは——私たちの命題に従うと——エコロジー的危機の産物として、ある特定の道徳を内面化しなければならず、その道徳に従って攻撃にたいして武装すると同時に、エコロジー的原罪をできるだけ効果的に避けなければならないのである。道徳は明らかに、「外的」自然から分離不可能な人間の「内的自然」を指し示しているのだ。内的自然と外的自然は密接に関連しており、道徳的な内的自然は外的自然の損傷にストップをかけ、外的自然を正常な姿にするよう配慮しなければならないのだ。

だがいったいどんな道徳が一定の成功の見込みをもって、環境の危機に対抗できるのだろうか。これがホモ・エコロギクスの直面する根源的な問いなのだ。

共生的道徳の前提

目下のところ倫理的構想として提供されているものは少なくない。エコロジー的危機をきっかけに倫理的な憂慮が盛んに語られているが、どれか一つのアプローチだけを絶対化し、これを倫理的な英知として最後の結論とするような不遜さをもってはならない。そうしたやり方にはできるかぎり気をつけるべきだし、もしそのようなスーパー倫理が暴力的なものを内包するものであったならば、それが他のすべてを測る絶対的な尺度となり、許可権を行使することになろう。

これからスケッチする道徳と倫理は、そのような全権要求とは星の彼方ほど縁遠いものであり、自分がたくさんの可能性のうちの一つにすぎないことを充分自覚している。しかも、それにもかかわらず——これは上述のことと少しも矛盾しない——、その実践がどんな場合でも害を与えない形で実行できることを自ら確信している。

ホモ・エコロギクスが理性的で人間的な行動の指導理念であろうとするなら、自ら共生的道徳を信頼し、これを実践するための道徳的能力をもっていなければならない。だがこの道徳では何が重要となるのだろうか。それに答えるには、まず次の五つの主要な前提が必要となる。

第一に、エコロジー的危機は人間の態度を通して、なぜこの危機が人間学的にもこれほど興味深いかをいろいろと教えてくれる。ここから学べるのはとくに、人間が極端に分裂した存在であるということであって、自然を愛情深く保護し配慮する一面をもちながら、他面では情け容赦なく搾取し、たとえば犬を生活の友とするように、動物を家畜として甘やかし手厚く扱うかと思えば、分別・躊躇なく過度に絶滅させることもある。もっと一般化して言えば、このような事例の背後には人間の深遠な両義性が隠されており、それが人間の実存を貫き、人間を構造的に規定しているのだ。人間は何のつながりももたずにこの世に登場することはなく、世界にたいして態度決定をせざるをえないのだ。そして、その態度は根本から途方もなく多種多様で両義的なのである。

道徳にとってこのことは、とくに次のことをも意味する。人間は善を知りながらそれと反対の行動をとることもできるし、洞察に満ちた環境意識を勧めるためにもっともな論拠を挙げながら、同時に環境を傷つける行動をとることもできる。だから人間が道徳的に清廉な存在だというのはつねに可能性からみればというだけのことであって、実際にはいつでも悪のわなにかかってしまう危険にさらされており、論理的にはとても難しい存在なのだ。ホモ・エコロギクスもこの両義性を免れてはいない。だが指導理念として機能する以上、自分の分裂を知りながら、(それがどのようなものであろうと)道徳的な善を獲得しようと努力するのである。

第二に、「共生」という名詞の意味が示すものは何よりも、人間が言葉の真の意味で生物であるということであって、実存するとは生命のことであり、生命とは「身体をもって生きている」ことを意味する。人間は身体に拘束されているのだ。人間のもっとも根源的な規定は、それが始まりと終わりをもった生物であるということであり、その特性は、文化的な生物として生命に相対しなければならないということである。カントの箴言に含まれた英知に相応しく、人間は生命を「最高善」と見なすことができ、したがって生命を真実いたわり、切実にその不可侵性を想うのである——だからこそ逆に、生命を完全に侮蔑するほどにまで情け容赦なく生命と関係することもありうるのだ。生命とは最高の価値であることもあれば、無価値の存在として貶《おとし》められることもあり、促進されもすれば根絶されもする。あるいはまた、人間は「非自然的な仕方で」生命の終わりを早めることもできれば、「人工的に」過度に延命させることもでき、他の生命の存続のために自分の命を犠牲にすることもできるのである。

それにもかかわらず決定的なのは、共生が根本的に生命を指示しており、人間は多様な形で生命と関係することができ、かつそうせざるをえないということである。その場合には倫理的に重要な価値評価が働き、生活を導く〔生活態度〕という概念が最高の倫理的・教育的位置を占めることになるのは偶然ではない。私たち人間は自らの生命を導くよう運命づけられているのだ。

ホモ・エコロギクスに目を転ずると、彼は自分の生活態度を完全に自覚しているから、これ以上論じなくとも、生命にたいしてきわめて確固たる立場をとることになる。自分が生き残ろうとするだけでなく、善をめざして生きようと努力するからである。そして生命を愛するがゆえに、ホモ・エコロギクスは、〔哲学者を愛知者と呼ぶように〕愛生者とも言えるのだ。

ここにも二重の意味が含まれている。一般的に言えば、ホモ・エコロギクスにとって無価値の存在などないということと、生命とはそれ自体で価値あるものであって、尊敬の念をもって扱われねばならないということである。ホモ・エコロギクスは自らが自然の出来事に分かちがたく織り合わされていることを自覚しており、「自然的性格」を人間以外の他の生物と共有し、その生物を尊重する。自分と同じくその生物も生物だからだ。

だからホモ・エコロギクスは愛生者として、人間以外の生物にも生きる必要性を認める――もちろん次のことを固く確信しながら。すなわち、人間は他の生物と異なり理性を授けられているがゆえに、「自然的な」自然の過程に巻き込まれているにもかかわらず、倫理から逃れられないということだ。道徳性という原理は人間の理性から生まれるのであり、自然から取り出すことは不可能だ。だから、人間だけが道徳性の能力をもっている。この特別な意味でホモ・エコロギクスは人間中心主義者なのである。

第三に、鍵を握る共生の概念は、「共」に内在しているもう一つ別の方向性も示している。生命や実存は共に生きること、共同体や結社・団体のなかで生きること、諸民族や諸国民のなかで生きることを意味しており、共生とは基本的に他者を指向している。自我が存在できるのはつねに他者のお蔭であり、生命は贈られたものなのだ。自我とは自らの生命の本来の創造者ではなく、生命の形成者へと成長していかねばならず、また成長していくべき存在なのである。自我は他の存在に基づいた、共生の創造物であって、つねに他者との関連のなかにある――しかも、死後までもこの特別な自我の思い出をもち続けるのは生あるかぎり他者であり、親類縁者、友人である。だから世間でよく言われるように、自我は他人のなかで生き続けるのだ。

逆にこの世では他の自我が「伴奏役」となる。それはいつでも個人を超えた存在、普遍的なもの、共生している存在として個人の自我のなかに入り込んでくることから、個々の自我は（たとえどんなに脱中心的であろうと、また逆に自我中心的であろうとも）「普遍的な」自我でもある。自我は他者の実存に依存している。それは「この世に一歩」踏み出せるためにも、また一般的に言って、この一回かぎりの自我として知覚・認識し存在しうるためにもそうなのだ。

ホモ・エコロギクスのなかにはこのような共生の思想が根づいている。その道徳的態度によってどのようにして結果を出すことになるのか、それはしばらく後に実例を挙げて論じられねばならないだろう。

第四に、このような共生を枢軸に据えるためには、特定の倫理的現象つまり連帯、共同責任、協同、寛容、斟酌その他さまざまなことを中心に押し上げることが不可欠となる。これらはすべて共生を倫理的に展開するためであり、それは閉じることのない開かれた企て、絶えず新たに確証さるべき企てである。共生自体が多元的な構造をもった指導的価値であることに疑いはないが、それは共生が多様な原理や理念、格率によって組み立てられているからである。

共生的道徳に賛成することは経験を離れてできるものでもないし、何らかの抽象的な倫理体系から導き出されるものでもなくて、経験を反省し共生すなわち他者と共にある生を解釈することから生まれるものである。だからもしホモ・エコロギクスがそのような道徳的行為の形態を我がものにしようとするのなら、それは人間を超えることを求めるものではない。たくさんの倫理学がほとんど実行不可能な期待を人間に寄せ、したがってある意味で非道徳的なものになっているが、共生的道徳は何はさておきそれを警戒するのだ。

第五に、もし共生的道徳が完全に新しいもの、これまで存在しなかったもの、徹底的な反省を経たものと捉えられるなら、それは無知と傲岸というものであろう。実際共生的道徳とはそんな代物などではない！　倫理や道徳の領域ほどたくさんの伝統を抱えている領域はなく、ここで推賞するものも一定の

アルベルト・シュヴァイツァー

伝統から自由であることはできないし、またそうありたいとも思わない。とりわけ発展というカテゴリーは倫理や道徳には適用しがたい。たしかにこの倫理にはある特有のダイナミズムがあるが、それは目眩《めまい》を引き起こすようなテンポで発展するものではなくて、過去と共生し、ためらうことなくそのことをはっきりと自認している。

たとえ「共生的道徳」とか「共生の倫理学」という専門用語が、（私の見るところ）これまでの倫理学事典には載っていないとしても、共生の考え方はとうの昔から周知のものである。とりわけ愛生もその道徳的な帰結とともに馴染みのないものではなく、（実践という点ではなく、根本理念という意味で）伝統もあり、それはとくに神学者にして哲学者、医者にしてノーベル平和賞受賞者（一九五三）のシュヴァイツァー（一八七五―一九六五）を通じて顕著なものとなり、現在ルネッサンスを迎えている。このことが偶然の気まぐれなどではなく、意図的なものであることは、いくつかの点を概観してみれば見えてくるし、その概念を共生的倫理ないし道徳に整序することにも正当性があると言ってよいだろう。それはこれまで述べてきたことからも分かるように、透明性と具象性をもつことになるからである。言い換えると、シュヴァイツァーの倫理学は、（彼が第一次世界大戦の最中に大部分書き上げた）文化の哲学に融け込んでおり、ホモ・エコロギクスのつくりあげるべき道徳の規定を含んでいるのだ。もちろん彼がルソー同様とりわけ文化にたいして批判的な立場に立っていることは無視できないだろう。

シュヴァイツァーによれば、文化は頼りない状態にあり、没落しかかっている。その妥協を知らない率直な診断によれば、文化の堕落は道徳の崩壊に起因し、それまで相対的に無傷だった道徳が崩れさる場合には、文化の一番敏感な急所に触れることになる。彼の考えによれば、文化は道徳・倫理から生まれるため、バラバラになった道徳は文化を崖っぷちに立たせ、文化を破滅に導くのである。

これと同じく、エコロジー的危機を文化の危機と解釈すれば、彼の議論との並行関係が見えてくる。出発点となるのは近代的人間の危機であり、これが最後に道徳の危機となって現れてくるのであって、この危機にたいしては道徳意識の転換とそれに呼応した実践を促進することで対応するということになる。文化の衰退には、ある新しい道徳によって立ち向かうべきなのだ。そして現在の状態は、「よりよい」けれども未だ存在してはいない世界像によって測られるのである。

シュヴァイツァー（一九九〇）によれば、文化、道徳、価値体系の差し迫る崩壊は、社会によって倫理的主権を奪い取られた個人が道徳的主導権を欠いていることから生ずる。個人は社会による操作から身を守る術がほとんどない——社会に打ちのめされ、反抗するどころかますます不自由になっていき、思考停止というもっと心地よい道を選ぶことになる。しかも他の人間との社交や交際をますます消耗させていく「破壊された」生活様式によって、古来人間性の証である同胞性が衰退し、人間の尊厳が束縛されることになれば、非人間性が満遍なく広がってしまうことになる。そうした誤った道から脱出するにはどんな道徳や倫理が必要となるのか。シュヴァイツァーは、私たちがエコロジー的な危機の状態を前にしているのとまったく同様にそう問いかけ、部分的には完全に共生的道徳の意味でそれに答えている。なぜか。

共生的道徳の核心をなす愛生の畏敬、配慮、拡張された責任

シュヴァイツァーの倫理学の頂点には、（さまざまな形をとって）生命にたいする無条件の意思という理解があり、その倫理学を規定する究極的根拠は生命そのもののなかにある。どんな倫理といえども、生命以上に遡及することは不可能であって、生あるものはそれ自体で価値があり、それが文化的存在や類的存在であるかどうかには関係なく、配慮と尊敬に値するのだ。

「私は生きる意思をもつ生命であり、生きる意思をもつ生命の真只中に存在している」（Schweitzer 1990, p. 330）。この倫理的な主要命題は不屈の生命の意思を表明しているだけでなく、同時に「真只中に」という言葉で共生的な構造も表現している。道徳的な要請と期待は生命から生じ、道徳的な品性をもつ人間にとって、生命とは「神聖なもの」であって、生命を保持し促進することによって、生命を肯定し保護する。生命にたいする意思のなかに生存への「憧憬」がまどろんでいるのだ。だから、不幸な安楽死の議論によって引き起こされた「価値ある」生命と「無価値な」生命の区別は疑わしいものとなる。生命を傷つけ否定する人間は非道徳的に行動しているのであり、シュヴァイツァーが生命にたいす

る畏敬の念と呼んだものが欠落しているのだ。

この畏敬の念が彼の倫理学の中心となっており、その倫理は何の懸念もなく徳と義務の目録を掲げ、先験哲学的な態度〔ア・プリオリな純粋認識だけを扱い、道徳法則などの実践的要素と関わろうとしない態度〕に凝り固まることもない。彼の意図は、どんな相対主義も許さず、「絶対的な」妥当性つまり普遍的な妥当性を主張できるような倫理的な根本原理を確定することにある。生命にたいする畏敬こそ倫理的なものの本当の原理であり、これこそが人間の現実性と関係するのであって、それを超えるものなど存在しないのだ。

彼にとっては現実と格闘する経験的人間こそ問題であって、何らかの先験的主体は想定されていない。だから経験を満足させない倫理を非難するのであって、彼が「倫理的観念論」を拒絶するのは、それが世界の喪失によって贖《あがな》われているからなのだ。たしかに倫理的根本原理は普遍的でなければならず、またその可能性ももっているが、ただしそれは各個人を「内面的に」動かし、きわめて根源的なものに触れるものでなければならず、(現代の心理学者の言葉を借りると)「狼狽」させるものでなければならない。そうであってこそそれは効果をもたらし、行動を導くことができる。彼の信念によれば、畏敬の原理がこの前提を満たしているのである。

生きとし生けるものすべてにたいする無条件の畏敬には、ホモ・エコロギクスの道徳的態度を特徴づける注目すべき付加的な特質が結びついている。シュヴァイツァーも人間が生の肯定と否認の間で揺れ動く可能性をもち、生を促進したり破壊したりできる両義的存在であると評価している。この点は括弧に入れておくとすれば、この畏敬の道徳は生物全体に拡張され、それによって共生という指導理念も、人間同胞の共存の枠を超えてという意味に理解される。生命は至るところに、また次から次へと広がり、人間存在から人間存在の外部へと広がっていくのだ。そうなると、義務の概念も論理必然的に拡張されねばならなくなる。人間以外の存在にたいする道徳的中立性を拒絶することで、人間には新たな責任と義務が生じてくるのである。

伝統的な倫理学の破壊を非合理的でロマン主義的な自然崇拝としてシュヴァイツァーのせいにするのは繰り返しなされてきたことだが、それは彼の倫理学の深遠な関心を誤認することにつながる。シュヴァイツァーの倫理学は個人の自律性喪失を解消しようとするとともに、すべての生物の共属性、共生を出発点かつ終点に高めることによって、新たな自然理解を勧めようとするのである。

ホモ・エコロギクスのように、畏敬の原理を人倫の不可譲の尺度として承認する人間にたいしては、次のことが求められる。というのは、生命というものはつねに道徳的に解決すべき対立を投げかけるものだからである。その場合個人は自分に投げ返され、良心に基づく決断が求められる。シュヴァイツァーにとって問題は自己の強化であり、その目的は「啓蒙された」成年の態度の回復であって、各々の自我が行動の規定根拠となることである。畏敬の原理が導きの糸となると、人間以外の生命の侵害は実際に不可避なのかどうかとか、特定の状況下なら人間以外の生物はその利害を侵害されてもよいのかどうかといったことを、良心に従って吟味しなければならなくなる。生命にたいする最高の倫理的審級として畏敬に期待されるのは、「疎遠なもの」を存在するがままにし、これを独裁的かつ無思慮に排斥することなく受け容れるということである。畏敬の道徳は、言葉の厳密な意味で純粋な平等は存在しえないと自覚しながら、同時に生物の平等を根拠としているのだ。

さらに畏敬の命令が促進しようとするもの、それは献身である。シュヴァイツァーが至るところで強調した献身とは、生命にたいする献身なのだ。必ずしも万人がこれに努力するとはかぎらないが、畏敬の倫理が「献身という冒険」（シュヴァイツァー）を諦めることは不可能である。というのは、献身は臆病な利己主義を克服したり、人間を自分自身に向かって解放し、自らを人間同胞と他の生物に結びつけるからである。彼によれば、献身なしに真の人間性などもてないし、献身の能力が欠けていれば人間は萎縮してしまい、したがって内面的な完成に至ることもない。

畏敬の道徳にはさらに断念という本質的なもの、つまり断念する能力という立場が込められている。自我が利害対立の調整を自分に引き受け、他人のために自分の欲求を無私の立場で引っ込めたりするには、利己主義的な自我が払拭されなければならない。自覚的な生活態度というのはまさしく断念を含んでおり、これは欠乏状況では、苦痛として経験されることもありうる。断念の用意があれば、禁欲的生活が必然的に畏敬の倫理のなかに入ってきて、否応なく節度を守るという「基本的な徳」が再評価されることになる。

この畏敬の立場は全体として、自然を大切にする関わり方に配慮するが、それによって略奪の心性もあらゆる消費欲も現実に拒否することが可能となる。生命にたいする畏敬の実践によって、とくに確信的な菜食主義者のグループが出現する。彼らはこの食生活を倫理的な動機から選択するのである。

菜食主義——ピュタゴラス〔前五九〇—五一〇頃、ギリシャの数学者・哲学者〕は、その最初の傑出した代表者と言える。それは、一九世紀末に全面的な「生活改善」運動の一環として盛大になった——は、明白な動物尊重に基づいており、動物は人間の短命で移り気な趣味や美食の楽しみの犠牲にされてはならないとして、動物の存在が真剣に受けとめられた。一九七〇年代に登場した動物の権利運動は菜食主義の倫理的な支えとなり、真に挑戦的な倫理学者であるオーストラリアのピーター・シンガーは『動物の解放』（Singer 1978）のなかで、人間が動物を「白人にとっての」奴隷と同じように劣ったものとして扱ったと主張し、そこから動物の解放の正当性を導き出した。ただし、シュヴァイツァーの場合はそこまで進んでいないし、その畏敬の倫理学のなかでも菜食主義のために戦うことはしていない（ただし、肉食の楽しみを断念するよう勧めている手紙〔一九二八〕の一節を別にすれば）。

だが、肉の消費がその生産にとって必要なもの一切を含めて、きわめて環境を傷つけることを一度考えてみれば——たとえばアメリカでは、猫や犬といった愛玩動物は、ドイツで一人の人間が食べる以上の餌を与えられている——、菜食主義は意義深い畏敬の原理の具体化であって、菜食主義者としてのホモ・エコロギクスというのはけっしてユートピア的な考えなどではないのだ！

畏敬の道徳は献身、節制、断念の道徳であり、「放縦な」生活とは相容れないし、多くの現代人が加担している快楽主義的な生活様式——柔らかく表現すれば、環境にやさしい生活とはまったく相容れない別物——とは両立不可能なのである。他ならぬ古代に根をもつ快楽主義は、快楽として解釈され経験される幸福をめざす行為であって、人間の努力は快楽、楽しみ、喜びに向けられる。だがすでに古代においても、快楽と喜びをもたらすものはさまざまに解されていた。ある者にとっては感覚的享楽が行動原則だったが、他の者(たとえばエピクロス)にとって幸福な生活を保証するのは精神的な享楽であった。古代以来快楽主義は、きわめて生きがいに満ちた考えとして評価され、いつでも絶えず新たな信奉者が(理論上でも実践的にも)存在している。

たとえばヘルベルト・マルクーゼ〔一八九八―一九七九、ドイツ生まれでアメリカに亡命した哲学者・社会学者〕は一九六〇年代、いわゆる業績社会を非人間性のゆえに告発したが、それはかなり熱狂的に迎えられ、少なからぬ反響を呼んだ。そして、各方面から一種の文化革命をもたらしたと喧伝された。その理由は、この社会が必然的に衝動の断念へと導かれる人格を生みだすからである(Marcuse 1965)。彼がそれに対置するのは、(きわめて快楽主義的に)快楽原理を行動規準に高めるような「新しい」道徳である。唯一「リビドー〔あらゆる生のエネルギーの源泉〕に満ちた道徳」だけが、衝動の断念に根ざす抑圧的な業績社会の構造を効果的に克服することができるのだ。マルクーゼによるこの快楽主義的な生の把握は、強制から解放された道徳をつくりだす。つまり、この道徳は、完全な生の充実と感性の享受を目的としているのである。

この快楽主義的な態度は、際限なく自己享受を追求し、個々の自我の欲望と希望だけをかなえ、利己的な浪費――これはしばしば放逸にまで駆り立てられる――を充実とみなすが、さてそれでは、これはどこへ導かれることになるのか。実はこの快楽主義的態度がエコロジー的危機も説明してくれるのだ。これはこじつけの解釈などではない。すなわち、この危機は断念の能力と意思、あるいは他者の要求にたいする配慮を行動規準としない生活態度の結果でもあって、快楽主義が他者の幸福ではなく、ただ自分のことだけしか視野に入れないなら、実際に共生と衝突することになり、他者の生命を害することになるのである。

ホモ・エコロギクスが抵抗するのはまさにこれであって、その行動の論理にはとくに、自我の志向だけでなく、共生の志向、他者との共同の生をできるだけ意味あるように前進させるという志向が内在している。生命というのは行為の究極的な定点であると同時に、行為に課せられた課題なのだ。ホモ・エコロギクスは、自分が流動的な欲求の強制から解放されていると考えており、短期的で自己中心的な快楽をもたらす欲望の奴隷とはならない。彼にとってはむしろ普遍的な利益の方がはるかに優っているのだ。

ホモ・エコロギクスは快楽志向の快楽主義者とは異なり、意識的自覚的に苦悩することから逃げることはない。生命にたいする畏敬という人倫的な根本原理は、非常な苦悩の能力を要求するが、苦悩の心構えも要求する。生物とはそれ自身苦悩する存在なのだ。苦悩が生命世界から根絶できるだろうと信じるのは純然たるユートピア〔思想〕であって、せいぜいできるのは苦悩の最小化である。また苦悩の道徳的尊厳とはともに苦悩することであって、そこに人間の共生的あり方が表現されているのである。無条件の生への意思は苦悩を共有する態度を強いるが、これは近代の哲学的倫理学がしばしば否定的に評価してきたのとは違って、一つの道徳的抑制中枢となる。

たとえばニーチェは、苦悩の共有〔同情〕をとりわけ厳しく裁いているが（一八八七）、それは彼にとって同情は弱さの印であり、病んだ生の印だからである。彼は紛うかたなく同情を彼独自のやり方で貶め誹謗する。その他の倫理学者も同様で、それは同情では感情が問題となり、感情を通しては倫理を確立できないとみなされているからなのである。

もちろん苦悩の共有を倫理的にもっと高い位置に置き、肯定的に評価する人々もいる。その一人がシュヴァイツァーである。彼にとって苦悩の共有の肯定的性格は、それがあらゆる生物の苦痛をあるやり方で共に感じ共に体験する点にあり、これを通じて生への意思は自分自身と結びつくことになる。苦悩の共有は自分の自我を度外視することを要求し、個を超えた生との連関が開示される。共生的道徳における苦悩の共有は一つの必然的な抑制中枢となるのだが、これにはもちろん補足が必要である。シュヴァイツァーはたしかにその必然性を承認するが、過大評価はしていない。彼にとってそれは畏敬の道徳における一つの要素なのだ。同情という意味での情念的なものに焦点を合わせると、ホモ・エコロギクスは必然的に感情的人間と考えられることになる。一切の感情的なものを自分の概念から切り離そうとする倫理学者——「認識至上主義者」はこの立場を採る——とは異なり、ホモ・エコロギクスが生きるべき共生の道徳は感情なしには誕生しない。すなわち、ホモ・エコロギクスは「純粋に頭だけの人間」でもなければ、意思だけの人間でもないのである。だが逆に、ホモ・エコロギクスが感情的存在に「すぎず」、道徳的判断に際してもその時々の感情や心情に依拠していると信じるのも誤りであろう。だから、道徳的判断の基盤を感情に置く「情動主義者」(スティーヴンソン〔一九〇八— アメリカの哲学者〕)の倫理的立場を共有することもない。

ホモ・エコロギクスは、道徳的態度が思考と理性なしにはまったく不可能なことを十二分に理解している。そして、かつてヘーゲルが適切に描いたように、意思を思考へと高めることはホモ・エコロギクス同様シュヴァイツァーにも妥当する。理性とは、認識と意思が相互に疎通しあうために出会う道具であって、この「協働」がなければ完全に解読することはできない。秘密に満ちたもの、解明も理解もできないものの残滓にとどまってしまうのだ。今問題にしている知は「思考による体験」であるが、真に倫理的なものはいついかなる場合でも、真に理性的なものでしかありえないのである。

生きるということは感じること、思考すること、意欲であり、したがって生命にたいする畏敬の原理の背後には、情動的にして理性的、意思に基づきながら身体拘束的であり、もっとも感性的な存在としてのホモ・エコロギクスという人間像がある。あるいはそれ以上なのだ。すなわち、ホモ・エコロギクスは、(自らが意識的に肯定する)生的連関の総体に埋め込まれていることを自覚しているような「総体的人間」という、ある特有の形態を体現しているのである。

思考、感情、意思、体験による協働はさらに、畏敬の念と結びつくことによって、共生的道徳の礎石でもあるもう一つの道徳を登場させる。それが責任である。責任を欠いた人間性という観念は不条理であろう。だが責任にもさまざまある。たとえばシュヴァイツァーは二つの形態を区別しているが、それは「個人的」責任と「超個人的」責任である。その違いはすぐに理解することができる。つまり、前者は当事者が自分自身にだけ責任を負い、他のものには少しも責任を負わないのにたいして、後者の場合はいわば全体と関係する。ある個人の影響圏が広がれば広がるほど、超個人的責任も大きくなるのだが、その場合シュヴァイツァーは、責任がつねに責任の感情と対応していることを確信している。彼は、個々人の自らにたいする配慮を超えるか否かという点でこれらの責任を区別しているが、生にたいする畏敬の道徳は、「無限の責任」であり、環境と宇宙にたいして途方もなく親和的な責任である。ただし、各人がすべてのものに、いわば普遍的に責任を負うということではない。したがって、この責任はいつでも特定の行動領域だけに及ぶものであり、万物にたいしてもつべきとされるグローバルな責任は消滅することになる。

責任を引き受けるには自由が前提となる。倫理が責任だけでなく、畏敬の念にも従ってみずからを人間的自由の表現とするとき、その倫理は近代の精神を表現している。この倫理は人間にたいして直接的には自由「以上のもの」を与えてはいないが、しかし、行動において自由を獲得しうる手段は示している。責任とはこのような自由における媒体なのだが、同時にそれが一つの「負担」でもあることもはっきりしている。責任は人間が容易に手にできるものであるどころか、不断の緊張と実行を要求するものだ。責任を負うということは絶えざる「格闘」と「闘争」であり、審理なのである。

人間がその知ゆえにもっている権力を正しい軌道に乗せるためには——正しい軌道に乗せることにいかなる保証もないことは、エコロジー的危機が実証している——、責任ある行動が必要である。そして、この責任は破壊の威力の大きさとともに増大する。この場合にも人間の両義性が顔を出す。一面では自然の諸力から解放されるために、人間は諸力に威力を行使せざるをえない。他面ではそのために自然を、一般的に言えば生命を破壊する危険も冒す。真の畏敬の道徳がどれほど近視眼的に解釈されようとも、シュヴァイツァーの見方は、今日的な満足を配慮するだけでなく、将来のことをも保護と配慮の対象にすることを示している。畏敬の倫理は未来の倫理なのだ。この倫理の「豊かさ」は、とくに時間的に未来まで拡張している点にある。過去の行為の責任しか負わせない「古い」責任モデルは、今日のエコロジー的危機にあっては時代遅れなのである。

少なくともここまでくれば、今手元にある倫理学の教科書で学んだ読者は聞き耳を立てるかもしれない。今日こそ至るところで責任について、インフレーションのように語られているのではないか。責任が道徳的万能薬として供され、現代の道徳の欠乏にたいする合鍵として喧伝されてはいないか。そうなのだ。どこに（倫理的な動機をもって）視線を向けようとも、いつでも責任のアピールに出会うではないか。この間倫理がほとんどモードになってしまったのは、とくに責任概念に「責任があるのだ」。複雑な問題にたいするこうした倫理的な回答は、間断なきダイナミズムに駆り立てられる急激な社会的・技術的変革に帰着するはずだ。現代の倫理学の状況は大部分、責任倫理の衣をまとっている。

もっと注目すべきは、道徳的責任がまだ今日ほど評判がよくなく、議論に値すると評価されていなかった時代に、シュヴァイツァーがすでにそれに注目していたということである。私の見るところ、従来倫理の議論ではほとんど注目されてこなかったことだが、彼は責任の倫理学を畏敬の道徳の核心として萌芽的に構想し、したがって通例責任倫理の主唱者として有名なマックス・ヴェーバー〔一八六四―一九二〇、ドイツの社会学者〕（一九一九参照）にすでに先んじていた。「心情倫理」が心情〔志操〕だけを問題とする絶対的な要請なのにたいして、責任倫理は行動の予測可能な結果も計算に入れるのであって、ヴェーバーによれば、心情倫理は純粋な心情だけに照準を合わせ、多元的な価値には敵対的であり、過去を指向する逆行的な倫理形態であるのにたいして、責任倫理はまさに未来を配慮するのである。

シュヴァイツァーはすでに萌芽的かつ暗黙のうちに、小さな責任の現象学を畏敬の倫理学にまとめあげたが、これはおよそ二〇年後にヴァイシェーデル〔一九〇五—七五、ドイツの哲学者〕が明示的に遂行することになる試みであった（Weischedel 1933）。さらに、彼が責任概念を弁別したことも特筆されなければならない。それは今日レンク〔一九三五—　ドイツの哲学者〕が熱心に追究している責任の類型学を構築する準備作業となっている（Lenk 1987）。

ただし誇張してはならない。シュヴァイツァーはすでに責任の倫理学にたいする素晴らしいセンスを発揮したが、そのような判断が度を過ごしてはいないことを、一つの、正確には唯一の現代の責任倫理概念と関連させることで強調しておくべきである。その概念は、一九九三年に亡くなった哲学者ヨナスの筆に（より正しくは、その精神に！）由来するもので、彼は他の誰にもまして、晩年、全力で責任を倫理的カテゴリーとして規定しようとし、論争を巻き起こした。それは現在も進行中であり、これから何年にもわたって問題を導いていくだろう。

以下で彼の責任倫理学（それについてはとくにJonas 1979 参照）に些細な寄り道をしようとするが、それは包括的な哲学的説明に入り込むためでもなければ、可能な場合に彼の思考や議論の欠陥とか矛盾等々をさらに証明するためでもない（これについてはSchaefer 1993 参照）。違うのだ——私の付論の目的はそれではない。シュヴァイツァーとヨナスの驚くべき並行関係をいくつか指摘し、それによって同時に、ホモ・エコロギクスの道徳的プロフィールをもう少し際立たせることにある。それでは、両者をつなぐものはどこにあるのか。

①二人とも、近代の人間の危機から出発する。シュヴァイツァーは、文化が動揺し始めているとみなすが、その理由は、納得がいき、かつ生きられた倫理的尺度が骨抜きにされ、責任感情が死滅してしまったことにある。

ヨナスにとっては、技術的・工業的文明の文化的危機は、操作可能性信仰という無制限の権力にある。ホモ・ファーベル的心性はますます公然と、「黙示録的状況」に陥ってしまった人類に立ち向かっている。この宿命的なコースから脱出するために、彼は伝統的なタイプの倫理を超えた新たな倫理を要求する。その核心には責任の原理があり、そのなかに彼は、決定的な黙示録を抑える、あるいは妨げる可能性と機会を見ている。二人の倫理学は、時代特有の経験に根ざしているのであって、経験から離れて獲得されたのではないのだ。

②シュヴァイツァーの畏敬の倫理学と同じく、ヨナスの倫理学も苦悩の経験が重要な推進力となっている。ヨナスにとっては思い浮かべることはできるが、まだ現実のものとはなっていない苦悩、全面的な破局に至るような苦悩が重要であり、まだ現実となっていない可能性としての悲しみを予見することが、彼の「責任倫理」にインスピレーションを与えている。そこに一定程度シュヴァイツァーとの近さがある。ただし、シュヴァイツァーは原爆の破壊的威力を過少評価してはいないものの、可能性として

の人類の破局をめぐる苦悩をそれほど深く考えているわけではない。

③二人をそれほど隔てていないのは、生命の倫理的優位である。シュヴァイツァーの倫理学は生命を何ものよりも高い位置に置き、人間の影響を受けるかぎりで、それ自身で価値のある生命を最高の段階に置くことを支持している。存在は何ものにもまして優越しているのだ。畏敬の倫理におけるこの根本的要請は、ヨナスにとっても決定的であって、シュヴァイツァーが固く誓って絶えず促した生命の肯定は、ヨナスの場合にも後戻り不可能な至上命令となっている。

ヨナスに従えば、人間の行為の結果は、一つの人類が存在しており、それが永遠であることに即して測られねばならない。人類の生存の保証という無条件の要求は、この「新しい」倫理学の至上命令である。その場合彼は、肉体的生存のためには純粋な生存では不充分すぎることについてももちろん沈黙していない。たんなる生存の持続が彼にとって生きるに値しないことは明白であり、人間的生命は、そう規定されるに値する尊厳を獲得しなければならないのだ。

ヨナスにとってと同様シュヴァイツァーにとっても、存在とは何か保持されねばならないもの、全体的な配慮の対象となるべきものであり、この存在からいわば倫理的至上命令や格率、アピールが出現するのである。倫理は存在の倫理という性格をもち、したがって存在論的であり、その点で二人は根本的に一致している。ただし、ヨナスが存在の倫理学を形而上学のなかに位置づけるのにたいして、シュヴァイツァーは神秘的体験を不動の基礎と規定している点に違いがある。

④ヨナスの倫理学の中核は、存在責任としての責任であるが、これは古い倫理学に特徴的な行動の責

任能力を時代遅れとして退ける。彼の語る存在倫理はもっと大きな射程をもっているのだ。

責任を負う存在は一般的に言って、相互に関連しあう三つの構成要素を包括している。まず人格、つまり主体が何らかの物もしくは人にたいする責任をある抑制中枢にたいして引き受けるのである。こうして責任主体・責任領域・抑制中枢の関連が打ち立てられ、この三極の関係のなかで責任問題が成立する。このように責任問題は普遍的なものなのであり、シュヴァイツァー同様ヨナスも、責任を人間相互間に限定してはいない。「技術的ギャロップ〔早駆け〕」（ヨナス）を道徳的にコントロールできるのは、反人間中心主義的な生の把握、人間以外の存在も生きるに値するものとして尊重する共生の形態に道が開かれる場合だけである。新しい倫理は、人間以外の自然を永遠に軽侮すれば、人類の生命が零落することを充分に自覚しながら、人間性の理念を、ありとあらゆる生物にまで拡張し、「宇宙的な責任」の形をとるのである。

たとえどんなに違いを平準化できないとしても、二人の思想家の間には人間中心主義の解消を要求する点でも、共生概念を人間以外の存在に拡張する点でも、驚くほど共通性がある。たとえばヨナスは、責任概念の分化をさらに先へと押し進め、新しい洞察を切り開いている。この洞察はもう一つ別の経験世界を背景として獲得されねばならないものだ。一つの基本的な差異は、ヨナスの場合、善は人間によって耳を傾けられねばならない存在のうちに根ざしているのにたいして、シュヴァイツァーの倫理学では意思に中心的機能が与えられている点にあるように私には思われる。

⑤二人が同じように、責任にたいする構成要素とみなしているのは、権力と責任の相関関係である。

権力は人倫化されねばならず（シュヴァイツァーの場合そう聞こえる）、人間以外の自然と人類全体を滅ぼすものであってはならない。独裁的な権力行使――これは知によってほとんど際限ないものとなるし、往々にしてコントロール不可能な固有のダイナミズムに従う――は、責任ある行動によって制御されねばならない。これはヨナスが提起する主要な要求の一つである。

⑥共生的道徳が内面化されると、ホモ・エコロギクスは義務を負う人間となる。自分自身、他の抑制中枢や人間、そして人間以外の存在にたいする責任から、ホモ・エコロギクスには生命ないし存在から生まれる避けがたい義務が課せられるが、この点でも二人の理論家の見解には一致が認められる。ただその場合ヨナスは、人間の行為による影響をできるだけ先まで描く力を手に入れるのが第一の義務だと要求することで、一再ならずとくに未来の局面を強調している。

⑦次のような想定から付加的な共通性が出てくる。すなわち、責任をもって行為する人間は、頭で制御するだけでなく、とりわけ感情を備えた身体的な生物でもあり、その道徳的行為には感情的なものや理性的なものばかりか、意思的なものも混ざり合っている。畏敬の念も何らかの情緒的なものであり、道徳的態度をともに規定している。しかも瞠目すべきは、ヨナスがとても畏敬を高く評価していることであり、彼にとってそれは、（シュヴァイツァーもそれにきわめて近いが）何かしら「聖なるもの」であり、それ自体で保持するに値するのである。

したがって畏敬の感情は、いかなる場合でも侵害されてはならない。シュヴァイツァーはそうした考えを、神との結びつきから畏敬の念をもった自然とのかかわりを導き出すような倫理学ともども、完全に問題のないものと考えていたと言えよう。畏敬の概念〔*Ehrfurcht*〕には語根として恐れ〔*Furcht*〕が入っているが、これは不安や怯《ひる》みと混同されてはならず、「思慮深い恐れ」と解されるのであって、地球の存続に配慮し、行為の慎重さを維持するものに他ならない。だから責任の本質的契機としての恐れは、行為の中止を求めるのではなく、思慮なく比較考量しない行為をやめさせようとするのである。

ヨナスの言う「恐れという発見法」とは、感情の想像力を活性化させ、人倫的なものを探知すべき感覚中枢であって、簡潔に言えば、道徳的なものと感性的なものを交錯させるとしか表現できないようなものである。

責任の原理を真剣に受け止める人間は、感受性豊かでなければならないが、これを言い換えると、感覚を開放しなければならないということになる。そうして人間性が自己破滅の道をこれ以上歩まないようにして、正しい恐れの感覚を学ぶ必要がある。ヨナスは恐れを説明して、一つの義務と宣言するが、もちろんそれはすべての人間行動の根本条件としての希望を捨てるものではない。この点でも彼はシュヴァイツァーと交錯するが、後者にとって生の肯定と希望は同じメダルの裏表なのだ。おそらくすぐ推測されるだろうが、「希望の原理」(一九五九)の告知者たるエルンスト・ブロッホとともに、言うまでもなくヨナスも妥協などはしない。彼にとって希望とは、遺産を守り没落を防いでくれるかぎり、保存の機能を担っている。ただしヨナスの見解とブロッホの見解が分かれるのは、「責任の原理」の闘士が希望を存在するものの存在論に組み入れるのにたいして、ブロッホはそれとは反対に、未だ存在しないものの存在論を優先させる点である。

⑧シュヴァイツァーが（たとえ確固としてはいても）逡巡しながら示唆したように、畏敬の倫理学は人間と人類の未来も受け容れねばならず、それを自らの配慮の対象としなければならないが、まさにこれをヨナスは、新しい倫理学の中心的かつ決定的な要素とする。人間は現在の行動や過去になされた行為にたいして責任を負うだけでなく、まだ生起していないこと、将来関与することにたいしても責任をとらねばならない。ヨナスの責任倫理学は未来の倫理学へと収斂していき、未来が道徳化される。

際限のない自然破壊がこれまでのような略奪方式で続いていき、将来世代が自分たちの創造的行動をとる余地がないならば、未来にたいする義務が必然的となる。とはいえヨナスは賢明にも、（将来ますます多岐にわたって起こることになる）現在の行動の結果をことごとく見きわめようとし、現在の立場から判断するのは不条理だと見ている。この点では人間の相当の無知ぶりを告白せざるをえないが、その場合でも、行動の決断にあたっては「善き診断」より「悪しき診断」が優先されるべきであるとすることで、この無能力さもいくらか緩和されうると言えよう。

これがジレンマから脱出する出口を意味するかどうかは未決定のままかもしれないが、いずれにしても未来にたいする責任という命題のように目下活発に論じられているものは考量に値する。とりわけビルンバッハー（一九八八）が示唆しているように、この問題を功利主義的な倫理学の助けを借りながらさらに熟考することはそうである。その場合、彼はヨナスのカテゴリー上の命令を実践規範と規定することによって、再定式化に着手するのだが、その背後で彼は功利主義的精神にとらわれている。つまり、種としての人間の滅亡との比較において、生命の存続は幸福のバランスシートの残高を増やす――これこそどの功利主義者にとっても問題となるものだ——ことになるからである。ビルンバッハーの未来倫理はたしかにヨナスの責任倫理がなければ、今あるような形では書かれなかったであろうし、それは主として実践規範を指向してはいるけれども、結局のところ具体化にはほど遠いと言えよう。

未来倫理は、たとえどのように根拠づけられ内容的に豊富にされるにしても、遠い将来を見据える倫理であって、幾多の不確実なことに基づかざるをえないし、またたくさんの未知のことを相手にせざるをえない。再度シュヴァイツァーとヨナスの関係に戻ると、ヨナスはシュヴァイツァーとは異なる時代経験に規定されてもいるので、シュヴァイツァーよりも未来にたいして大きな価値を置いていると言っても同意を得られるであろう。

もう一つ異なる点は、ヨナスがシュヴァイツァーよりも責任の地域的次元、つまり責任の空間をより鋭く考察していることである。メディアによって不断に狭まり、より急速に〔境界が〕乗り越えられる世界では、国民間・文化間の距離が縮まり、地球外の空間も克服される。そこでは責任も地球大となり、地域的側面から見ても、伝統的な倫理学が近接の地平にとどまっているのにたいして、責任は遠い地平における倫理学となる。とはいえ、将来の道徳的態度はこの遠い地平にまでいっそうの影響を及ぼすのだから、さらに迅速になる行動形態を評価して、厳格に責任を負わせられるようにするのはそれだけにますます難しくなる。実際ホモ・エコロギクスは気楽な存在などではないのだ！

⑨シュヴァイツァーとヨナスに戻ると、さらに別の根本的な考察に関して共通点と相違点が存在している。二人の思想家は倫理ないし道徳を理想、「理念」、したがって人間像と結びつけ、（体系的という

わけではないにしても）繰り返し提起されてきた倫理学と人間学の本質的な共属性の認識を確立する。

シュヴァイツァーの依拠する理念ないし「真の人間」像は、ある特殊なタイプの文化的人間である。彼はあらゆる精神的・物質的転倒に抗議しつつ、真の人間的成就への憧憬に駆り立てられる「文化的人間」という指導理念を組み立てる。文化的人間は生命にたいする深い畏敬の念から、全面的に自己形成し、真正さを告白しようと努めるのである。そして、精神的自由とつねに格闘しながら、できるかぎり「人格的」かつ「普遍的な」責任をすすんで引き受けようとする――生命の保持と促進という最高目標を掲げて。

明白でしかも言及するに値する一つのことがある。それはシュヴァイツァーのような議論を展開する人間、「より善い」人間に視線を投げかける人間は、形而上学の枠内で動いており、事実としての存在を超越するということがまさにその背景にあると考えられる。畏敬の倫理学は真の人間像と理想から出発することで一片の形而上学を含むことになるのだが、彼はそれに関していかなる弁明もしてはいない。

ヨナスの場合も、倫理的なものと形而上学的なものを結びつけていることが見てとれるし、彼はその意思を明確な言葉で語っている。彼は責任を「人間の理念」に結びつけ、人間とは義務を必要とし、またその能力のある存在であると規定する。彼によれば、人間性が存在すべきだという「カテゴリー上の命令」とは、人間という理念にたいして義務を負うということであって、それは人間が継続して地上に存在することを要求する。したがって、それが存在論的理念とされうるのには充分な理由があるのだ。

そしてこの命令が倫理学ではなく、「存在にかかわる理論」としての形而上学のなかに位置するのを見てとるのは難しくはないし、「人間の理念」はそれを使って断片をかたちづくるのである。
シュヴァイツァーとヨナスは、自らの倫理学モデルが形而上学から解放されているとは見ていない。シュヴァイツァーの場合には無意識のうちにそうであり、またそれは特有の神秘体験と結びついているように思われる。ヨナスの場合にはこれとは反対に、自覚的でかつ存在論と結びついている。この存在論は古典的なタイプの存在論とは異なり、存在の時間性を強調し、存在の永遠性ではなく、その無常さから構想されている。ここにも相違があるように私には思われるが、さらに、ヨナスは原生林の医者〔シュヴァイツァー〕よりも強烈に生き残りをテーマとする点でもそうである。シュヴァイツァーにとって生命が問題だとすれば、ヨナスにとっては生存が問題なのだ。

暫定的に要約してみると、二人とも共生の倫理学を活性化させるのであり、時代状況も異なり、成立の社会的コンテキストも違ってはいても、二人の倫理学は建設的な危機の倫理学であり、エコロジー的危機を緩和するために不可欠の道徳的態度、アピール、理想を内容としている。

ホモ・エコロギクスは、今まで図式的に概括してきた共生的道徳を潜在的に「体現している」ものであり、より善き未来の世界の総督である。そこではより多くの生命の文化と、言葉の真の意味で身体の文化が育まれる。そして、真に人間的な生活のための空間がますます狭められていくことが充分に自覚されつつ、畏敬、配慮、拡張された責任という道徳的根本命題と立場が中心的な義務とされるのである。

そういった道徳を実際に充分実践するためには、多面的な努力が必要となり、たくさんの要求が保持され堪え忍ばれねばならない。過大な幻想など放逐されているのだ。

環境を「自然の共同世界」(マイヤー=アビッヒ)として道徳的に受け容れ、日常の行為のなかでそれを志向することは困難に陥る。人間以外の生命を尊重する意識が、あちこちの裂け目から一度に開花したことなどないし、依然として人権つまり〔人格の〕尊厳の不可侵の権利、さらにはたんなる身体的生存の権利さえもが踏みにじられている。ありとあらゆる生命の無制限の価値、ましてや無条件の価値などほとんど感じとられることがない。

人間に固有の両義性が道徳と倫理にも織り込まれている。人間は道徳的に善く行動することもたしかにできるが、人間はその自由によって、まったく別様に、つまり非道徳的に行動しようと意思することもできる。これが、なぜ道徳や倫理は指導理念がなければ誕生しないのかの深奥の理由なのである。

(4) 美的ホモ・エコロギクス

エコロジー的危機は、人間性の喪失と自然の喪失がいかに相互に制約しあっているかを否応なく明らかにする。だから、ホモ・エコロギクスはまず第一に、しかもかなり性急に道徳的性向に即して解明された。だがそれは、ホモ・エコロギクスの実存が道徳的規定と抑制のもつ不屈の厳格さに始終服さねばならず、カテゴリー的に課せられた厳格な義務に従わねばならないことも意味するのだろうか。それはひょっとしたら、ホモ・エコロギクスが多かれ少なかれ憂鬱で道学者風の実存を乗り切らなければならないことを意味するのだろうか。——この実存は道徳的な命令の記述で取り囲まれ、その記述は警告を発しアピールして、ホモ・エコロギクスに何の楽しみも与えず、ましてや感覚的喜びを伴った高度な楽しみなど与えはしないのだろうか。けっしてそんなことはない！

それではただたんにエコロジー的危機の人間学的に全体的な性格を見過ごすことと同じであり、ホモ・エコロギクスを礼儀正しい道徳的態度に切り縮め、それに純粋な道徳家の烙印を押すことになってしまうであろう。そうではないのだ。エコロジー的危機は人間全体に、そして全体的なものとしての人間にたいする挑戦なのだというのが当たっているとすれば、ホモ・エコロギクスを道徳的実存に切り縮めることはできない相談であり、そのことによってとりわけ指導理念の思想も切り詰められてしまうだろう。もう一度言うが、そうではないのだ。エコロジー的危機は道徳的次元と並んで、さらに別の次元ももっており、たとえば美的次元がそうである。もちろん美的なものと倫理的なものが人間の自己理解について異なった発言をするとしても、関連なく併存しているのではない。道徳的なものから美的なものへは一本のまっすぐな道が通じているのだ。どんな風に関連しているのか、またその理由は何か。

美学への移行と今後の見通し

そのためにまず学問的な、しかも必須の予備的注釈をしておこう。道徳的実践が現に存在しているから倫理学が必要となるように、美学は、個々の人間的実践の一形態としての美的実践によってその存在理由を与えられる。倫理学が「『善き』生活とは何か」という問いに答えようとするとすれば、最も広い意味での美学は本来、「美的生活」を問う。歴史を遡り、倫理学と美学の誕生の時を比較してみれば、

(今後詳細に説明するが)倫理的なものが美的なものよりもずっと人間の実存に欠かせないものであるという仮説が出てくる。というのは、古代以来、倫理学は実践哲学の思想と理論体系の構築にとって不可欠であったからだ。たとえばソクラテス〔前四七〇―三九九、ギリシャの哲学者〕の哲学は実践された道徳的・倫理的生活形態であり、アリストテレスの倫理学に関する主要著作は、今日に至るまで連綿と続く伝統的思考の基礎をなしている。

しかし確固たる哲学の一分科としての美学については、そのような長期にわたる伝統を語ることはできない。たしかにプラトンとか、それ以前にホメロス〔前九世紀頃、ギリシャの詩人〕その他の思想家は芸術と取り組みはしたが、そのことによって独立した問いと規準をもった哲学的美学が成立したわけではない。その嚆矢《こうし》は(たとえもっと早くに準備されていたとはいえ)、はるか後、一八世紀のことである。美的現象にかかわる意識とそれをめぐる省察はもちろんはるかに古いのだが、美学が哲学体系の一つの分科として組み入れられたのはようやく一八世紀中葉なのである――しばらくの間美学が他の哲学の諸分科を凌ぐという圧倒的な成果をともなったのは言うまでもない。こうしてある時代に美学は第一哲学にまで昇りつめ、アリストテレスの「プリマ・ピロソピア」〔第一哲学〕という説〔存在の属性ではなく、存在を存在として考察しその第一原因をとらえる学をアリストテレスは第一の哲学とした〕は修正されることになった。実際これは電光石火の早業であった。

この急上昇は明らかに特殊な時代状況と利害状況によって促進された。一つにはその当時、人間の条件についてもっと経験し知りたいという要求が、ありとあらゆる方面から沸き起こり高まったことがある。たとえ暴力的な代償を払っても、謎に満ちた人間という存在の秘密が暴かれることになり、人間、つまり「被造物中最初に解放された存在」（ヘルダーによる命名）は、一八世紀後半にはきわめて多様な考察の比類ない主要テーマとなったのである。

一八世紀末に最盛期を迎えることになる人間学の潮流がここで成立したと主張するとしても、それは確かに間違ったことではない。人間の新たなあるいはより深い自己理解をもたらす努力は、抗しがたい人間学的誘惑に引き寄せられ、美学はこの誘惑に捉えられ、これによって利益を得た。そして、それ以来美学は注目を集めることになった。というのは美学が、哲学教育を受けた観察者の目がそれまで見落としていた観点から人間を考察したからである。美学は一八世紀になるまで光の当てられてこなかった、というよりまったく闇の中におかれていたもの、すなわち人間の感性を発見し、それを白日の下に引き出したのである。

バウムガルテン〔一七一四―六二、ドイツの哲学者〕は、一七五〇年出版の『アエステティカ〔美学〕』で、哲学の一分野としての美学を創設することになった。彼は人間の感覚に注目したが、感覚は精神的能力との比較において、それまではつねに「劣った」地位にあるものとされていた。感覚の対極にあるもの、つまり理性こそ人間を生物の頂点に立たせるものであった。バウムガルテンも究極的には認知的なものを人間能力のヒエラルキーの頂点から追放することはなかったにせよ、近代の美学はそのような感覚的な組織形態が貶められる事態を解消することとなったのである。

人間の感性の発見（もちろん発明ではない）は、一八世紀美学の偉大な成果であった。バウムガルテン後、カント（『判断力批判』一九七〇）やシラー（『人間の美的教育に関する手紙』一七九五）、シェリング（『芸術哲学講義』一八〇二―〇五）その他多くの主唱者（ヴィルヘルム・フォン・フンボルト、ヘーゲル等々）が鋭敏な美学を紡ぎ出したにせよ、そこでは反省と思索が優勢であった。

　それでも一般的に言えるのは、感性を磨きあげることが文明化に反対する情動にも起因していたことである。というのは、美学とはあらゆるものを支配する合理性の精神に対立して思惟するものであることに疑問の余地はないからである。理性は世界を徐々に科学実験の舞台にしてしまうのだが、美学は、理性のこの無反省な神格化を嘲笑する。厳密に言えば、美学は典型的な近代の子であり、しかも近代だけがこのような子どもをもつことができる。美学には当初から〔理性に〕批判的な衝動が内在していた。つまり、全能の理性の支配下で喪失の危機にあるもの、すなわち人間感性の潜在能力に視線を向けようという衝動である。

　しかも感性の潜在能力とはすぐれて意味のある人間学的事象であり、最終的にはホモ・エコロギクスを描く上でも有効である。次のことを忘れないようにしよう。すなわち、美学は批判的に自分を表現するものであり、まさに批判的精神から誕生したのであって、人間に仕え、人間の条件の危機に注目し、したがって実際に批判的力として機能するのだ。エコロジー的危機は人間を同様の、しかしはるかに〔深く〕実存にかかわる〔危機〕状態に陥れたが、このことはホモ・エコロギクスの姿に率直かつ劇的に反映している。だがその議論に入る前に、美的なものと倫理的・道徳的なものをつなぐ考察がもう少し必要である。

先に暫定的に定式化したように美学は、「美的生活」と呼べるものを知り体験しようとするのに対し、倫理学にとって問題なのは「善き生活」である。広義では両者とも生活に関係している。したがって両方ともホモ・エコロギクス——これは愛生の存在である——にとって重要である。それらは批判的に生活にアプローチし、エコロジー的危機を記述しようとするが、とりわけ危機からの脱出ももくろんでいる。

それでは、目下美学が倫理学とまったく同様に上昇気運にあるのは驚くべきことなのだろうか。私たちの回想と体系的な熟考によれば、必ずしもそうとは言えない！　充分に実証できるように、とりわけ美学は現在大きな反響を呼んでおり、だからこそ「旧来の」美学の容量が、現在および将来の要請を満たすにはもはや充分ではないという判断は当を得ているのである。したがってまた、たとえば「ブルジョワ美学」といった古典的な美学が自然美学をほぼ認めないだろうということにも根拠があるのだ。〔現代の〕変貌した人間対自然の関係にあって、美学を古いまま放置しておくことはもはや容認できない。その理由は、新しい時代の流れを公平に評価する自然美学が、自然との破壊的な係わり方を積極的に修正するとも期待できるからである。これがベーメ（1989, 1992 参照）の〔思想の〕基調音であり、エコロジー的危機の名において自然美学の再興を求める彼の呼びかけには賛同者がいる（これについてはとくに Seel 1991 参照）。自然からの人間の疎外には美的根拠もあるという仮定は、目下美的論議を活性化させており、しかもそれは取るに足りないことではない。

もう一つ別の観察もこのことを教えてくれる。美学がブームとなった理由は何よりも、現実の生活がメディアの影響と支配によって大きく変化し、そういった現実がますますフィクションとして作為的に知覚過程を左右するようになってきたからである。生の現実が主として知覚のあり方を通じて形づくられており、世界が極度に純化された映像的世界として体験可能であるとすれば、世界は美学の対象となる。というのは、美学の基盤は感覚的知覚にあるからである。したがって、美学の隆盛はフィクションやメディアによって操作されている生活の現実をも象徴している（とくにWelsch 1990参照）。

美学と倫理的なものの交錯はそれだけにとどまらない。美学も倫理学・道徳もそれぞれに世界との特有の関係を提示している。美的関係というのは、世界にたいするある特別な関係（これには自然も含まれうる）であって、それは、自然としての世界と対話をする一つのあり方なのだ。このような関係によってかけがえのない美的経験が可能となり、最後にはまったく独自の美的実践を生みだすことになる。しかしその実践は完全に自律的でもなければ、他の実践から影響を受けないということでもないだろう。美的実践の独自性は相対的なものであって、そのなかには倫理的なもの・道徳的なものも浸透してくる。美学の倫理化が可能であるのと同様に、逆に倫理学の美学化も可能であり、まさにそこに美学と倫理学の二重の関係があるのだ。

美学を倫理化することが可能とされるその第一の理由は、美的なものが固有の道徳を生みだすからである。美的なものは規範化の作用をもつことができる。倫理学同様、美学も、志向性と秩序形成にとって重要であると主張し、だからたとえばヘルダーが「道徳的な優美さ」を認める場合のように、倫理的な内容をもった〔美的〕規則を案出するのである。

倫理的なものは原理上、たんなる美的なものよりはるかに多くのものを望むのが通例である。倫理的なものは道徳的な善を目的とする——この考えは、古代〔ギリシャ〕の「カロンカガトン」、つまり「美的善」という理想のなかで初めて言及された。善は美的なものと一体化すべきであり、この一体性は、元々すでにプラトンのなかにあるのだが、後にまさに近代になってから、倫理的なものと美的なものに別々の領域が割り当てられることによって破壊されることになったのだ。注を一つ付け加えると、古代においては美的なものと善の間には同盟が結ばれていただけでなく、さらに真なるものによって補完されてもいた。真・善・美の三位一体はとくにプラトンにとって、哲学と芸術の関連を明確化する理論的な基礎となった。そして近代、しかも二〇世紀においても、この三位一体は、いったい芸術は真理の宿るところとして規定できるのだろうかという根本問題を生みだすことになった（これについてはとくにGadamer 1960 参照）。

美学的なものは伝統的に、美しいものを通じて輝きだしたり触発されたりすることを志向する。それは、たとえば道徳的に善なるものも同時に経験されるという形をとる。このことは芸術にあてはまるだけでなく、自然の美にも投影される。カントはこの自然の美を「人倫的なもののシンボル」と規定したことがある。だから自然の美しさの体験も純粋に美学的なものを喚起し、倫理的なものと再結合される。それゆえに、美学が道徳的に有益なものにとっての媒体となる場合には、美学の道具化という危険が生ずる可能性も多々ある。

充分注意すべきだが、美しいものは一種の倫理的機能をもたらす可能性をもつにせよ、必然的にそうであるわけではない。それと同様に、倫理的生活形態の影響下にある生活世界が美学化するという傾向も明白に現在見られ、それゆえ現在、美的論議もこれほど徹底的かつ広範になされ、また論争となっているのである。そういった道徳・倫理の美学化と争っている者もあれば、無視しがたい美学の前進を昂然と擁護する者もいるが、いずれにも充分な論拠がある（Welsch 1990 参照）。美学論争は百家争鳴状態だが、次の確信だけは議論の余地がない。すなわち、美学は自分だけに帰属する価値とカテゴリーの構造を提示できるという点で、かなりの程度自律的なのである。

倫理的な理想、規範、原理、価値が存在するように、伝統的に美しさから導かれる美的な理想と価値が存在しており、この美しさが美的行為の意味であり尺度なのだ。人間が世界と関係するとき、必然的にある立場をとる。世界との美的関係は美的立場のなかに表現される。そして、この美的立場は規範的な素地をもっており、同時に、明らかに自然美にも注目する。だから、たとえば今日再度求められている自然と人間の一体化は美的規範としても把握されねばならないのであって、この美的規範が同時に道徳的行為を要請するのである。別の例を挙げると、「生命にたいする畏敬」という人倫の根本原理を真摯《しんし》に受けとめるなら、そこから「自然美にたいする畏敬」という美的規範を導くことは首尾一貫していると言えよう。

倫理的なものと美的なものは最終的にどこへ収斂していくのか。これは真正な実存形成の指導理念を仕上げるためには放置できない課題だ。この二つに共通する目標は、適正な生にたいする配慮であって、「善き生活」は「美的生活」でありうるし、また生活の善的性格にとって、美的なものは指標そのもの

ミシェル・フーコー

である。だが次のようにも考えられる。すなわち、美的生活が真の幸せとみなされるのは、その生活がとくに倫理的基準に従う場合であり、一例を挙げると、自然美の体験が道徳的浄化をもたらす場合である。

ここ一〇年でスターとなったフランスの理論家、フーコー〔一九二六―八四、フランスの哲学者〕が美学をひとつの実存様式として、成功した実存モデルとして描いた〔人々は自分の生にある種の様式基準に従って美的価値をもたせようとする。生存の営みには美学があることをフーコーは指摘した〕のは理由のないことではない。何が生命にとってよいもの・悪いものとなりうるか、またそうした有益さの根拠は何かに関して判断を下すのは、美学の仕事なのである。

美学と倫理学は世界と自然にたいする人間の根源的な関係であるが、それは二つとも人間の実存を自らの根源に即して捉えるからであり、言い換えると、正当な実存的あり方を発見するからである。その場合、自由が不可欠であって、すでに別のところで確認したように、近代の倫理学は、いつでも自由が可能であると仮定している。事態は美学でも変わらないのであって、美学にとっても自由は本質的なのだ。「自由な美しさ」（カント）は美的態度を引きおこし、「美的生活」は自由がなければ規定できない。さらに、美学の実践的かつ理論的な多様性はこの自由の紛うかたなき指標である。すでに述べたような美学の隆盛は多様性要求の特徴も帯びながら生じている事態である。現代の美学においては幾多の概念とスタイルが蠢《うごめ》いており、その異種混交性が切り札となっている。だから統一的な美学について語ることはできないのだ。

さらに、倫理学と美学を周辺的な事柄以上のものとして結びつけているのが、共生の理念である。今提起した道徳・倫理では共生が転回の軸であるが、エコロジー的オプションを伴った美学でも、この理念が基底において貫徹している。簡潔に言えば、ホモ・エコロギクスにとって重要なたくさんの美的経験は、自然と接触するなかでつくられるのであり、ホモ・エコロギクスは自然との出会いのなかで、自然を美的なものとして体験するのだ。人間と自然の共生は、紛うかたなき美的性質を体験する基盤を準備するのである。

倫理・道徳と美学のさらなる接点を描くのはここでひとまず終わりにできると思うので、次の議論にとって重要となる予備的なものを指摘しておくことにしたい。

①これまでの考察が容認されるとすれば、倫理的なものと美的なものはお互いに門外漢として相対しているのではない。倫理的な領域から美的領域への移行は、先に論じたように、継ぎ目のないものであって、(学問的な意味での!)美学は倫理学とは比較にならないほど若い。――倫理学が古代の開祖を誇らしくも回顧できるのにたいして、美学は典型的な近代の子である――にもかかわらず、両者はしばしば現状にたいして批判的に、場合によってはそれに対抗しながら、適正な生のモデルを考えだすという不断の努力という点で交錯しあっている。それは、ホモ・エコロギクスの人間学的構成にとってきわめて重要な見方なのである。というのは、ホモ・エコロギクスは倫理的・道徳的なものと並んで、美的なものも自らの生のうちに統合しなければならないからである。自然にたいする態度にとって、道徳的態度と美的態度は同じように本質的で実存的なのだ。

②美学とは何かを形式的に定義することはこれまで意識的に避けてきたが――抽象的な定義では、本来美的な態度の特質である具象的なものが抜け落ちることになるからである――、それでもすでに美学の典型的なカテゴリーを耳にすることができた。つまり、美学は感性、知覚、美的なもの、享受、喜び、体験等々と関係している。これらすべてをさらに精緻にする必要があるのはもちろんであるにせよ、これでホモ・エコロギクスのプロフィールをさらに展開するのに役立つ現象をすでに指摘したことになる。

③これときわめて密接に関連しているが、美的なものには高度な人間学的重要性がある。理論的に見れば、美学は倫理学のなかに組み込むことができ、またそうしなければならないだけでなく、人間学の

分肢でもある。それによってまたもや、倫理学と人間学だけでなく美学も志向性の学問分野であることの正しさが実証されるが、それはこの三つが幸福な生のシミュレーションのモデルだからである。美学が時として人間学になること、しかも（先に証明したように）、すでにバウムガルテン――彼は「幸福で美的な人間」像によってある特定の人間理念を完成させようとした――による近代美学の幕開けの時に、美学は人間学であったのだと言ってよい。この特殊な所見を普遍的なものに一般化すれば次のように言うのがふさわしい。美学は具象的な人間理念ないし観念を創造すると同時に、それを基盤ともしているのである。

もっとはっきり言えば、美学は（バウムガルテンを見れば分かるように）、生の実践にとって羅針盤となるべき人間の理念型を提起している。だから、ホモ・エコロギクスは最善の社会のうちに存在するものに見えるのである。ただし自明のことだが、ホモ・エコロギクスはけっして「ただ美的なだけの」人間ではない。それはとりわけ鋭い美的感覚の持ち主なのだ。つまり、美的感覚と知覚はともにホモ・エコロギクスの構成要素なのである。だがどのようにしてか。これが次に答えるべき問いであるが、それではなぜ美的なものがホモ・エコロギクスにとってそれほど実存にかかわる事柄なのか。その美的態度とはどのようなものなのか。ホモ・エコロギクスは何によって美的人間となるのか。

ホモ・エコロギクスの美的規定

これからの思索を結びつける主たる仮説として、次の二つを挙げておこう。すでに以前に出会った把握、すなわち、ホモ・エコロギクスがそれなりに「総体的人間」を範例として表現していることは、美的側面を取り上げることで裏付けられると同時に、新たな論拠を加えることになる。それだけでなくホモ・アエステティクス〔美的人間〕としてのホモ・エコロギクスは、自然にたいする幾多の美的関係に入ることも可能となる。彼は自然美を体験し経験することのなかに固定的に組み込まれているわけではなく、多様な仕方で自然にたいして美的に近づくことができ、徹底して多元的に接近することができる。だからこそいわば多元的な美的感覚の持ち主となる。

ホモ・エコロギクスは徹頭徹尾感性的な存在であって、これがまず第一の美的規定となる。それではなぜ美的規定なのか。バウムガルテンにおける美学の成立史を想起してみれば、美学は他の何にもまして感性を人間の概括的条件のなかに支柱として打ち立てるからである。ある程度「完璧な」人間像を創造する試みは、感性を採り入れなければ奇異なほど中途半端にとどまることになる。

さて、この感性的なものの本質を尋ねてみれば、すぐさま知覚に思い至る。美的なものはその土台として、多様に絡み合った知覚の過程をもっている。それによって自然を含む世界が開示される、きわめて独特な形で構築された知覚装置がなければ、世界の開放的性格に関するいっさいの哲学的・人間学的理論は無駄なものとなろう。自然はそういった最高に複雑で、けっして機械的ではない知覚の歩みを通じて、ホモ・エコロギクスにとって独特の魅力をもった美的現象となるのだ。

美的な自然経験は、自らの根本要素を感性的な知覚のなかにもっている。これに特殊具体的なセンセーションの感覚を付け加えることができよう。自然に対する美的な態度には、他のあらゆる美的態度と同様、自然への接近の基底層をなす知覚の跡がはっきり刻印されている。私の考えでは、ホモ・エコロギクスの美的構成にとって、七つの知覚の特殊性が強調できる。

①生物の知覚は高度に選択的な性質をもっている。知覚するということはいつでも、たとえばこれがそこにあるとか、テューリンゲンのある村の秋の森というように、〔全体から部分を〕切り取って知覚することを意味している。部分的には信じがたいほど急激に変化する知覚では、あらゆるものを同時に知覚することはできないし、全体的な知覚など不可能であって、いつでも知覚されないものの残滓が残っている。これを一般化すると、次のように語っても矛盾にはならないであろう。すなわち、知覚は、知覚不可能なものや知覚されなかったものも知覚されるものに数えられる、という構造になっているのだ。知覚は疑いもなくきわめて能動的な活動だが、それはある特別なもの、たとえば閉じた花の蕾を知覚することによって、他のものを知覚から排除するという構造をもっている。とても逆説的に響くかもしれないが、意識的に構築された特別の知覚だけが可能であるというのは当たっているのだ。その理由は、知覚と同時に知覚不可能なものと知覚されなかったものが存在しているからである。

選択性と並んで、その能動性も注目に値する。現在ますます期待の高まっている脳研究において焦点の一つとなっているのは、依然として想像もつかないほど複雑な知覚の過程である。最近の顕著な発見は、知覚器官の助けを借りてきわめて柔軟な一定の構造がつくられており、その構造が受容された刺激を選別し、重要性を区分けし、特定の型式に束ねるということである。鍵を握っている器官は目であり

——とりわけ網膜——、比喩的に言えば、脳に通ずる窓の役目を果たしていると同時に、いわば世界をフィルターにかけてもいる。

さらに選択的知覚が意味しているのは、知覚および知覚的刺激——今日のメディアの現状では私たちは絶え間なくこれにさらされている——の流れのなかからたくさんのものを押し退けたり拡散させたりしているということである。知覚されないものも知覚されるものに属し、美的でないものも美的なものに属している。つまり、美的なものは美的ならざるものを根拠として輪郭を描けるのであって、美的実践と美的現実は美的ならざるものを自らの条件としているのである（概括的ではないが細分化された非美学のカテゴリー分類については、とくに Welsch 1990 および、叙述は控えめで志向も違うが、推奨できる Marquard 1989 参照）。

②①からはっきり分かるように、知覚はたんなる直観でもなければ、直観のなかで進行する純粋に感覚的な過程でもない。知覚器官の構造のうちには、いわば認知的感知器が組み込まれているのである。反省的構造が知覚のなかに入り込み、知覚は、（知覚の舵をとる能力をもった）カテゴリーを通じて作動する。伝統的な美学の言葉を使うなら、知覚の過程においては、直観および概念が同程度に相互作用しあっており、この二つによって知覚の機能は可能となる。知覚には反省の能動的な関与が必要であり、これについてはカントがその第三批判、すなわち『判断力批判』（一七九〇）で豊富な指摘を行っている。反省を離れては知覚が不可能であることを、つとに美学の老大家バウムガルテンは美学を、「美しく思考する術」と定義することで厳密に指摘している。そして彼の死後、概念、思考、直観のうちで

いったいどれが優先するのかについて、その後衛部隊のなかで激しく争われている。

私たちはこういった少なからず理屈っぽい、詮索好きで哲学的な論争にこれ以上煩わされる必要はない（これについてはとくにBubner 1989参照）。重要なことは知覚における思考と直観の連合、非感性的なものと感性的なものの連合であり、美的知覚は、感性的なものの精神化と精神的なものの感性化の見事な実例となっている。極論すると、感性的知覚は、〔「感覚」もしくは「意味」という語義の言葉Sinnの〕意味からして意味の知覚でもある可能性がある。だからホモ・エコロギクスは感性的存在であると同時に、反省的存在でもあり、それは美的に思考し認識する能力をもっているのだ。

③人間の感覚組織はさまざまの感覚において、さまざまの異なる機能を協働させることになる。それぞれ特有の感覚に基盤をもつ、匂いを嗅ぐ、触ってみる、味わう、聞き見るといったすべての活動は全体として、深い印象を与えるものとして現象すると同時に、個々の感覚一つだけでも驚くべきことを遂行している。たとえば病気のために感覚の機能が一時的に弱まったり、完全に駄目になったりすれば、いよいよもって顕著になる。もし「聞き見る感覚が弱まれば」、そのことで生がどれほど貧しくなるか感知されるだろう。

感覚が休止し消滅するということは、生活の質にかかわる重大な損失を耐え忍ぶことを意味する。まさに感覚の実存が生を生きるに値するものにするということを真面目に拒絶する人がいるだろうか。どの感覚もそれだけを取り出すと、代替不可能な機能を果たしているけれども、見るという働きが感覚組織にある特別な質を付与すること、これは看過できないであろう。

したがって、目は協奏する感覚のなかで際立って尊重される地位にあり、この尊重は深甚な敬意にまで高まって、見る行為にはしばしば指導的地位が割り当てられる。この名声は正当なものなのだろうか。目は他のどんな感覚器官とも異なり、事物と自然の視察にたいする距離と中立性を与えるのではないか。目は見る行為に入る唯一の門ではなく、認知活動の一種の主導器官ではないのか。見る行為が、目の多彩な潜在能力——これはとくに美的経験の場合に使われる——のなかである特別な地位を占めていることはたしかに偶然ではない。目だけが、幾多の美的経験に独特の刺激を与える可視性を生みだすのであって、メディア的現実におけると同様、美的体験世界においても一切は視覚的知覚のまわりを回っているように見え、知覚のなかの首席を占めているように見える。美的感覚と思考にとって典型的な語法では、「眺める」とか「見上げる」、「傍観する」とか「見回す」、「見つめる」とか「先見の明」等々の表現が多々あり、それは見る行為の優位を示唆しており、見ることは隠喩としても利用される。たとえば人間の行為に関して言われる「先見の明がある」とか「見抜く」、「洞察する」とか「近視眼」とかがそれである。

だが、見ることには目をそらすことが伴っていることを過小評価してはならない。人が目をそらすのは、ある特定の光景、たとえば飢餓に脅かされる小さな子どもに耐えきれないからである。言い換えると、商店街で出会った知人から目をそらすのは、その人間を避けようとするからである。さらには、うずたかいゴミの山から目を背けそらそうとする。このように、目をそらす行為、何かを無視しようとする行為は、個々の例が示すように、反省や動機なしには生じないのであって、無数の例が示しているように、意識的に目をそらす行為は、状況の自覚的な回避や無視と結びついている。これと並んでさらに、もっと無意識的な偶然の見落としもある。

④美的態度は、人間の感覚組織のなかに奥深く入り込んでいるが、その射程距離を見失ってはならない。感覚は錯覚を犯すばかりか、一般的に言えば、その能力には限界があるのだ。一九八六年四月二六日、チェルノブイリの当日が苦痛に満ちた教訓を与えてくれる。チェルノブイリは美的な大事件でもあり、しかも身の毛もよだつ大事件であったが、それはこの日以来、感覚的知覚が、現実を規定する技術の破壊力によっていわば欺かれるという認識が動かしがたいものとなったからである。

この場合、人間の感覚的潜在能力は決定的な限界に突き当たり、知覚器官は沈黙のうちになす術もなくチェルノブイリのことを知るしかなかった。そんな「スーパー・ガウ〔二三一頁参照〕」を前にしては断念し降伏せざるをえなかったのだ。「普通の生活では」きわめて高く評価さるべき、感覚のもつ途方もなく重要な防衛機能が明白に制限され、一般的に言えば、チェルノブイリとは、生活世界の脱感覚化の進行を告知する狼煙であり、急迫のシンボルなのだ。

このようなエコロジー的破局は、現代世界の美的状態について私たちに赤裸々に教えてくれる。それは感性を圧迫するが、そのことで私たちは、こうした破局の再来を防ぐ唯一の道が道徳かもしれないという議論ができるようになるのだ。ホモ・エコロギクスがエコロジー的暗闇との闘争において、自らの感覚だけに依拠することはできないことは自明の理であって、それこそチェルノブイリの教える美的真理なのだ。

⑤美的態度は、これに影響を与えこれを導く知覚過程を前提する。つねに反省を内蔵する知覚器官は殺到する感覚的印象をフィルターにかけ、感覚を整序し、これによって個人の日常生活における知覚的習慣が成立する。知覚関係はスクリーンの網目と特有の型式に従い、それによって見たり見過ごしたりし、感性的なものと超感性的なものを受容したり突き放したりする。このような個人的な知覚関係――それは理念型として一般化できるが――にたいして、美的知覚様式という概念を導入して、その根本的志向を表現してみたい。その理由は、それによってホモ・エコロギクスも社会的に媒介され人間学的に構成された、多元的な美的感覚の持ち主としてよりよく規定できるからである。美的知覚様式は生活様式および生活態度の根本要素でもあり、社会のメンバーであることや、学習・陶冶過程によって形づくられる。教育と社会化の過程で獲得される知覚様式は、人間的実存にとって本質的な機能を果たしているのである。

⑥知覚が総じて美的性質をもっているわけではなく、もっているのはその一部にすぎない。美的知覚はその他の知覚、たとえば経済的、政治的、医学的知覚等々と競合している。その様式は独自の知覚形態をもっていて、二つの規準によって他のものから区別できる。すなわち、知覚の対象と、この対象が「受容される」様式がそれである。

それでは、美的知覚様式が志向するものは何か。ありとあらゆるものか。そうかもしれないが、すべてのものが美的なものとして知覚されるわけでもなければ、そのように分類されるわけでもない。然り、だが否でもある。美しいものは美的知覚の対象ではないのか。然り、だが否でもある。この二重の肯定と、同時に二重の相対化はどのように説明できるのか。この奇妙な事態が次のような仮説の動機となっている。美的知覚は古典的な美学によって非常に長い間支持されてきた芸術的なものに拘束されているだけでなく、それ以外のものにも拘束されており、しかも、美しいものだけが美的知覚を刺激するわけでもないのだ。

さて、近代美学の何人かの守護聖人の見解を手短かにまとめて、この命題を検証することにしよう。先に言及したバウムガルテンは美学を哲学的に考察することで、それ以降美学の中核をなすことになった。有名なケーニヒスベルクの哲学者カントはこれを受けとめ、その『判断力批判』がとりわけ印象深く証明しているように、比類ないほど独創的に先に進めた。

すなわち、カントは最初に、美的経験を哲学的に基礎づけることに真剣にとりかかったのだが、なかでも趣味判断の真理を問題とし、その拘束力を吟味した。そして、そこからたんなる主観的なもの・私的なものといった副味を取り去り、普遍的なもの、公的なもの、客観的なものと関連づけた。しかし、真理判断についての妥当性を趣味判断にも要請するという理念を追い求めることはなかったと言ってよいだろう――そんなことは決定的な誤解であろう。カントが目指したのは、美的なものを独自の領域として正当化することであり、理論的・実践的な合目的性判断から区別することであった。したがって、その世界的に有名な言葉を借りると、「利害関心なき適意」によって美的なものは生まれるのであり、それは経済的ないし実用的な目的の比較考量からも、いっさいの有用性からも解放されているのだ。

美的な態度と美的経験はいっさいの有用性の計算を度外視するという特徴があり、そこに特有の知覚様式があるという中心思想を概略的に基礎づける過程で、彼は美学の固有の領域を主として美的なものの領域に限定する。美的経験の目的は美しいものを経験することであり、もし「私たちが何かを美しいと感じるなら」、たんなる主観的なものを凌駕した趣味判断が「客観的な」妥当性をもつことになるだろう。

〔「美的生活」という〕私たちの概念を使うと、カントは美学のために「美的生活」をとっておくのだが、それはどこで生ずるのか。芸術においてである。この規定はお馴染みのものだが、それによると、美学は芸術美を重要なテーマとしている。カントはさらに前進して、対象を確定するときに自然美も取り上げており、したがって、美的思考と美的経験を芸術美のみに縛りつける束縛から解放する。美的知覚様式の内容は芸術美および自然美であり、このことを彼は公言していた。しかもその上、彼にとって自然美の価値は芸術美より高いのである。芸術作品がとりわけ優れているのは、それが自然のように映ずるときなのだ。自然美を芸術美に優先させるこの価値判断の背後には、芸術を自然の模倣とする伝統的な理解が潜んでいるが、そこには自然のリアリズムと一緒にはできないものがある。というのは、芸術美はそれが主体の自由を反映し、その意味で自由な美である場合、質的にとくに優位に立つことになるからである。

カントの功績は、美学を固有の経験と判断、対象をもった独自の哲学領域として弁護した点にある。自然美は芸術美と併存しているだけでなく、それより優位に立っており、美的なものの道徳的な質は、彼が自然美にたいする関心を「善き魂の特質」と考えているかぎり、少しも損なわれておらず、その意味で彼は「美的なもの」を「善き」生活に結びつけているのである。

カントは存命中から現代に至るまで、美学の領域においても一つの権威である。彼は、美的知覚様式はたしかに芸術美を志向するが、自然の美しさも志向するという私たちの命題を最初に証明した人物である。自然における美的経験は美的思考と美的陶冶の優れた対象なのだ。シラーはカントに負うところ大である（Schiller 1960）と同時に、多くの点で彼から離れる（Schiller 1960）。〔美的経験と美的思考の密接な関連を〕実証し、自然を熱狂的な遠方への憧れの被造物とすることによって、カントをロマン主義的に扱うのである。ロマン主義的な自然美学は、彼岸に存在する自然美に、いわば自然美の不在に悩むのだが、芸術美にたいする自然美の関係はカント以後、後景に退くことになる。

たとえばヘーゲルは、一連の哲学的な根本問題でカントの対極にあって、カントに反論して芸術美の優位を弁護している。彼にとって美とは「理念の感覚的反映」であり、自然美にそういった理念の品位を付与することなど到底できるものではなかった。芸術美に比較して自然美は価値が劣っており、彼の精神哲学からすれば、自然美は言わば自分のなかに閉じこもっていて、美とは認められない。自然美は自分のなかに閉じ込められ、美として登場することもなく、自分のなかから外へ出ることもないから、自然から独立した理念を通じてのみ美として現象できるのだ。したがって、自然美は芸術美を通してのみ美的輝きを発揮することができ、そのようなものとして知覚できるのであって、本来芸術作品のなかにのみ歩み出ることができるのだ。このような評価は（たとえどんなに断片程度だとしても）、今世紀に入ってもう一人の第一級の「弁証法的思想家」、アドルノによって批判される。彼は『美学』（一九七三）において自然美を復権させようとしたのである。

自然美と芸術美の競合がどうであろうと、また自然美が芸術美の模範と考えられようとあるいはその逆であろうと、ホモ・アエステティクスとしてのホモ・エコロギクスにとって、そういった順位争いはほとんど意味がない。その美的知覚様式にとって唯一重要なのは、ホモ・エコロギクスが自然美的経験と同時に、芸術美的経験もするということであって、自然美および芸術美という二重性がホモ・エコロギクスの美的知覚世界を導き基礎づけるのだ。

だが、この二重性は別の視点からも語ることができるし、またそうする必要がある。すなわち、美的関心には両極的対象――芸術美と自然美――が存在しているばかりではなく、さらに美的経験を美しいものの経験だけに限定することも許されないのだ。たとえ美しいものと同時に美しくないもの、つまり醜いものも知覚され、そのかぎりで美しいものを醜いものに即しても示せる（これについてはヘーゲルの弟子ローゼンクランツの『醜いものの美学』（一八五三）参照）としても、美しくないものは必然的に美しいものの経験に属する。たしかに美しいものは美しくないものから分離することによってのみ美として経験できる。だが私にとって重要なのは、それとは少し違ったことである――たしかに美しいものだけを唯一美的知覚の対象および価値として承認するのは傲慢と言えよう。だが美的経験にはさらに広範な現象が付け加わる。すなわち、崇高がそれである。これをとりわけバークはカントに先立って探究したのだが（Burke 1980）、しかし結果的には「古典的な」美〔美しいもの〕の優位を揺るがすことはできなかった。

美学は明らかに美しいものを特徴づけることに成功してきた。その創始者たちは（古代のプラトンも含め）、美しいものの徴候を明示的かつときにはきわめて一面的に書きつらねてきた。ところが、美学と美しさは同義語となってきたのにたいして、崇高は影のような存在とされた。しかし、美は宥和と調和の印として成功をおさめた。美しいものを眺め経験することには、宥和を求める強烈な欲求が対応しているのである。

テオドール・W・アドルノ

崇高は、（誤った情報を与えないために言っておくが）、哲学の一学科としての美学が始まって以来、たしかに美学のカテゴリー体系のなかに採用されてきたけれども、比喩的に言えば、美的なものの輝きを前にしては色褪せたものだった。この事情は後になって、とくにここ一〇年で変化することになるが、それ以前にすでに崇高は美学として上昇気流に乗り、その結果多くの美学者が、崇高と美を選手交代させる結果となった。たとえばアドルノは虚構に基づいて定式化され、永遠に調和する美の法則を誇示する美学に反対して、崇高を支持し、崇高および不調和、抗争に〔美学の〕軸足を移し代えようとした。これに加えてポスト・モダンの教祖たるリオタール〔一九二四― フランスの哲学者〕は、崇高を新たに評価しようと熱心に取り組み、フーコーは「崇高の美学」をまさに生の形態だと宣言している。

このことはホモ・エコロギクスにとっても非常に重要な影響をもっている。というのも、その美的知覚の導管は崇高によっても規定されており、しかも私たちの「ささやかな」仮説の正当性も確証できるからである。すなわち、美的好みは一方では自然美と芸術美によって、他方では美および崇高なものによって呼び覚まされる。だからこそ私たちは、美的知覚が「美的生活」と関係するという大ざっぱな限定にすぐに付け加えて、「および崇高な生活」とも関係すると補わねばならない。自然および芸術、美しいものおよび崇高なものはホモ・エコロギクスの美的知覚が注目する卓越した領域なのだ。

このような所見で私たちは、すでにホモ・エコロギクスの美的構造にいくらかより深く踏み込んでいることになるが、まだホモ・エコロギクスが「用いる」知覚様式については語られていない。思い起こせば、ホモ・エコロギクスは多様な知覚様式を用いて行為する――その取扱いに関してはホモ・エコロギクスは柔軟である――と同時に、多様な知覚様式を志向することによって、真に多元的な美的感覚の持ち主であることを実証する。これを具体的に検証すれば、理念型として少なくとも三つの知覚様式を区別できる。そして、それはさらに二つに分かれ、ニュアンスの異なるものに分化しうる。しかし、だからといってそれはヒエラルキー的な構造をもっているわけではない。ホモ・エコロギクスはこのような様式をその時々の動機に応じて形づくるが、これはこれでまたも状況や気持ち、さらには反省の影響を受けている。分化の基準として動機を選ぶと、次のような様式が区別でき、それは本質的に次のような特徴をもっている（この節を書き上げた後で、この三分割がゼール〔一九五四―、『自然の美学』を書いた現代ドイツの哲学者〕の研究と同じ頃行なわれ、内容的にもそれに近いことに気づいた。ただし用語は違っており、とりわけ動機づけの出発点は異なっている）。

共生的知覚様式

美的知覚様式は、生活態度のなかに統合されるが、これを状況に応じて制御することができる。諸知覚様式の優位は変化し、たとえば経済的な知覚様式が継続的に知覚の歩みをリードすると想定される。もう一度チェルノブイリを例にとると、エコロジー的危機が私たちのアクセントの置き方全体に疑念を抱かせたのは正当であった。なぜならそれはその限界が意識されることになったからである。そしてまたその四月の日は、人間と自然の共生的拘束性を包み隠すことなく明るみに出し、ホモ・ファーベルの肥大化した技術幻想が人類の絶滅を引き起こしうることもまざまざと見せつけた。この空想の代償としての有数無数かつ有形無形の犠牲は同情の念をかき立てることになった。

技術を用いて自然の諸力と関係することは、これらの自然力を破壊する可能性をもっており、実際時として破壊をもくろみ、そのなかに目的実現を見出す。自然の美的知覚はそうではなく、それと正反対である。この知覚にとっては自然を支配したり自然を否定することが問題なのではない。この知覚は自然が人間の手による影響を受けずに自分を創造してきたように、自然をあるがままの状態にしておこうとするのである。この美的自然体験はそもそもの初めから、人間から独立した存在としての自然を好み、感覚はそれに喜びを感じることができるし、感じるべきなのである。自然は人間に属するもの、人間的実存に不可欠のものと解釈される。自然の「根源性」——介入や関与なしに自ずと運動する自然——は美的な眼差しを引きつけるだけでなく、創造的に生のなかに保存されるのである。自然は何かしら実存を促進するものとして美的に知覚されるのだ。自然美によってかき立てられるのは「利害関心なき適意」などではなく、自然美によって生を強化するという動機づけである。束の間の眼差しは自然美には相応しくない。それは次の瞬間にすぐさま背を向け、逃げだし、すぐ別の知覚に席を譲ってしまう。違うのだ。美的知覚のレンズを通せば、自然は生きるに値する実存の比類なき本質と解釈されるのである。たとえ「人間と自然の一体化」という、いつでも間断なく渇望される倫理的な理想が、第一の動機づけとして働くのではないとしても、それに近いものが問題となるのである。

このような倫理的理想による美的翻訳は自然美と人間の共生を要請する。一言で言えば、共生の美的知覚様式に特徴的な考えは、自然の美的経験が平和的実存の一部をなすというものだ。根源的な動機は、人間が自然美に積極的に関与する点にあり、自らの実存を豊かにするために、自然のなかの美を好むのである。ホモ・アエステティクスとしてのホモ・エコロギクスは自然美を、多彩な意味づけによって満たす。たしかに自然をあるがままにしておこうとするのだが、それは、自然美から能動的に意味を引き出すのを妨げるものではない。その場合、平和的実存の象徴的形象として登場するのが共生的な意味創造であり、景観美であって、平和的生は善き生、美しい生、崇高な生の総合と見ることができよう。穏やかで動きのない海は、風変わりな白樺の連なりや、はるか遠くからその魅惑的な香りで人を誘うきちんと手入れされたバラの丘と同じく、美しく感じられるだろう。同様に、荘厳にそびえ立つ四千メートルの山並みは崇高さの証しとして知覚されよう。

共生の美的知覚様式は、そのように見つめたり仰ぎ見ることを要求するが、それは、そのことで実存〔の本質〕が（たとえ一時的なものにすぎないとしても）姿を現すからである。自然景観の破壊も、文化景観の破壊も――これにはとくに灰色のコンクリートのサイロや大都市の「居住機械＝高層アパート」も入るかもしれない――そのような美的知覚のパースペクティヴからすると、生の質を低め、平和的実存をつくる機会を減じてしまう。自然美の喪失ないし縮小過程は全体として、感覚と美的知覚能力の育成を阻むのだ。

この場合にもホモ・エコロギクスは、たんに両義的な経験に備えて身構えられるようになるのではない。自然における崇高なものと美しいものの実存を同時に満たすということは、他方では脅威と憎悪、陰鬱と恐怖、突き放すものとしての自然とも出会うことであり、これにたいしては多様な形態で美的な拒絶反応を起こすこともあろう。意図的に目をそらし、意識的に見過ごすことは共生の美的知覚様式にとってけっして疎遠なことではなく、水面下で直接なされる行為なのである。だから、人間と自然に関するこの知覚様式が、「美的で」永遠の調和に満ちた実存と誤認されてはならないし、またそうすべきでもない。両義性という刺《とげ》は人間の奥深く刺さっているだけでなく、自然の内奥にも刺さっているからだ。ホモ・エコロギクスはたしかにこの抗しがたいものにあえて抵抗するけれども、その刺を取り除こうとするのではない。両義性はホモ・エコロギクスの実存と生を根源的に貫き通しており、道徳的行為においても美的行為においてもそれを免れることは不可能なのである。

ホモ・エコロギクスの美的知覚過程は多次元にわたっている。共生的様式——これは意識的に共生的道徳・倫理という言葉から借りてきた——は、自然を人間の共生的生活空間とみなし、そのなかでたとえば平和的実存をめざす努力がなされるが、これは自然美の要素がなければ実現できないのだ。ホモ・エコロギクスの美的実践とは次のようなものである。すなわち、ホモ・エコロギクスの喜びをかき立てる現実の自然をいたわり、自らの関与で変形しないことによって、たしかに物質的には変えないようにすると同時に、その自然は現実の自然を乗り越え、それとは異なる別の現実をつくりだすようホモ・エコロギクスをいわば刺激することもできるのである。眼前の自然に新たな異なる可能性を付与し、それを手に入れるという動機づけによって、超越的かつ投影的と呼べるような知覚が可能となるのである。

超越的・投影的知覚様式

共生的様式にたいする意味づけは、動機によって変化する。たしかに人間と自然の共生という意味づけは原則的に保持されるし、自然美が優れた実存を大いに歓迎するという確信も放棄されることはないが、美的経験は、現実の自然が多かれ少なかれ多彩なイメージ世界を投影する唯一無比の場となることによって、ある新しい意味を獲得する。無限のイメージ的宇宙の創造は自然性から始まるにせよ、自然性を変化させるのであり、忠実に模写するのでも模倣するのでもない。これが投影的知覚様式の特徴となる、全体的な動機づけとなる。そしてこの知覚様式にとっては、想像力を独自の試験台とするようなイメージの創造が重要となる。

イメージは現実の自然からいわば読みだされ、そのなかでイメージが想像される。このような美的知覚様式はすべて、人間の想像力によって生命力を得ているのだ。想像力は、美的経験と美的熟慮が志向するイメージを創造する。ホモ・エコロギクスがこのような自然の知覚様式を優先させると同時に、それをさらに育む場合、彼は心底イメージ的人間となる。自分を導いていくイメージをつくり、直観と即興の戯れに親しむ。美的ホモ・エコロギクスは、イメージ的言語のなかで自然を構成し、美的自然経験はイメージのなかで生じるが、そのめざすところは、このイメージのなかに意味を託することなのだ。こうして、想像力はイメージ的意味を創造し、現実の自然を仮象のなかで輝かせる。

芸術は美的仮象の宿るところと定められているのだが、驚くべきことに、哲学的美学はこの仮象を——往々にして真なるものと対比しながら——省察するという努力を重ねてきた。もしその歴史を追おうとすれば、ここで再度代々の美学者の家系全部を引き合いにだして、美的体験にたいする「美的仮象」の基礎づけとその価値を思い浮かべることになろう。そうすれば、あの偉人プラトンが後期の対話編『ソフィステス』で——その言によれば、この哲学者集団〔ソフィスト〕によるきちんとしているとは言いがたい実践に刺激されて——、仮象と現実の関係を問題とし、ソフィストを「仮象の〔＝偽の〕芸術家」として激しく叱責したことがはっきり分かるだろう。

近代の美学では、仮象はきわめて真剣に考慮すべき地位を獲得するが、それは仮象が現実とは対照的に、嘲笑されることなどけっしてないからである。シラーの美学と美的文化論はその好例で、芸術活動の生みだす仮象は独立した「現実」と同じくらい重要なのだ。彼は仮象を自由の象徴と規定した。仮象は生活必需品からはほど遠いけれども、最終的にはその点に、喜びに満ちた生にとっての甚大な価値があるのだ。

ホモ・エコロギクスが自然を芸術的関係として知覚するかぎり、彼は仮象の世界で動いているのであり、そこから実在の自然から解放された新たな現実が成立しうる。ホモ・エコロギクスはそのような美的知覚のなかで、自然を芸術として受けとめ、明確な芸術的関心をもって自然と出会い、そのことによって、自分が自然美も芸術美もともに享受しているという当初の主張が強められることになる。すなわち、自然美がある仕方で芸術美として感じられ、逆に、芸術美が自然美として示されうるのであって、ここでもホモ・エコロギクスが多元的な美的感覚の持ち主であることが実証されるのである。

あるビオトープ〔棲息場所〕の睡蓮を真に知覚すること、氷結した小川の流れや真夜中の星空を体験すること、こういったことはカスパー・ダフィート・フリードリヒ〔一七七四―一八四〇、ドイツの画家〕の風景画――それは海に日が沈むのを目の当たりにしながら、芸術作品として描いたもので、当然たんなる自然現象の模写「以上のもの」であり、芸術家の想像力の産物である――と同じく、ホモ・エコロギクスを美的に楽しい気分にさせることができる。超越的・投影的知覚様式は、想像力からその美的魅力を引き出し、一般的に言って、自然美からフィクションの契機をきわめて彩り豊かに取り出したものである。自然美から刺激を受けるのは絵画だけでなく、とりわけ詩もそうであって、これは根強く自然美との関連を保持している。
美的・芸術的関心はこの場合にも、フィクションであれ絵画的であれ、芸術的手段によってかたどられた自然に即してかき立てられる。詩であれ散文であれ、自然の時間や空間の文学的叙述は多くの作家の見事な筆で練り上げられてきた。シュティフター〔一八〇五―六八、オーストリアの作家〕やザラ・キルシュを考えてみればよい。文学的叙述には、想像力によって自然美と芸術美を結びつけ、それによって鑑賞者を美に触れさせて、そのイマジネーション能力を再三再四かき立てるというまた別の可能性もある。自然の物音が感覚を解き放ち、独特の美的経験に誘う場合にも想像力は能動的になる。打ち寄せる波のさざめき、さらに飛び去るヨーロッパこまどりの風変わりで柔らかな音色は、まるで「自然の楽曲」――その響きは自然を活写し、音楽的幻想から生まれながら、楽器のようにスタンダードな芸術作品を奏でる――のように楽しめる。想像力の助けを借りて、自然の許で言わば視覚的かつ聴覚的な芸術経験が可能となるのだ。

　これを一般化して言うと、現実を超越する投影的な知覚様式が関心を寄せるのは、自然美がもつ芸術的性格である。この性格は固有の言葉で語られ、固有の記号に表される。だから、ホモ・エコロギクスがそのようにして自然との美的関係に入っていくかぎり、彼はいつでも現実を超越して表現する存在として自らを経験することになる。それゆえ、現実を超えて表現する美的態度はけっしていわゆる表現主義派の芸術様式などではなく、ホモ・エコロギクスの美的構成にその本質的特質として入り込んでいるのである。とどのつまり現実を超えた表現は投影的知覚様式の条件でもあるのだが、この様式にはそれ以外の潜在能力もあるのは言うまでもない。

現実を超越するということは、芸術の領域以外にも存在する。たとえば現実に代わるオールタナティヴを構想したり、ユートピアを「もっときれいに」描いたりする場合にはいつでも、それを見てとることができる。古代以来繰り返し描かれているユートピア(プラトンの『国家論』のユートピアを参照)は、よりよい世界についてのイメージという姿をとるが、その独自性は、ユートピアが未来志向の性格をもっていることである。それは現実を乗り越える幸福な実存のモデルをもっていて、人間の自分および自然との宥和という光の下で、この未だ達成されていないものを構成するのである。

すでに一度引用したシラーは、再三にわたり、美的仮象にはこのユートピア的なものが含まれていると語っているが、その理由は、仮象がまだ体験されていない別の実存の可能性、よりよい人間の条件の構築をめざしているからである。自然美は欠陥をもった、修正の必要がある社会にたいするユートピア的な対照像を提供する。たくさんのユートピア、ひょっとしたらすべてのユートピアが意識的かつ根底的に美的契機と動機によって貫かれているのだ。それだけではない。ユートピア的なものの基本要素は造形と想像なのだから、未だ存在していないものを予見するという先見性をもつだろう。また、ユートピアに内在する宥和の理念も美的な性格をもっており、前にすでに示した通り、多くの人々に救済を約束する美的なものには、この理念がシンボルとしてまとわりついている。

非凡な思想家エルンスト・ブロッホは、自然美に意味があるとする楽観的な見解を代表する人物だが、彼は人間対自然の関係についても宥和と救済を熟考している。自然における美的なものは現在はまだ認識不可能だが、やがて登場する未来には見えてくるようになり、現実となったユートピア的内実の符牒となる。ブロッホに倣って言えば、「真の」自然体験、生を豊かにする自然体験は現在にはまだ知らされていないのだが、ユートピアのなかではじめてその姿を現すのだ。

次のように言ってもいいだろう。現存のものにたいする否定的なオールタナティヴ概念という意味で、ユートピア的な構想とは投影的な知覚様式の典型的な産物なのである。自然とも関連したユートピアでは、理想的な自然像が構想され、この自然像はフィクションとして、社会によって抑圧された欲求の慰安となる。社会的・政治的な欠陥は自然美を通して代償できるし、またそうすべきなのだ。美的なもの、とりわけユートピアにおける美的なものは〔現実の〕代償機能を果たし、したがって、実際に感じられる欠陥の現れをフィクションのうちに保存する役目を果たす。パラダイスに至るユートピア的な道は、必ずや美的なものを通っていくのである。

ユートピアは想像力の展開から生まれ、批判的省察と結びついている。フィクションの中で直観されるものと反省の中で概念的に把握されるものは、美的な相互協定を結んでいる。美的破壊によって生の質が激しく劣化しているエコロジー的危機の下では、そのような投影的で超越的な様式が実存にかかわる以上、ホモ・エコロギクスはこの様式を育むようみずからを促さざるをえないであろう。というのも、エコロジー的危機は美的にも克服されねばならないからであって、これはとりわけ、想像力によって「よりよい」生の可能性を構想する根本的な必要性を含んでいる。そのような課題設定のなかで、投影的様式は（知らず知らずのうちに）共生的様式へと近づいていく。世界の美的改善に力強く確固として着手することがホモ・エコロギクスの課題であり、したがって血管を流れるユートピア的な血を脈動させねばならない――これはたしかに、ホモ・エコロギクスの知られざる特徴なのだ。

これに加えて、ホモ・エコロギクスにはもう一つ別の潜在能力が潜んでいることが、とくに第三の美的知覚様式を記述することで明らかにできるだろう。ある特殊な知覚スクリーンを通じてつくられるこの自然知覚は、どのようにして誕生するのだろうか。質的に異なるものとはいったい何なのか。ここで再度自然にたいする美的関係の基本動機を問うてみれば、それは開放的で自由に遊動する知覚様式と言えるだろう。なぜか。

開放的で自由に遊動する知覚様式

投影的かつ共生的知覚のあり方はいずれも、自然にたいする共感的関連を絶対的な特徴としている。自然の美的輝きもその高貴さも、たとえば威嚇と暗闇、ディオニュソス〔陶酔と熱狂を特徴とするギリシャの神。バッカス〕的なもの、喜びに満ちてはいるが恐れをもたらす「威力」（カント）、自己更新する豊穣な富（＝ナトゥーラ・ナトゥランス〔産出する自然〕）と一目では見渡せないほどの形態、多様性と多様な種に表現されており、それが美的知覚を引きつけるのである。

この共感的なものが開放的な知覚様式の特徴となっているが、それにはもう一つ別の動機も流れ込み、違った形で感覚を導いている。開放的知覚様式は、自らの生活様式の実存にかかわるものとして、自然美と関係するのでもなければ、その知覚過程が想像能力のお蔭で新たなイメージの世界を創造するとか、ユートピア的な霊気をまき散らすものでもない。超感覚的なものをめざしているわけでは絶対にないのだ。それではいったい、それは何なのか。

この知覚様式が特別の流動性をもつのは、それがそもそも自然美も芸術美も――これはシュプランガー〔一八八二―一九六三、ドイツの哲学者・教育学者〕の言によれば、「魂の美」の派生物である（Spranger 1950）――目的としているのではないからであって、この様式は喜びのために美的自然対象に関与するのではなく、その自然にたいする態度は活動的・攻撃的というより、防衛的・抑制的なものなのだ。

自然との親近性という態度は、自然と距離をとるということだが、それによって間隔を空けることも、さらには前もって組み込まれた解釈を考慮に入れないことも一つの徳となる。このような知覚形態の眼目は、自然にたいして予め何らかの要求をすることではなくて、豊かに意味付与された自然連関にたいして、それに相応しい距離を保つことであり、その最高の喜びは、干渉することなく感覚世界全体をそのままにしておくことである。それは感覚の優劣を予め確定することを許さない。見るということは美的経験の場合には、おそらくそれに匹敵する感覚的知覚はないと思われるが、今の場合には他の感覚と同等に扱われるのだ。星のよく見える秋の夜が与える目の慰みと比べて、スキーの時出会った身を切るような吹雪の感じ、塩辛い海水の匂い、力強い鹿の鳴き声、イラクサの感触が露ほども劣っているわけではない。開放的知覚行為にとって、感覚の優劣を決めることは禁じられており、その感覚を遊動させておくのだ。したがって、開放的様式の規定とは無規定性であって、その感覚は開放的感覚をめざし、まさにこの無となった感覚によって、この様式が純粋に美的な様式であり、純粋に実践的な感覚の属性であることを保証する。それは目的に奉仕する時点で利害関心をはなれ、その関心は利害関心を脱する点にある。趣味判断は、詳細には定義できない「あらゆる利害関心ぬきの適意」を通して、とくに有用性の視点によって曇らされない「あらゆる利害関心ぬきの適意」を通して浮かび上がってくるというのがカントの格言である。この格言がこの様式の基礎づけとして隠れているわけではないが、そのような把握と並行関係にあることは明々白々である。

この様式は目的からも感覚からも解放されている点で、先述の二つの特徴とは根本的に異なっている。厳密に言えば、根源性という点で二つを凌駕している。美的様式の根源そのものなのだ。多分、もっとも普通の美的知覚の態度というのは観照的なものであって、これはけた外れに超然とし中立を保つという点に特徴がある。根本的な美的態度には、関心を脱すること、日常生活の実践的な目的や期待から距離を保つことが含まれている。だから、きわめて観照的なものなのだ。もっと大げさに言えば、観照とは超然とした美的知覚様式の最高形態なのだ。しかも同時に、この美的知覚様式も一つの観照的タイプにすぎず、たとえば（時として交錯することもあるにせよ）支配的な認知的タイプから区別できる。感覚から解放された美的観照とは異なり、精神的観照は意味を志向する。美的観照が文化的な解釈モデルで覆われた自然美を――現象学の言葉を借りると、先入観と偏見から自由に――、括弧に入れることを目的とし、感覚の自由な動きに任せるのにたいして、精神的観照は――古代以来の偉大な思想家、神秘主義者、神学者が記してきたように――、超感性的な考察によって宇宙や神等々の意味をいわば精神的な目で知覚し、意味を、できるならばより高位の意味を形成しようと切望する。美的観照概念（これについてはきわめて深遠で、また独創的なSeel 1991参照）は感性的なものを評価し、認知的な観照概念は超感性的なものを評価する。とはいえ、二つとも有益さという目的を否定する点で一致している。もちろん、美的観照を認知的観照で清算できないにせよ、自然美という手段が精神的観照という非常によく看取された手段のひとつとなりうるのも事実なのだ。感覚的に知覚できる自然美は、超感性的な精神的観察の動機・きっかけとなる可能性もあり、また精神的経験にたいする刺激ともなりうるのである。

崇高な山の頂きに目をやったり、海の水平線を眺めたりすることが、精神的な沈潜の引き金となり、内省的な状態になり、深い内面性を感知させられることもある。それは次には、きっかけとなった自然現象から離れ、それを吹き飛ばしたり、視野から完全に見えなくしてしまったりする。特殊な状況下では、自然美的なものが認知的な観照を可能とする場合もある。たとえ認知的な観照が自然美的なものを度外視したり、それに少しも注意を払わないとしても。だから、自然美は（そこから出発しながらも）固有の自己を観照の「内容」とするために利用できる可能性があり、そうなると、自然という「外部のもの」はたんなる引き立て役「でしかなくなり」、「内面的なもの」、つまり観照的観察をする自我が内面に回帰することもできるようになる。外部への視線が内面への視線となるのだ。一般的に知覚できる、幾多の自然現象の開放性が精神的観照にとってきわめて好都合なことは疑いない。狭小な六平方メートルの空間が生き生きとした観照を刺激することがあるのも自明のことだが、自然の美と崇高もそうであり、〔その点において〕比類ないものであることについては無数の証言がある。そのような自然のなかに燃え上がる美は、認知的観照にとって歓迎すべき温床である。この精神的観照が特定の感覚的期待と結びつき、これによって美的観照の中立的態度を破棄して、その感覚的自由を（たとえそれがどんな種類のものであれ）意味志向と結びつける場合には、いつでも美的なものから認知的観照が生まれてくる。そうなると、美的観照は意味との結びつきを通して精神的観照へと導かれることもありうる。ただし、いつでもそうでなければならないというわけではない。

自然空間だけが認知的観照の惹起にとって意味があるばかりでなく、時間も顕著な役割を演ずる。自然美に触発された精神的な観照には、消失し死滅した過去の自然美を想起する可能性があり、生成してくる自然美の多様性と取り返しのつかない消失が、認知的観照に注意を促す可能性もある。これがまたエコロジー的危機――真の美的死――のなかで荒廃した幾多の自然景観や文化的景観を通して投影されうるのである。

ここで美的破局をさらに展開するつもりはないが、次の点だけは確認しておこう。すなわち、美的ホモ・エコロギクスは観照的生のなかで、自分が時間的存在であることを経験する。この真理についてはすでに道徳的ホモ・エコロギクスの姿形を描いたとき言及しておいた（本章第四節(3)参照）。だから、エコロジー的危機はそのような人間学的に根源的な性格ももっている。なぜなら、この危機が人間の条件の時間的な性質を思い出させるからである。他のどんな危機にもまして、エコロジー的危機は生物の有限性を思い出させ、死と死すべき定めのタブーを解き、「古きよき時代」の追憶を呼び起こす。そこでは人間ははっきりした時間意識なしに、平安かつ静穏に自然とともに生きており、（たとえば、季節の絶えざる繰り返しによって）自然が時間的秩序を定めているかぎり、その自然を計時器として自然に従い、自然に即した時間として、また自然と一体のものとして時間を体験できた。

だが、現在私たちが体験しているようなエコロジー的危機は、未来のことも指し示しており、この危機によって必ずや人類が未来喪失という永劫の罰を受けるかもしれないという恐怖が至るところに広まっている。すでに詳述したように、それを回避するために、全力で未来倫理を構想する努力が集中的になされており、将来世代にたいする責任のアピールが必死になされている。この倫理から予想すれば、現在の災いは、未来の存続が可能になるような正しい態度によって根絶されねばならず、未来は倫理的な宝物として高く評価される。しかも、美的構想力をもったユートピアはこの宝物を想像力を使って多様化し、(たとえパラダイスではなくとも)現在の世界よりももっと生きるに値する世界のイメージを強調する。フィクションとして先取りされ予想された望ましい明日のイメージに照らして現在が判断されねばならない。倫理的かつ美的に考察すれば、エコロジー的危機のなかには必然的に、未来にたいする義務が存在しているのだ。この危機的状況から想起されるのは、人間が暫定的に制約された秩序空間という時間のなかにいるのではなくて、私たち人間が時間にたいする正しい関係を無条件で見つけなければならないという警告である。明らかにこの危機に責任のある、不屈で権威主義的な進歩信仰が根ざしている時間意識は、最終的には修正されなければならない。「もっと早く」のスローガン、ノンストップの心性、美的な知覚過程をも分断する加速の独裁、息つく間もない自然破壊の速さ。しかし、同様の短かい時間で自然破壊を埋め合わせることはできないのだ。消し飛んでしまう時間。こういった諸々のものがエコロジー的危機における時間経験であり、それは私たち人間が明らかに間違った時間関係を愛好していることの紛うかたなきツケなのだ。それとは異なる時間の経済、時間のエコロジーが必要であり、騒々しい速度症候群は否定されねばならない。ナドルニがそのベストセラーで説く「ユックリやることの発見」が一つの別の可能性かもしれない。それは時間を短命の消費財として浪費するのでなく、いわば猶予期間を設けることを意味しているのかもしれない。

話を元に戻すと、私たちは開放的で自由に遊動する美的知覚様式を経て、自動的に観照的生に至り、そこからエコロジー的危機を通して(新たな時間意識という意味で)まさに実存にかかわる方向づけを必要とする時間にたいする態度に到達した。ホモ・エコロギクスは同時に美的人間としても、時間にたいする正しい態度を実践するよう配慮しなければならないが、それはエコロジー的危機の広がりを抑制しうることならすべて行うという内奥の衝動でもある。そして、それには時間にたいする適切な態度も含まれており、ホモ・エコロギクスは時間にたいする責任を引き受けることで、道徳的に行動することになるのだ。この場合にも再度、美的ホモ・エコロギクスから道徳的ホモ・エコロギクスへと道は続いていることになる。そして、多元的な美的判断の持ち主であるホモ・エコロギクス――数多くの自然美ならびに芸術美を経験できる人間――を気難しい道学者と断罪できないことは明白であろう。自然美の体験という宝によって彼は素晴らしい楽しみを授けられ、自然の美と崇高はホモ・エコロギクスの広く分岐した感覚的快感や、彼の目と耳、鼻と口を慰めるのだ。

第五節　「自然的」ホモ・エコロギクス

(1)　ホモ・エコロギクス——身体を強調する人間像

前節で説明したように、ホモ・エコロギクスは本性上ホモ・アエステティクスという優れて感性的な存在であり、その組織形態全体は感覚の働きによっても結合されている。さて今度は感性を身体性と関連させることで、ホモ・エコロギクスをさらにいくらか深く解明することができよう。つまり、感性から身体性へは直接道が通じており、感覚はいわば身体器官の表現であって、これは——おそらく疑いなく——自然を代表しているのである。身体性は自然と称されるものと照応しているから、今度はホモ・エコロギクスの「自然的」側面を描くことができるであろう。

言うまでもないことだが、ホモ・エコロギクスはたんなる自然的存在でもなければ、純粋な文化的存在でもなく、この二つを一緒にしたものであって、この二面性ゆえに自然的な生物としても考察されねばならないのである——ただし、ホモ・エコロギクスにおいて「自然的なもの」として同定されるものが文化的な解釈に由来し、したがって自然的なものと文化的なものを厳密に分離することはとてつもなく面倒なものであることを充分自覚した上でのことだが。とはいえ、叙述上やむをえない理由からさしあたりこの面は脇に置いておき、まず確認できることは、ホモ・エコロギクスの自然〔本性〕を構成しているのが本質的にその身体性であるということである。

もっともこの想定にはなんら目新しいものはない。というのは、人間というものは――どんな自画像を描こうが、どんな自己解釈をしようが――他の生物同様つねに一つの自然物だからである。人間は固有の自然的装置をもっている。心臓の〔血液〕循環システム、消化器官、気管、代謝システムがそれであって、活動と睡眠のリズムや成長と死のリズムを知っている。人間は一つの自然史をもっているのであって、必然的に生起せざるをえない長い生物学的―文化的進化のうちにある。

ここから分かるように、身体性としての人間は他のどの生物とも同じように、自然なのであり、身体を通して経験し、なによりもまずその自然的性格のなかで体験する。この事実はエコロジー的危機の場合のように、きわめて強力かつ暴力的に意識の地平のなかに押し入ってくる。この危機にとって、チェルノブイリは、紛うかたなき悪名をはせた事実かつシンボルであることを示している。それは最高度の人間学的出来事であって、いくらか憂鬱で皮肉な表現を借りれば、この都市は同時代の人間学にとって一つの重大な人間学的放射源となったのだ。なぜだろうか。

チェルノブイリは、とりわけ実存としての人間の自然的実体に、つまり人間の身体性に触れるからこそ、陰鬱な日常に数えられるような「不愉快な事件」の一つにとどまらない、実際に際立った出来事なのだ。チェルノブイリは人間の身体性にたいする衝撃として人間学的に解釈されねばならないのである。このことはすでに美的ホモ・エコロギクスの章で提起しておいたが、この四月の日〔一九八六年四月二六日〕、人間の感覚はいわば出し抜かれたのだ。

人間の一般的な身体的構造を眺めてみれば、〔考察の〕範囲はもっと広くなりうるし、従って一般化されよう。つまりチェルノブイリはとくに顕著な人間的感性の喪失のシンボルとなり、これは自分自身の身体における自然の喪失として認識されよう。エコロジー的危機は身体にたいして敵対的だと語られてきたが、それはその破壊的な打撃が人間の身体性を感覚的に侵害するからなのだ。最近の環境危機の歴史も、先例のない無比の身体性の欠如を示す歴史であり、チェルノブイリは人間身体の無力さ、その自由な使用の不可能性のシンボルとなっている——まさにこの人間学的犯罪の現場は、身体性という人間自身がもっている自然から私たちが疎外されていることをまざまざと示しているのである。

チェルノブイリは、外的自然の破壊が人間の自然的性格と直接関連があることを経験させたのだ。

ホモ・エコロギクスは、その主たる特質の一つから明らかなように、愛生の存在であって、生命憎悪につき動かされる死体愛好の存在などではない。ホモ・エコロギクスは、真剣に身体を中心に置いて考察される場合にのみ首尾一貫したものとなる。それは一般に流布している多くの人間像とは異なり、身体性を決定的な根源的要素として考慮する人間像の具体化なのである。

さてここで歴史に精通した読者は耳をそば立て、こう批判するかもしれない。大多数の人間学と哲学はたしかに人間をなによりもまず理性によって定義しているが、それと並んで「身体的人間学」といっ

モーリス・メルロ—ポンティ

たものも同じくらい確固たる地位を占めてきた、と。そしてこう議論は進むかもしれない。人間学的努力が「総体的人間」の叙述に向けられた場合には、自然としての身体性は適切に位置づけられてきた、と。

たしかに権威と目される信頼できる人物には事欠かない。たとえばキールケゴール〔一八一三—五五、デンマークの思想家〕を想起できよう。彼は「総体的人間」を心的なものと身体的なものの「総合」として定義した。さらにフォイエルバッハ〔一八〇四—七二、ドイツの哲学者〕は身体性のうちに、精神的なものと物質的なものの生命力ある一体性が表現されていると見ている。人間が感覚的な現実性として構築するものは身体性によってとり囲まれているのだ。このような証人に満足のいかない人には、最近再度きわめて評判の高くなっているニーチェを引き合いに出すこともできよう。その人間像によれば、「身体を軽蔑する人間」すべてに反対して身体性に高い敬意が払われているし、さらに複数の哲学的人間学年報を一瞥してみれば、人間の身体的構造がある特有の「総体的人間」像の支えとして構成されてきたことが証明されよう（詳細は Meinberg 1988 参照）。

さらにメルロ—ポンティ〔一九〇八—六一、フランスの哲学者〕ないしサルトル等々のフランス現象学に分け入ってみれば、人間の身体性と自然的性格がたんなる添え物以上のものであり、鈍重な動物的なものというよくある悪評を最初から被《こうむ》るものでもないという印象は強くなるであろう。身体性を考慮することはほとんど例外なく総体的人間の復権に役立つのであり、今述べた代表的人物と並んで、それを支持する人間はもっと他にもいる。

さらに人間の条件をめぐる議論がすべて身体を忘却しているわけではないことは、とくに肉体的なものという言葉を使って身体的なものの原理的な再評価を生みだした現代の議論にも示されている。肉体と取り組むこと、新たな肉体的関わり方のスタイルを試すこと、こうしたことは部分的にはきわめて対立した動機からなされてはいるものの、とりわけ新しい経験の形態を可能とするものである。それはこの間本当の意味での肉体ブームを生みだすことになり、そうした文献の蓄積はとくに次のようなタイトルからも見てとれる。『私は肉体をもっている』、『肉体のトポグラフィー』、『肉体の復権』、『肉体の仮面』、『肉体の変貌』等々がそれである。この肉体運動――これは「新たな感性」を一再ならず広めている――を推進している動機とかさまざまの背景とかには立ち入る必要はないが、とくに現在人間について熟考しようとすれば、そこには問わず語らずのうちに理性の他者、すなわち身体性にたいする勘が働いていることをよく物語っている。このことに思いを致せば、ホモ・エコロギクス像における身体性の強調が時宜にかなった受け入れられやすいものという考えに陥るかもしれない。

しかしそれは物事をあまりに単純化するものである。実情は身体性を周辺に追いやるような人間モデルが依然として量的に優っているのだ。ホモ・エコロギクスはそれと対照をなすと同時に、身体愛好の人間学にたいしては異なる点を強調する。というのは、歴史上一回の見紛うかたなきエコロジー的危機がさまざまで決定的な身体喪失の経験を提供しているからであり、それゆえ外的自然、外的なものとの関わり方がいかに調律されつくした人間自身の身体という自然を形成ないし変形しているかに、またその事実に耳ざとくなるのである。

まさにこの事実が身体的なものを主題化する本質的な要点をなしている。よくよく吟味してみれば、ホモ・エコロギクスがまったく特殊なやり方で身体という自然と取り組むことになる原因は、エコロジー的危機から生じた身体的なものの否定的経験に他ならないのである。世界の解明に身体が決定的に関与していることが分かるし、チェルノブイリもそれを教えているのだ！　身体的な感覚機能が侵害されることで限界のある世界の解明しかできなくなる。それゆえ、チェルノブイリも世界の開放性が身体に制約されていることにたいする攻撃である。世界への接近は身体という媒体を通してなされるのだから、この身体が害される場合にはいつでも、世界解明の可能性も少なくなるのである。

なぜ自分が言葉の真の意味で身体の動きに「耳を傾ける」よう試みないではいられないのか、このことはホモ・エコロギクスにはよく分かっている。ホモ・エコロギクスが生命を愛し身体と友好的な生物であるためには、自らの身体というものを理解することが必要であり、絶え間なく努力しなければならないのだ――そしてこれは文字通りに受け取る必要がある。身体は自分独自の記号をもっており、解釈さるべき自分独自の言葉を語るのだ。最後にホモ・エコロギクスは、身体の解釈者として構想されねばならない。身体とは文化的解釈の位置を占めており、身体が外部からの他者の目を通して物体に貶められる場合ですら、たんなる自然などではなく、多義的な諸関係の意味の担い手なのである。

同じことだが、身体を中心に据える自然は文化的に刻印されており、解釈の形態や図式に依存している。私たちは身体をさまざまの観念や像で囲い込んでおり、どんな場合でも文化的な枠組のうちにある望みや夢、希望や憧れを身体のまわりに張りめぐらしているのである。

もっと厳密に言えば、〔身体の〕自然性とは解釈〔学的〕拘束の土台なのだ。ホモ・エコロギクスの特徴は、それが身体をもっているという事実にあるのではなくて、身体を理解し把握する努力にある。もちろん人間の自然が絶えざる解釈過程にさらされており、そうした解釈行為によって規定されていることとは当初から周知のことであり、しかも哲学的——人間学的な常識に属するものである（たとえばプレスナーやゲーレンの著作を参照）。そこで次に問題となるのは、（エコロジー的危機と直接関連し、これまで隠されていたホモ・エコロギクスにたいする見通しをつけるのに役立つような）実例を手がかりにしながら、先の認識を変容させ確固としたものにすることである。

(2) セックス、ジェンダー、セクシュアリティ

ここでスケッチする人間像は、自然と文化の両極を通してしっかり絡み合っている——その理由は、エコロジー的危機〔の要因〕が文化と自然の間の不均衡にあることがはっきりしたからに他ならない。ホモ・エコロギクス・モデルの根源的なモチーフの一つはこの不均衡のうちにある。これは適切な自然

──文化関係のガイドラインを人間像として提示するという野心的目標に結びつくが、これは言うは易く行うは難しの類である。というのも、私たちは本節でもそうだがこれからもずっと自然的なものと文化的なものとのきわめて独特な交錯──これは人間における自然的なものと文化的なものを一義的により分けることをとても許しそうにない──と向き合っているからである。

これと同じことが身体性に直接由来する人間学的な根本現象（人間が他の生物と共有している生、性、死）にもあてはまる。このような相対的に自明で、見たところ紛うかたのない自然的過程にも文化的な解釈の範例が入り込んでくるのだから、極論すれば、〔身体という〕人間の自然における自然的なものとはいったい何かという問題が提起されることになる。

たとえば「自然な誕生」について語ることは工業先進国にとって正当化されるのだろうか。その場合むしろある人為的産物、とりわけ科学の成果を基盤として生じる人為的産物が問題なのではないか。分娩室に目を向けてみれば、「もっとも根源的なこと」、つまり誕生がいかに技術的な、したがって文化的な手段によって媒介されているかが分かるであろう。「純粋な」自然性の考えなどすぐさま追い払われるのだ（これについてはBöhme 1992, p. 94–107 参照）。

このようにいわゆる自然的なものがことごとく文化的な刻印を帯びていることは明白である──これは性別を例にとって確認できる事実である。身体性は各々の性──個人はこれについて自由に規定することも、それを選択することもできない──のうちで、アイデンティティを形成するがゆえに特別な刻印を付与するものである。しかし、と言うべきかひょっとしたらと言うべきか、だからこそ性の帰属は各人の伝記に途方もない刻印を押すのであり、男性か女性かは有名かつ悪評高い「小さな区別」以上のものとなるのである。「生まれながらの」性の帰属、そこから生ずる結果が自然の問題ではなく文化の問題であることは明々白々である。性別の外部に第二の「自然の出来事」など存在しないのであって、そこにはいくつものタブーや神話がまとわりついているのであり、文化的解釈の表現なのである。この場合疑いもなく、性とは特有の解釈を伴った性別の表現とみなされる。

さて今論じているホモ・エコロギクス像にとって重要なのは、性別を簡単に見過ごすことはできないということである。その理由は直接的であれ無意識的であれ、性の帰属とエコロジー的危機の間の関連を語る声が存在するからというだけではない。とくにフェミニズムを背景として芽生えた議論で重要なのは、自然が元来女性的であるという主張であり、これをいくらかの歴史的証拠で固めようとする試みもある（たとえば Merchant 1987 参照）。だから大地の懐をあらゆる生命を育む母親と解釈する例は一再ならず存在するのであり、この古代ギリシャが生みだした隠喩はルネッサンスに至るまで保持され、絶えず新たな支持者を見出してきた。一般的に言って、過去何十年もの間自然がどれほど女性的なイメージやヴィジョンと結びつけられてきたかという事実を無視するわけにはいかない。搾取を旨とする態度や志向とは対照的に、自然の女性的「出自」を指摘することで、内奥で生命を付与する元素が強調されてきたのである。

外的自然であれ人間の内的自然であれ、自然は具体的な性を伴って構成され解釈されている。自然の女性化という解釈が優勢であるのとは対照的に、文化は男性的なものの王国とされている。そして女性的なものと男性的なものに性を配分する自然対文化の対概念は、普通女性の価値を貶め男性の価値を高く評価する結果となる。自然との親近さという女性の特権的地位への賞賛とお世辞は見かけだけの特権であり、文化活動は男性のためにとっておかれ、そこから男性的なものの本来的優位が導き出される。男性よりも女性の方がもっと自然に根ざしているという説明は、女性の身体性と女性に特有の機能にまで遡るだけでなく、何世紀にもわたって普遍的な愛好の対象とされてきている。

こうした解釈がエピソードでもなく、哲学的もしくは似非《えせ》哲学的で学問以前の理論家による空想の産物などでもないということは、一連の人間学的な記録から例証できる。一八世紀後半、学問的情熱から医学や哲学、それに心理学に依拠して「人間に関する総合的な人間学」を打ち立てる試みが始まった（ドイツ語圏では Platner 1772 参照）。このような探究はフランスでもドイツでもますます多くの熱狂的な支持者を獲得していき、その一部は多くの人間学に典型的な性的中立性を破棄する結果となり、（婦人科学として学問的認知をうけることになる）「身体の科学」を打ち立てる仕事に取りかかることになる（Honegger 1991 参照）。

さて科学の名において正当とされているのは次の三点である。第一に、女性的身体性は自然との親近さで特別に抜きん出ており、自然的なものすべてとの強固な結合力をもち、したがって男性よりも自然の法則性に従属しているというわけである。女性は自然的性格によって定義されるのだ。第二に、このような男性との比較に基づく解釈をした上で、「自然的な」性の区別から荒っぽい性的差異が打ち立てられ、これが心理的・社会的部面にまで拡張される。身体性とその生理的機能に基づいて性に特有な差異のパラダイムがつくられ、これが同じく内的自然、精神的構造と欲求、外的自然、社会的自然つまり社会構造を包括することになる。生理的区別から出発して女性的生命原理と男性的生命原理が主張され、これによって身体的差異が文化的、社会的、精神的水準へと移されるのだ。

第三に、これで女性と男性がただたんに対置されることになるばかりか、そこでは次のような価値評価もなされることになる。女性と比較して男性の方が優れている、往々にしてとても優れているとみなされ、男性には文化における進歩〔の側面〕がとっておかれ、男性に欠けている自然との親近性は文化との親近性によって償われるというわけである。男性による主権要求は文化がもたらす行為と成果に基づくとされ、これは理性という尺度を前提している。だからこのような解釈では自然との親近さは不利で劣ったものとされ、女性は（弁明の余地なく）第二級の人間とされることになる。

このような差異のパラダイムがとうに時代遅れとなった過去の遺物だと主張する人がいれば、その人は間違いを犯している。性と性役割について考察してみれば、どんな社会形態であろうと――伝統的社会・近代社会・前近代社会・ポスト近代社会の別なく、また開かれた社会・閉ざされた社会の別なく、さらに資本主義・社会主義の別なく――、部分的には微妙に操作された相異なる性役割のシステムはいつでも性の区別と結びついており、同時にそれには相異なる役割に関する決まり文句とステレオタイプがつきまとっていて、これは部分的には現在に至るまで存続しているのだ。

それによれば、きわめて特異な性質、能力、行動様式、美徳といった目録（たとえば家庭的性格、私的性格、弱さ、情緒的・感覚的性格、礼儀作法等々）が女性に帰せられると同時に、女性は〔積極的に〕承認され、それが男性との区分とされる。そういった性的特異性を区別することは、いわゆる性的無秩序をできるだけ確固とした秩序にするためにも甘受しなければならないというのである。しかし、ほとんどの場合、性的特異性の区別は女性に不利であり、女性はそのいわゆる欠陥ある自然的性質のために貶められるのだ。というのも、これには長いこと科学的権威のレッテルが貼られてきたからだ。とりわけわずかの女性生理学に基づいて、女性は認知的にも男性に劣り、知的にも貧しいとされてきた。男性的なものを序列の基準として、女性はもともと欠陥ある存在であり、そのために無数の女性にとってその生がたどる宿命はあらかじめプログラミングされているというわけである。「弱い性」と見なされ決めつけられてきたために、このようなほとんど男性によってつくられてきた女性像が動揺させられることもなかったし、「強い性」の陣営に侵入する機会を手にすることもできなかったのである。

肉体的なものの真理性によって正当化されてきた女性に不利な二元論は、何世紀にもわたってさまざまな議論や反論の対象となってきた。私の見るところ、四つの流れが興味を引く。

①主導的なのはとくに英語圏で「セックス」と「ジェンダー」の名で語られている自然と文化の緊張関係であって、セックスが「自然的性」を意味するのにたいして、「ジェンダー」概念は〔自然的性を基盤とはしているものの〕社会的刻印を受けた文化的解釈範例とされる。

②往々にして刺激的な「ジェンダー」という用語よりもっと画期的なのは、「セックス」という表現は自ずと文化的な行為範例とも結びつかざるをえないという意味で、二元論の固定化にたいして女性フェミニストが巻き起こした抵抗である。彼女らによれば、この二元論はいつでも女性的なものの軽視

と等置される可能性があるというのである。すなわち、かなり注意深く見てみるなら、一見したところ生理的な女性の劣った性質が他のあらゆる領域に拡張される可能性があるという議論には同意できるであろう。女性フェミニスト、とりわけ女性の権利〔擁護〕運動の「偉大な老婦人」、シモーヌ・ドゥ・ボーヴォワールも、このような女性像が実際には何であるのかを暴露し、女性的性格を家父長制によって構成されたものとみなしている。この確信は（イデオロギー的にはさまざまの装いをとって）広く認められてきた。ボーヴォワールは彼女を支持する女性や彼女に反対する女性ともども、誤って女性の「弱い」自然的性格に訴える男性的性格の支配に激しく抵抗すると同時に、この男性から見た女性像を（多かれ少なかれ抵抗もしないで）押しつける同性の同士を批判もしている（Beauvoire 1949）。ヒトは女性になるのであって、女性として生まれるのではないというのが真実なのだ。

③男性によって彩色された、したがって男性中心主義とも称される女性像が圧倒的な優位を占める事態は倫理的な論争を呼び起こすことになる。これは、単純な「上位（男性）」―「下位（女性）」の分類が歪曲されて女性排除が倫理的に正当化される場合に明らかとなる。フェミニズム的なアプローチ（その出自は問わない。好戦的か政治的―プロパガンダ的か、宣教師的か男女共学の議論にまで踏み込む人物か）は道徳的なパトス〔情念〕を免れることなどほとんど不可能だし、またそう望んでもいない。だからこの間ますます多くの真面目で「フェミニズム的な」倫理概念が、これまでも少なからぬ人々が手がけてきた倫理的領域に入り込むことになったのである。

出自や〔思想的・理論的〕基盤、方向はもとより議論の説得力においてもさまざまに異なってはいるが、確固としたフェミニズム的な倫理を開拓する試みが始まっている。それは女性を道徳の主体として公正に評価しようとし、たとえば女性はある特別な道徳をもっており、男性的道徳とは一つ屋根の下には住まわないという（一八世紀の人間学者に源をもつ）命題を繰り返したり、より適切なものにしようとしている。かつての性に特有の道徳という考えは現在主として発達心理学者ギリガン〔一九三六―　アメリカの発達心理学者〕の研究のなかで展開されている（基本文献として Gilligan 1984）。彼女はとくにコールバーグ〔一九二七―　アメリカの発達心理学者〕による見解、男性と比べて女性の〔道徳的〕判断能力は未発達であるという見解に反対して、女性的道徳はそれ固有の権威をもっており、それはある本質的な点で男性的道徳と誤って同一視されてはならないと主張する。それは道徳的に代替できないものであって、だから男性的な道徳に比べより不完全だと低く評価されるべきではないのだ。

彼女は自分の経験的な研究に基づく鑑定にヒントを得て、女性は（コールバーグやその支持者が主張した）正義の原理を志向する男性とは異なり、道徳的判断においては配慮・世話の原理に従うとする。もちろんこの相異なるパースペクティヴを相互に交錯させヒエラルキー化しようとはしていないが、彼女の見解では、二つの行為原理は補完しあい、各々奥深い権利を同じようにもっている。ギリガンはかつての倫理的な性的二元論と比較してはるかに冷静かつ非独善的なだけでなく、この問題を生理学的―解剖学的な重しからも解き放っている。ただそのアプローチは発達心理学的なものではあるが、両性各々に固有の道徳があることを容認しない側からの批判を免れてはいない。全体としてこの議論はまだ進行中であり、決着がついたとは言いがたい（Nunner-Winkler 1991 参照）。

④これと並んで付加的な特質が目を引く。それは性的差異のパラダイムを類似性のパラダイムによって置き換えるという提案であり、部分的に倫理的な動機を伴っている。差異のパラダイムが〔両〕性に固有の区別をできるだけ多く取り出し、女性を男性とは異なるものとして記述し評価することをめざしているのにたいして、類似性のパラダイムは両性の共通性に力点を置く。前者は線引きとその固定化を考慮し、後者は包含と媒介を考慮する。一方が男性中心主義的な色合いを帯びれば、他方は男性的かつ女性的色合いを採用することで独自の色調を手にする。これは両性具有的な人間像としても表現されることになるもので、ここに厳密な性の分離に代わって類似性と一体性の思想が登場することになる。

このような両性具有的な人間像を目下代表している人物の一人がフランスの哲学者バダンテール〔一九四四―〕であり、彼女の『男は女　女は男』はベストセラーになった（Badinter [5]1993）。ただし両性具有の考えはすでに古代に発することは言っておかねばならない。すなわち、古代のグノーシス主義〔新約聖書が成立したと同じ時期の紀元一世紀頃から流布した教え。しかし原始キリスト教会は、グノーシス主義を異端として排斥した。「心魂（プシケー）」という女性的要素が「霊（プネウマ）」という中性的・男性的要素と結合することで霊魂の浄化が起こるとされる〕はまさに対立するものの合一を求め、したがって男性的原理と女性的原理の同権も支持していた。プラトンは『饗宴』のなかでアリストパネス〔前四四五―三八五頃、ギリシャの喜劇詩人〕に、特殊な両性具有的神話を語らせ、それを哲学的に解釈した。古代からルネッサンス（たとえばパラケルスス〔一四九三―一五四一、スイスの医学者・化学者〕は男性的原理同様女性的原理も価値をもつ「同権的な生殖」の代弁者となっている）に至るまで、両性具有的な性理解が（社会的現実となることはできなかったにせよ）一再ならず主張されてきた。

これは一つの指導的理念ないし規定的なものであったし、バダンテールを含めて現在もそうである（ただし彼女は性にたいする新たな接近方法を見つけたと信じている）。新たな性関係にも等しい「両性具有革命」は、彼女にとってはたんなる幻想でもユートピアでもない。彼女の評価では性の関係にはある発展段階があるが、それは非対称性ではなく補完性に基づいて構築されねばならないのであって、この性の類似性思想だけが民主的な社会を創造する指導的な理念を強調できるのであり、さもなければ理念自身が不合理なものになってしまうだろう。ただし彼女は現実的であって、両性具有革命が実際に起こるかどうかは最終的には権力の問題が決定するということをしっかり見ている。そしてその意味は、両性間の相互関係の問題は、そして最終的には性別の問題は自然の問題などではなくて、文化的テーマだということである。

ある意味でここで自然と文化の緊張関係に映し出された円環は閉じることになる。では、これによってホモ・エコロギクスなる人間像にどういう結果がもたらされるのであろうか。

まず第一に、論証の仕方にはいろいろあるが、身体性にある特別な意義を付与する必要がはっきりしてきた。身体というものの自然的性格は文化的解釈によって規定されるのか、それとも逆に自然の方が文化に優先するのか、これについてはたとえ議論が分かれるとしても、身体的なものが核心であることはほぼ共通している。エコロジー的危機の時代にあっては、身体なるものを無視することなどもはや不可能なのだ。

さらに身体というものは多義的であり、「自然的性」が文化的意味の網に覆われていることも確認できた。メルロ―ポンティがかつて適切に解釈したように、人間が身体を通じて世界に根ざしており、身体を通じて世界を生みだすのは確かだが、どのように根ざしているのかは自然によってあらかじめ与えられているわけではない。身体というものとの交渉形態が規定されねばならないのであり、これは本質的に文化とその伝承の問題なのだ。

しかもそれぞれの性に特有な差異があるというパラダイムは、自然的性格に反映した文化的パースペクティヴの産物であるが、これをホモ・エコロギクス像に当てはめると、いったいホモ・エコロギクスは「女性」なのか、それとも「男性」なのかという問いが立てられざるをえなくなろう（ただし、残念ながら「ホモ・エコロギクス」というラテン語にはそれに当たる女性形がない）。エコロジー的危機は自然の問題だと信じている自然の擁護者は例外なく、ホモ・エコロギクスは女性であるという考えを共有するに違いない。そして、そのような考えは女性と自然との親和性（女性は生殖力と生維持の配慮・世話ゆえにホモ・エコロギクスの役割を果たすよう運命づけられている）によって基礎づけられると考えている。これにたいして環境にたいする罪が文化に根ざしていると見る人々は、ホモ・エコロギクスの男性的性格を露ほども疑わない。文化は男性の手にしっかり根ざしており、だから、エコロジー的災いの責任も「強い性」にある（女性フェミニストはこのことを強く確信している）のだと自己批判的に理解しなければならないというわけである。

これとは対照的に、類似性パラダイムがより有効だと考える人間はホモ・エコロギクスの性を一義的に規定するのを避けようとし、両性の補完性の理念に忠実に、両性を包括するものと考える。両性を包摂する人間像こそ肝要であるゆえ、ここで提唱されているモデルは、その線に沿ったものである。すなわち、ホモ・エコロギクスとは両性にとっての指導的理念なのだ！　私がこれまで述べてきたことは、少なくとも二つの理由からこの評価を支持していると思う。第一に、重要な結節点で繰り返し次のことを指摘してきたからである。ホモ・エコロギクスの文化的側面と自然的側面を各々振り分けることは不可能であって、ホモ・エコロギクスとは自然的な文化的存在であり、かつ文化的な自然的存在なのだ。たとえ人間の本性を解釈するのが文化だとしても、人間は自然であり、また永遠に自然であり続けるのだから、一方の特別な性に自然との親近さないし文化からの遠さを嗅ぎ出し、それを証明しようとするのは無意味なのである。

これは一つの特殊な解釈であって、けっして自然そのものによっては証明できない。だが、両性は等しく自然的な文化的創造物として、自然と文化の両方に関与しているのだから、両性は等しく自然への親近と自然からの疎遠の間に、文化への親近と文化からの疎遠の間に存在しているのだ。だから私の考えでは、性に特有の線引きをしてどちらかの形態を優先するというのは不毛なのである。

他方、遅くとも道徳的生物としてのホモ・エコロギクスが問題となって以来、共生の原理が共生の道徳の基盤として導入されてきた。しかし、この原理が個人間の共生、人間以外の他の生物との共生、外的自然との共生「だけ」に関わるなら、それは首尾一貫せず限界のあるアプローチということになろう。共生の原理は人間間の相互関係、したがって両性間の関係にも及んでおり、両性間の不平等と抑圧の諸形態を終わらせ、相異なる人間の同権と一体性を実現するものでなければならない。もしホモ・エコロギクスがそうした共生の道徳を内面化するなら、この倫理的根拠からも指導理念は両性間を架橋する特徴をもつことができる。ホモ・エコロギクスがたとえ男性の手になるものだとしても、女性とも男性とも向き合うのである。というのは、それは総体的人間を相手とし、両性を包括するからなのだ。

もちろん性との関連で言えば、「総体的人間」という言い方にはきわめて基本的なものなので黙って簡単に見過ごすわけにはいかないもう一つの面、つまりセクシュアリティが含まれている。身体性にも定位する人間学、身体性を可能なかぎり完全に考慮しようとする人間像は、その見取り図のなかにセクシュアリティを取り入れねばならないのだ。というのは人間の身体は自らが性的身体であることを知っているからである——しかもこれはたんに副次的なものではない！　身体はある特定の雰囲気のなかで、きわめて特別な状況の下で、一連の特有な行為の刻印を受けて性的身体の形をとってくる。人間が自分と世界にたいしてとる態度は性的な色合いも帯びているのである。

フロイト〔一八五六—一九三九、精神分析の創始者〕を信用するなら、セクシュアリティはすでに子どもの時代に強力に形成される。この命題に同意できるにせよそうでないにせよ、セクシュアリティが個人の発達のなかに統合されねばならないというのは正しい。個人は身体をもった存在として世界との独自の交錯を通じて徐々に、セクシュアリティにたいして態度を決めるよう命じられているのである。

人間はセクシュアリティのなかで、自分が不可分の自然的かつ文化的存在であることを経験する。セクシュアリティは他のすべての衝動と同じく一つの破壊しがたい自然として、「自然的欲求」の有機体のなかに編み込まれている。だが私たちはとうの昔から、これがいわゆる自然的なものとどんな関係にあるか知っている。文化的な解釈によって覆われ混ぜ合わせられているのだ――そしてこれは普遍的に妥当する「真理」である。

だから性的気性とはけっして純粋に自然的な出来事ではなく、文化的に形成される事態なのである。性的振る舞いは身体的文化の本質的な要素であり、それは異文化間には無数の表現形態があることによって証明されていると同時に、「適切な性的振る舞い」の問題にたいする解釈は「恋愛術」の一部なのである。

ここで驚くのは、セクシュアリティとの関わり方の難しさである。セクシュアリティは人類史上の微妙なテーマ、神話の素材であると同時に、高貴で聖なるタブーの領域、沈黙のマントを羽織ったものなのだ。

これと同じくちょうど正反対のこともあてはまる。つまりセクシュアリティはきわめて頻繁に口に上り、独自のコードをもっているが、粗野で下品、苦痛で不快、不作法で愚かであるかと思えば、魅惑的、控えめ、礼節に満ちたものでもありうる。詩的魔法を広めようとするかと思えば、味気なく無関心ともされる。しかもビジュアル化され、美的に飾りたてられたり、麻酔のように無感覚になったりという具合で、美的なものと猥雑さの間を行ったり来たりする。セクシュアリティはメディアで流され、タブーも解禁され、親密で私的なこともトーク・ショーの形で衆目に晒される。それは上腕の暴力、細心の権力と救いようのない無力、快楽に満ちた幸福と耐え忍ぶべき諦念の領域でもある。それはエクスタシーと陶酔状態、忘我と憎しみ・吐き気の感情、厚顔無恥と愛の感情、懲らしめを体験させてくれることができるのである。

さらにセクシュアリティは見たところ、ありとあらゆる種類の想像力の枯渇することのない源泉であり、想像力はほとんど限界を知らないように思われる。こうしたあれやこれやのすべてが、文化的に刻印された性的身体にとっての不死身の記号であり、これは原理的に解釈を免れないのである。これに何世紀もの間なされてきた主張も加わる。すなわち、セクシュアリティはたんなる自然的なものの地位を超越し、総体的人間を包括するものであり、元々人間はセクシュアリティが働く場合にのみ「完全な」人間といえるのだというわけである。たとえばニーチェは独特のパトスをもって身体を敵対視する思想に抵抗した数少ない「偉大な哲学者」の一人であり、セクシュアリティが総体的人間にとってもつ意味を認めると同時に、（反対意見があるにもかかわらず）精神を骨抜きにする衝動とセクシュアリティを混同することもなかった（とくにHammer 1974参照）。

ニーチェやその他が擁護した総体的な性生活理解は、ホモ・エコロギクスの特質に従って、共生の概念へと変化させられ、エコロジー的危機という集光レンズに映し出される。だがこの危機は性生活といったいどんな関係にあるのか。

危機の「原因を研究する人間」の数はきわめて多いと異口同音に言われている！　いずれにしても人口増大が危機の主因とされている。人類の増大（これは二〇世紀とくに「貧しい国々」で爆発的な姿をとった）は性的振る舞いと直接関連しており、これを否定する人はいないだろう。エコロジー的危機は生の実践と根本的に関連しているので、この危機は総体的人間、その感情、行為、思考を捉えるだけでなく、人間の「完全な身体性」も捉える。だから何者もこの危機を逃れることはできないし、もっとも親密なものである性生活を前にしても足を止めることはない。†

　こうしてまさにパラドックスに満ちた事態が生まれる。類として生き残るためには生殖という意味での性生活が必要だが、他方で特定の形態の性生活は類の破滅に導く可能性がある。過剰人口という意味での多すぎる子孫は無数の副次効果とあいまって、宇宙船地球号を人間が住めないまでに傷つける可能性がある。だから性生活は一つのエコロジー的問題となる。これは古代から存在してきた問題であり、そこでは「オイコス」〔家〕が所帯を意味し、これには秩序化が必要で、家長と家長の妻の正しい性的振る舞いはその秩序に従っていた。

　クセノフォン（ここでの叙述は彼に負っている。Xenophon, *Oikonomikos*）の時代以来、オイコスは著しく変化したが、性生活とも結びついた秩序問題は根強く残ることが実証されてきた。

　現在エコロジー的危機として経験される事態は、生殖が途方もない危険を伴う可能性があるということであり、これは（言わば反生産的という意味で）人類に弓を引く結果となる。ずっと以前から、性的振る舞いの省察がなされてきた。だから、性的振る舞いのなかに危険に満ちたものを読み込むことはなんら目新しいことではなく、たとえば古代ギリシャでは（いくつかの哲学的記録から分かるように）、性的振る舞いは正しい生活指南、すなわち「養生学」のきわめて重要な構成要素と見なされ、順序立てて説明されていた。

そこでは適切でない性生活は危険の真の震源地だと部分的にせよたくさん、しかも往々にして詳細に書かれている。過度の性生活が危険とされるだけでなく（その結果いわゆる治癒不可能な病気にかかるかもしれないから）、性行為の快楽に浸ってオイコスの将来の幸福を阻害しないよう戒められてもいる（この詳細についてはFoucalt 1986）。このメッセージはかなり明確だと言ってよいだろう。自制なく剥き出しの欲望に身を委ねる自然発生的な性生活はオイコスの将来を危険に晒すのだ。

まさにこれが本質的にエコロジー的危機の呪縛を受けた性的問題そのものなのだ。生の維持と生の破壊の間の石臼のなかへと押し込まれ、劇的に問題が先鋭化する——ほとんど信じがたいほどに先鋭化すると、すぐさまこう言いたくもなるというものだ。科学技術革命の時代にあってはとくに「ピル」とそれによる比類ない性革命が進行する、と。もちろんそうは言っても、人間の条件がたいていそうであるように、事態は錯綜しその解決はむずかしい。というのも、科学的—合理的文化を享受しているのは必ずしもすべての国々ではなく、実を言えばごく少数の国だけであり、また快楽との関係を規制する、しかも理性的に規制するはずのピルの使用は、教育水準の問題とも関係している。教育水準は地球的規模で見れば著しく異なっていて、高い文盲率がそれを証明している。しかも予防薬には財政融資が必要だが、それもまた世界的に見れば、深刻な貧困によって資金不足の状態にあることを過小評価してはなら

---

†訳者注——「適切な性生活」と「人口爆発」を短絡させる議論（二二一—二三〇頁）は、現代世界における南北の構造的不平等を考えるとき、きわめて危険な要素を孕んでいる。なお、二一五頁の訳注も参照。

ない。

　最後に言えば、性的振る舞いは経済的視点の他にも、倫理的な承認や規制を受けることがよくある点でも、一つの文化的な現象なのであって、これこそ決定的に重要なのである。つまりピルの使用は道徳化されるのだ。使用が特有の道徳的コードに抵抗できない場合には、濫用の烙印を押されてしまう。たとえばローマ教皇が自らの権威に基づいて、予防薬の使用は大部分のキリスト教徒には相応しくないと公布したとすれば、彼は道徳的に議論しているのであって、経済的に議論しているのではない。教会政策の問題なのだ。

　こうした性道徳のせいで、（環境に価値を置く）多くの信者が深刻な対立に巻き込まれるかもしれないということはここでは論じない（それは独自のテーマであろう！）。大事なのは、道徳的態度が生殖の実践と結びついており、したがって、ピルの「消費」は、たとえば徹底して実行されれば、人口増大にブレーキをかけられるかもしれない。それは生物学的―生理学的な問題ではあるが、何よりもまず文化の問題なのである。

　エコロジー的危機において性生活の問題で一番重要なのは、適切な生殖の実践である。もう一度繰り返すが、益不益に関して問題なのは自然的な欲求のシステムではない。ここで肝要なのは倫理的な判断基準であって、私の考えでは、その場合共生の視点が二重に視野に入ってくる。

　生殖を考えたセクシュアリティは男性と女性の間で行われ（ここでは特殊な問題のつきまとうホモ・セクシュアルとレズビアンは論じない！）、したがって異なる性の間で行われるから、異性間の実践であり、各人は相互に行為を演じ合うが、この高度に感覚的な実践形態においては他者が自我にとって本質的な構成因となる。性行為においては共生的な関連が身体的に感じとられるのである――プラトンの『法律』によれば、性的一体化はとくに「熱烈かつ強力で」、「人間のあらゆる嗜好のうちでもっとも生命力に溢れたもの」と感じられるのである。

自我は他者において自分を発現させ、自分を体験する。サルトルが性の哲学の現象学的素描で語っているように（Sartre 1962）、自我は他者への渇望によって駆り立てられるのだ。たしかにセクシュアリティの共生的な基本構造についてはそれほど明確には語られていないが、ここには古代の両性具有神話の決定的な要素、つまり異性としての他者を通して自我の補完を求める熱望が共鳴している。この神話に特有の隠喩である「半身性」は、二人のエゴが解体されない状態で、一方の「半身」と他方の「半身」が溶解することの表現なのだ。

相異なる二つの実存が各々の実存をしっかり保持したままで、ある特定の共生の形態へと合一するのだが、そのとき忘れてならないのは、性的実践は（意識的な生殖行為であれ無意識的なものであれ、また望んだものであれそうでないものであれ）両性の一体化にもかかわらず、感覚や望み、ファンタジーや刺激、知覚といった社会的な刻印を受けた性に特有の役割観念と結びついているということである。性的共生のなかで求め願う同化、他者への同化にもかかわらず、女性と男性の両極性がエロス的―性的態度のなかでも存続することを見落としてはならない。

もちろん共生は直接的な性愛だけにかかわるものではなく、それには地球規模の次元もある。エコロジー的危機の現在、生殖が人類の性の歴史においてかつてないほど破壊的で問題を孕んだものとなっているとき、まさに二人のパートナーに限定されない共生が要請されているのであり、まだ生まれていない世代、子孫との共生が重要となるのである。生殖行為の結果である限界を越えた人口増大は将来世代の人間的尊厳に満ちた生活形態を著しく困難にしており、その将来はひょっとしたら幻想に終わってしまうかもしれないのである。

生殖の問題では二つの共生形態が事実上交錯している。異性間の共生と世代間の共生がそれである。これは二人のパートナーが住む現在の親密な内部空間に尽きるものではなくて、将来に向かう広大な外部空間にも、近い圏にもはるか遠くの圏にもまたがっている。二つの領域がエコロジー的危機のなかで相互に独立して展開するなどと信じるのは人を欺くものであって、遠い圏を過小評価したり軽視したりして、近い圏だけを視野に入れる性的実践は、エコロジー的窮乏状態を緩和せず、それを確実に悪化させるであろう。

このジレンマから抜け出る道はどこにあるのだろうか。それはホモ・エコロギクスが努力してつくりあげようとしている生活習慣を完遂するという希望にある。正しい生殖の問題はいつの時代でも現実的な問題であるだけでなく、昔からセクシュアリティの意味問題とも結びついており、その答えは永遠に同じものの繰り返し——その解釈範囲は比較的狭く、両極端を揺れ動き、さまざまな偏見に覆われている——だと見えるだろう。

一つの答えは性愛とは種の維持に奉仕すべきであり、セクシュアリティの究極の目的とは生殖以外の何ものでもないというものだ。この見解は（想像されるような）聖職者だけでなく、哲学者や教育学者、（有名無名を問わず）さまざまな人物によっても支持され、したがって道徳本としてまとめられてきた。その背後にはしばしば快楽に敵対的で抑圧的なセクシュアリティ解釈が潜んでおり、過去においてもそうであった。というのも、セクシュアリティの意味を種の生殖に求める性道徳は自発的な性的欲求の抑圧（フロイトなら「昇華」と言うだろう）に基づいているからであり、快楽の規律が適正な道徳的態度として要請されるからである。

その他の人々、とくに快楽主義を旨とする人々はこれとはまったく無関係に、衝動を順馴する禁欲的な道徳に代えて、セクシュアリティにたいする身体のいわゆる既得権を提唱する。これは生殖という目標から自由であって、その場合、性的態度はそれ自体で意味のある行為だと解される。それによれば、セクシュアリティの目的はセクシュアリティ自体のなかにあるというわけである（さらにこのようなセクシュアリティ解釈は、アリストテレス哲学のなかで展開されているように、ある実践概念と密接に関連しているのかもしれない〔『ニコマコス倫理学』において、アリストテレスは正しい個人や節制的な個人に先だって、まず正しい実践（行為）や節制的な実践の一般像があると論じている。これらの実践の習慣的な繰り返しによって個々人は「正しい人」、「節制的な人」になる。例えば、魂の欲情的な部分はことわりに即してゆくことを必要とする。この場合、ことわりが命じるのに従い、然るべき事柄を然るべき仕方で然るべき時に欲するという実践によって、個々人は「節制的な人」になる〕）。

さてそれでは、ホモ・エコロギクスの性道徳はこのスペクトルのどこに位置するのであろうか。ここでその指導理念である共生的道徳（これまで述べてこなかったが、本質的にダイナミックなもので、静態的な道徳とは根本的に区別される）から乖離すれば、両者の間に矛盾が生じるだろう。

静態的な道徳というのはセクシュアリティを生殖の侍女にするもので、その結果、たとえばピルやその他の予防薬も断念する。そうした性道徳はとくにカトリックの教義で求められるが、それはある権威への従属を求める教条的な道徳——ローマ教皇の権威として正当化される——に他ならない。その主たる特徴は活動的でないこと、危機の加速する世界にたいして適応する能力が欠けていることである。エコロジー的危機に直面しても人類の増大に歯止めをかけないような性道徳とはアナクロニズムであって、不道徳に転換せざるをえないのである。

だがこれこそダイナミックな共生的道徳が阻止しようとしている事態なのである。この道徳は、〔人間の〕諸関係を転換する可能性を考慮し、かつそれによって日和見《ひよりみ》主義の罠にもはまらず、また状況を越えた不変の指導理念も裏切らずに、適合的実践に努め、そして、性道徳的活動においても規範である共生の原理に定位する。

静態的な道徳が過去志向の権威に従属するのにたいして、ダイナミックな道徳は「より自由」である。それはどんなことがあっても伝統に安住する権威のドグマにしがみつくこともないし、新しい問題を古い固定した道徳で解くこともなく、新たな学習態度と学習能力の活性化が必要だと認識して、未来に向かってより自由な知を生みだすのだ。静態的な道徳が服従を義務とする権威に頼って学習過程を最小化し、いつかは不必要なものとするのとは対照的に、この道徳にとっては不断の学びと学び直しが特徴となる。学ぶ意思をもたないホモ・エコロギクスとは想像だにできない！

この弾力のある道徳は伝統的な道徳原理を一まとめにして全部投げ捨ててしまうのではない。むしろそれは、どんな変化のうちにあっても保持する価値のあるものを守るのだから、共生的道徳の概念はこれまで不分明だった斬新な色合いを、つまり古いと同時に新しい要請、格率、命令の共生を手にする。こうして他者をその人格的尊厳のゆえに尊重するという「古い」性道徳を放棄することもなく、また性的禁欲の命令をまるごと貶めるのでもない。ただそうした原理を将来にわたって絶対化することをしないというだけのことなのだ。

それは道徳的に「古いもの」が新たな状況の下で適合的かどうか、またどの程度そうなのかを検証するのであって、まさにこの適合の原理にこそこの（いついかなる場合でも過去に拘束されない）セクシュアリティの自由ないし自由の程度が存在する。

自由というのは旧来の規範の臍の尾を切る可能性にあり、だからこそダイナミズムが保証されるのだが、そうは言っても義務がないことを主張するものでもなければ、アナーキー・カオスを招来する自由のための自由などでもない。ホモ・エコロギクスは意識的に、自らを拘束する共生の指導理念を承認するのである。

このような性道徳に基づいて、他者および将来世代にたいする共同責任を行為基準としてとくに重視する態度が現実のものとなり、自由は共生の義務に責任をもつ場合にのみ、自由の名に値することになる。自由なくして責任はないが、また責任なくして自由もない――これが鍵なのだ。そうなれば、生殖を究極目的とするドグマから解放されたセクシュアリティが誕生する可能性が生まれる。（疑いもなく今日のオイコスの過剰人口に共同責任があるのはこのドグマなのだ。）共生の義務を負うダイナミックな性道徳は責任ある自由を基準とするようになる。（この自由は抑圧的セクシュアリティのフラストレーションからも自由だし、際限のない過度の性的放逸からも自由である。）性道徳がセクシュアリティの複数の意味連関に開放され、生殖という唯一の目的の絶対化をさけることによって、ホモ・エコロギクスも「総体的人間」としてセクシュアリティのなかで自らを体験することができるのである。

(3)　身体と世界の実存的関係としての健康と病気

このような人間像の狙いは、文化の領域では自然として感知される身体性をできるだけ全面的に考慮することにあるとすでに述べた。身体的自己体験がどれほど実存的で本質的かをとりわけはっきり「証明している」のは健康と病気である。多くの人が健康こそ人間の価値秩序のなかで最高善に位置するととらえているのは根拠のないことではない。ホモ・エコロギクス・モデルが健康問題の概要を取り上げるのは、主に二つの理由からして妥当と言えるだろう。第一に、生命系に属する存在にとって健康こそまさに必然的に本質的なものであって、生命としての質を保証するためには健康維持が前提となるからである。第二に、エコロジー的危機は健康と病気の全体にも作用するからである。というのも、保健制度が財政的困難に陥っている時代には、政治家はさまざまな方面で必要となる「健康な生活」を、責任を自覚した全市民の義務にしてしまう。というのは、環境にたいする犯罪の加速度的な増大によって、健康な生活などフィクションと化しているからである。健全な生活様式の要求は、はるか古代の哲学〔知恵の教え〕によって理想とされたし、無数の好意的な提言に満ちてはいるものの、エコロジー的危機の時代には以前にもまして問題の多いものとなる。何世紀にもわたって通用してきた自明なものが疑問視されてきている。

この場合にもチェルノブイリをシンボルとして、また代表的な例として改めて考察できよう。ハリスバーグ（一九七九年三月）〔アメリカ・ペンシルバニア州の州都ハリスバーグ付近のスリーマイルアイランド原子力発電所の事故を指す〕のちょうど七年後、チェルノブイリは世界に「ガウ〔GAU, der Gröste Anzunehmende Unfall 冷却システムの破裂による最悪と想定される事故〕」をもたらしただけでなく、もっと悪質なもの、つまり原子炉爆発が引き起こした「スーパー・ガウ」ももたらした。ウクライナ〔共和国内〕をはるかに越えて膨大な放射性物質（ヒロシマの原爆爆発の千倍を越える量）が拡散する結果となり、もうこの数字だけでこのエコロジー的ホロコーストの程度がいかに凄くて、正確には評価しきれないものであるかが分かる。本当に心の痛むことだが、エコロジー的な不幸が健康に破壊的な害毒を流すものでありうることはすぐさま知られるところとなり、その情報は（比較的新しい医学の一分野である）環境医学によって明らかにされた。

チェルノブイリは、癌やその他の放射能による病気の増大に対して第一義的に責任を負うべき原因である。官庁統計によれば、チェルノブイリ周辺の汚染地域では、すでにおよそ八千人が致死量級の被爆

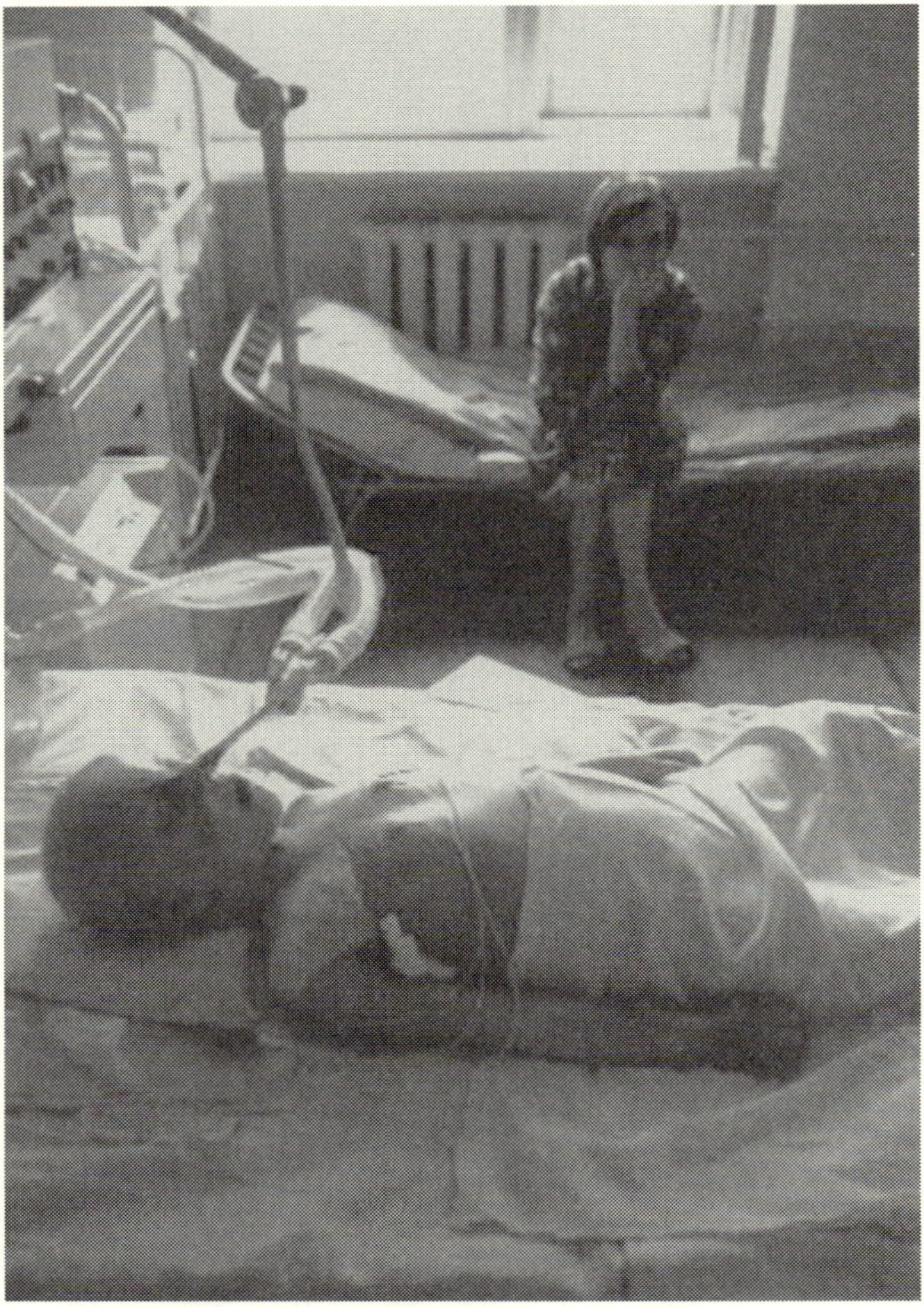

ベラルーシの首都ミンスクの小児血友病センターでは、白血病の子どもが治療を受けている。事故後多発した白血病は、いまは横ばいになっているが、数年のうちに急増するのではないかと医者は語る。ここではかつて、治癒率が非常に低かったが、いまでは60%以上が命をとりとめている。しかし、発見が遅れたりして、手のほどこしようのない状態で病院に運ばれてくる子どもも多い。（写真・文：広河隆一。「チェルノブイリ子ども基金」のホームページより）

によって死亡しており、何千人もの子どもたちが重大な甲状腺異常に苦しんでいる。確かなことは放射線に触れることで無数の身体細胞が傷つけられ損傷をうけているということだ。

チェルノブイリが（あらゆる国境を越えて徐々に広がりはじめている）健康侵害の可能性という点で過去最大級のものであることは言うまでもないが、けっして唯一の事例などではない。ここでは特定の地域を挙げることはしないが、エコロジー的危機と関連したいくつかの基本的な健康に関わる条件を指摘しておこう。たとえば二酸化硫黄や酸化窒素が引き起こす大気汚染。酸化窒素の大部分は〔自動車〕交通に「起因している」。旧西ドイツは酸化窒素汚染（スモッグはその特殊な変種である）の世界最優秀選手といういかがわしい評判を取ってきた。さらに他の要素、水と土も大量に汚染され、さまざまな質量の有害物質が混入してきている。たとえばいわゆる地下水は過度の硝酸塩と燐酸塩で危険な状態になっている。これに加えてあり余るほど大量の重金属があり、とりわけ高濃度のカドミウム、鉛、水銀は深刻な健康破壊をもたらすだろう。また相異なる原因（自動車交通、飛行機、建設工事等々）から生ずる騒音公害も過小評価はできない。

エコロジー的な要素——これが主旋律となるはずのものである——が現代の病因として果たす役割は大きくなっており、健康を害するどころか往々にして破壊さえし、皮膚、免疫システム、神経システム、内蔵、つまり人間総体を襲っている。そしてこの場合危険なのは——チェルノブイリを見よ——無防備と無気力であり、これによって人間は生活の質を劣化させるエコロジー的な脅威を甘受せざるをえなくなるのである。

したがって、健康な生活をしましょうと強力に呼びかけ、たとえ個々人が「健康によいことを全部やってみた」としても、健康な生活はほとんど実現不可能に思われる。だからたとえば、処方を受けてスポーツするのが健康な生活様式を実現するために適切な手段だと昔から言われてきたし、それはそれで議論の余地がないほど明白だとしても、エコロジー的な破局以来、もはやそれに頼ることもできないのだ。というのも、スポーツ活動は身体と一番強く結びついており、多様な身体的経験を可能とするが、無傷とは言えない環境のなかで行うスポーツ（たとえば鉛を含んだ運動場、燐を含んだ海や河川、酸化窒素を含んだ空気等々の条件下で行なうジョギング）は、目的としたものとは反対の結果を生みだすというジレンマに陥ってしまう。健康を目的とした多くのスポーツマンは一種のブーメラン効果を計算に入れざるをえない――実に悲しい展望ではなかろうか！　至るところ、いついかなるときでも「健康は危機にあり」という具合なのだ（これに関しては同名の Wemmer/Korczak 1993 参照）。そしてそれには環境破壊が大きく関与しているのである。

それではそこから何を学びとれるだろうか。少なくとも次のことは言えよう。

①エコロジー的危機によってもたらされた健康への脅威が、人間の普遍的な危機的状態を示す紛れもない指標となっており、自分の健康が維持されている、あるいは改善されていると信じている場合（たとえばスポーツをしているとき！）ですら、健康破壊に陥らざるをえないとすれば、それこそ最高の危機なのだ。いくらか皮肉を込めて言えば、エコロジー的危機は、生命にとって完璧な車両保険を締結することが不可能だということを保証しているのであり、これもエコロジー的危機の議論の余地なき使命

なのである。

②健康であることが他のいかなる身体的関係よりも優先するかぎり、エコロジー的危機は身体性の核心部〔健康〕を捕らえる（これは文字通りに受けとめる必要がある）。

③健康と病気は変更不可能な自然の出来事として人間に押し入ってくるわけではない。逆にチェルノブイリやその他のエコロジー的破壊の現場が教えているのは、健康も病気も文化的に「つくりだされる」のであり、一つの文化現象であると同時に自然現象である、ということだ。自然的なものと文化的なものは独特な形で混交され、健康と病気のなかできわめて特有な形で経験されるのだ。

このような三つの理解から、これまで述べてきたことをさらに先へ進めて、ホモ・エコロギクス・モデルにおける健康問題の諸側面を詳述する糸口が得られるが、それはある特有の健康概念を語ることになるだろう。というのは、ホモ・エコロギクスは身体の解釈者として、必然的に健康について自己了解しなければならないからである。だがなぜ特有の概念なのか。健康とは健康のことであって、健康とは何かについての合意などないのではないか。そのとおり、ないのだ！　だが、身体的・自然的なものを通して多義的な文化解釈が呼び起こされるという事実はしばしば見うけられるから、それも奇妙とは言えないだろう。

人間の生そのものは、さまざまな特質をもった途絶えることのない解釈行為として現れ、この解釈行為によって一切が把捉されるのであって、健康もそうなのだ。健康とは何か、あるいは何であるべきかについて自然自体が語ることはないのであり、そのためには健康を判断する文化的構成者が必要なのである。そうした人間はたいてい医師出身だが、近年の健康をめぐる論議には、普通そうであるように、医師や医学者だけが参加しているわけではなく、社会学者、心理学者、教育学者、政治学者、経済学者も、場合によっては患者も参加している。このグループは異質の利害関心をもった人々から成っているために、健康についての考えも多元的にならざるをえない。たとえば社会学者は社会的要因を強調するが、心理学者は病気の診断でも治療でも精神的な要素をより強く考慮するのに賛成するという具合である。

通常、伝統医学では、健康とは病気がないことであると解釈される。診断の際に伝統医学は理念的に構成されたパラメーター（これはいわば健康のバロメーターの役割を果たす）に依拠してきたが、所与のパラメーター図式に当てはまらないものはすべて病気と定義されるので、病気は本質的に有機的流れが妨害される過程と考えられることになる。世界保健機構（ＷＨＯ）の解釈では、健康とは身体的にだけでなく精神的、社会的にも健全であることでなければならないと理解されている。この定義では、人間がたんなる有機的・生理的なものに還元される事態が克服されているのは明らかだが、この概念が医師の日常の行為にとってどの程度基準となるかは別問題である。

最後に一つの現代的な健康理解に触れておこう。それは遺伝子工学をめぐる議論から見えてくるものである。遺伝子工学への反対者は少なくはないが、彼らはたいてい、遺伝子工学とは反自然的であり、自然から独立して人間を鋳型にはめ込むものだという理由で十把ひとからげに非難している。これらの反対派は「自然的性格」を喪失した健康理解を非難しているのだが、これも一つの健康解釈なのである。

それではホモ・エコロギクスはどれを指導理念として選択するのか。指導理念はこの人間像にとって周知の二つの思想の線上に、つまり共生の思想とそれと不可分の「総体的人間」の思想の線上にある。これは健康問題で言うと、調和的な健康理解の中に蓄積されてきたものであり、私の見るところではエコロジー的危機によって不可避となるものである。というのは、環境をめぐるジレンマは身体と世界の共生の壊れやすさについても教訓を与えてくれるからである。第一の、そして重要な鍵となる認識とは、共生関係を作りあげている身体と世界の癒着性である。調和的な健康理解という項目がとりわけこの先明らかにするのは、きわめてダイナミックな関係が生じるように身体と（外的世界も含め）世界は定められているということなのだ。

環境の病がこのことを充分に証明している。大地や大気の汚染、水の毒物汚染、さらには「春の疲労」についての比較的害のない嘆き「ですら」、健康な身体が自然という「外部に存在するもの」に依拠することを示しており、その関係は弁証法的なものとして体験される。とくにエコロジー的警鐘が打ち鳴らされる時代には、共生は〔他への〕依存、依拠として感知されると同時に、人間の行為が宇宙《コスモス》の形成ないし奇形化を「完成させ」てしまったならば、威力としても感知される。

健康とは人が一生懸命〔病を〕予防して意のままにできるような所有物などではないことが体験されると同時に、これによって不安や疑念からもさまざまな仕方で解放される。人は銀行口座のように健康を所有するのではなく、健康は偶然にも制約されている。偶然チェルノブイリの近くや隣接地域に住んでいた人々は、偶然犠牲となったのだ。

なによりも身体と世界の共生（という考え方）によって健康と病気をバランスの問題として体験する可能性がもたらされる。調和的な健康概念の特徴は健康状態と病気状態を共に直接示す点にある。健康と病気は、身体―世界の一体性とその表現形態のうちに統合されているのだ。だから健康と病気は対立項ではなく、身体―世界の共生の契機、もっと正しくは状態なのだと理解されなくてはならない。健康なときには相対的にバランスがとれているが、病気のときには重篤さや抵抗力の不足に応じてバランスを失しているのである。

再度繰り返すが、病気と健康は矛盾するものなどではなく、調和的な身体―世界関係のさまざまな状態なのである。そこから「総体的人間」という考えにある特殊な光を当てると、総体的人間とは健康であると同時に病気でもある人間として解釈されることになる。シラーの警句を借りれば、人間は病気であると同時に健康でもある場合にのみ、総体として人間なのだと言わねばならないのである。

このような「総体的」人間像よりもっと一般的なのは、身体―魂―精霊の三位一体論や一般的な精神的―身体的生の統一論だが、調和的な健康理解はこれとも接合できる。なぜかと言えば、そのような理解は摩擦や妨害のない身体機能という意味で身体的に良好な状態を健康とするのではなくて、精神的な次元、内面的な自然も健康のうちに含めるからである。エコロジー的危機によって、この精神的次元でも外的自然と内的自然の間を精神的健康に関わる弁証法が支配していて、それこそが心理学におけるパラダイム転換を引き起こしたのだということが分かってきた。

この転換は（その詳細を省くと）次のように単純化できるだろう。伝統的心理学が、人格の発達はただ自己とその他者との接触だけによって刻印されるという仮定に立った二層の人格モデルを優先するのにたいして、エコロジー的心理学は、精神の発達には人間以外の環境世界も意味をもつという、充分検証可能な立場を主張する。現代のエコロジー心理学は三層の人格モデルを優先するが、これは環境の危機にも触発されて、伝統的心理学が環境を忘却していることを人々に気づかせる。すなわち、人間と人間以外の環境の共生を想定した上で、（たとえば外的自然の美として体験されうる）人間以外の環境の重要性が個人の発達にとって過小評価されてはならないと主張する。これは私の省察とも完全に一致する。子どもが動物と遊んだり、（「普通の」子ども部屋にならほとんど必ずあるような）作り物の身体をもつテディ・ベアと遊んだりすることは、人間以外の生物を通じてそうした発達を促す一例と言えよう。

精神的健康の側面に関して言えば、私たちの経験から、また稀ではあるがいくつかの経験的研究からも、（慎重な表現になるが）外的自然は治療過程を促進しうるということが分かる。だが思い違いをしてはならない。ここでは「自然を使った治療手段」（周知のようにこれは治療過程でも実行されている）のことを考えているのではなくて、具体的な自然体験やある特定の植物の観察等々によって助成されうるような精神的な治療効果を考えているのだ（Gebhardt 1993 参照）。外的自然は内的自然の健康に積極的な影響を及ぼす可能性をもっている半面、その脅威と破壊力のために精神を病気に「してしまう可能性」ももっている（このことには後に感情の問題としてもう一度戻る予定である）。本節の目的は調和的な健康理解をエコロジー的危機にたいする反応として、またホモ・エコロギクスのモザイクとして述べることだったが、二つの補足的な情報（一つは歴史的なもので、もう一つは現代的なもの）についても語ることができよう。

まず歴史から始めることにしよう。調和的な健康理解は説明されたというより示唆的なものにとどまっている。それはエコロジー的危機にインスピレーションを受け強制されたものではあるが、根本理念には先駆者がいる――きわめて評判の高いパラケルススがその人である。彼は、私のように身体―世界の共生について語ってはいないが、「ミクロ・コスモス―マクロ・コスモス」の言葉を使って、健全な生活術に似た人間像と世界像を考慮している。彼は、人間が空気、水、土、火といった生存に必要な諸要素に根源的に拘束されていることを人間学的かつ宇宙論的に翻訳している。人間はこれらの要素からなる存在と規定され、人間は（あたかもクルミの殻のなかにいるように）宇宙総体をも体現している。人間と宇宙の協働、ミクロ・コスモスとマクロ・コスモスの協働にたいする信念は非常にはっきりしていて、彼は当時支配的だった解剖学に代えて天文学的解剖学を提唱したが、これは人間の諸器官と惑星の間には深い親和関係があるという考えに基づいている。その『天体の運行』では、とくに身体諸器官と天界の惑星の機能的同等性について書いており、たとえば水星は肺に、美しい金星は腎臓に、（奇妙に聞こえるかもしれないが）太陽は心臓に照応している。

詳細に辿れば（詳細は Böhme 1989 参照）、病気になる原因を天体のなかに見つける場合、彼は宇宙的なものをはっきり展開し、それと健康との関係に注目するのである。ミクロ・コスモスたる人間が（自ら身体的に接触している）マクロ・コスモスを危機に晒すと同時に、両者が相利共生的に結合して

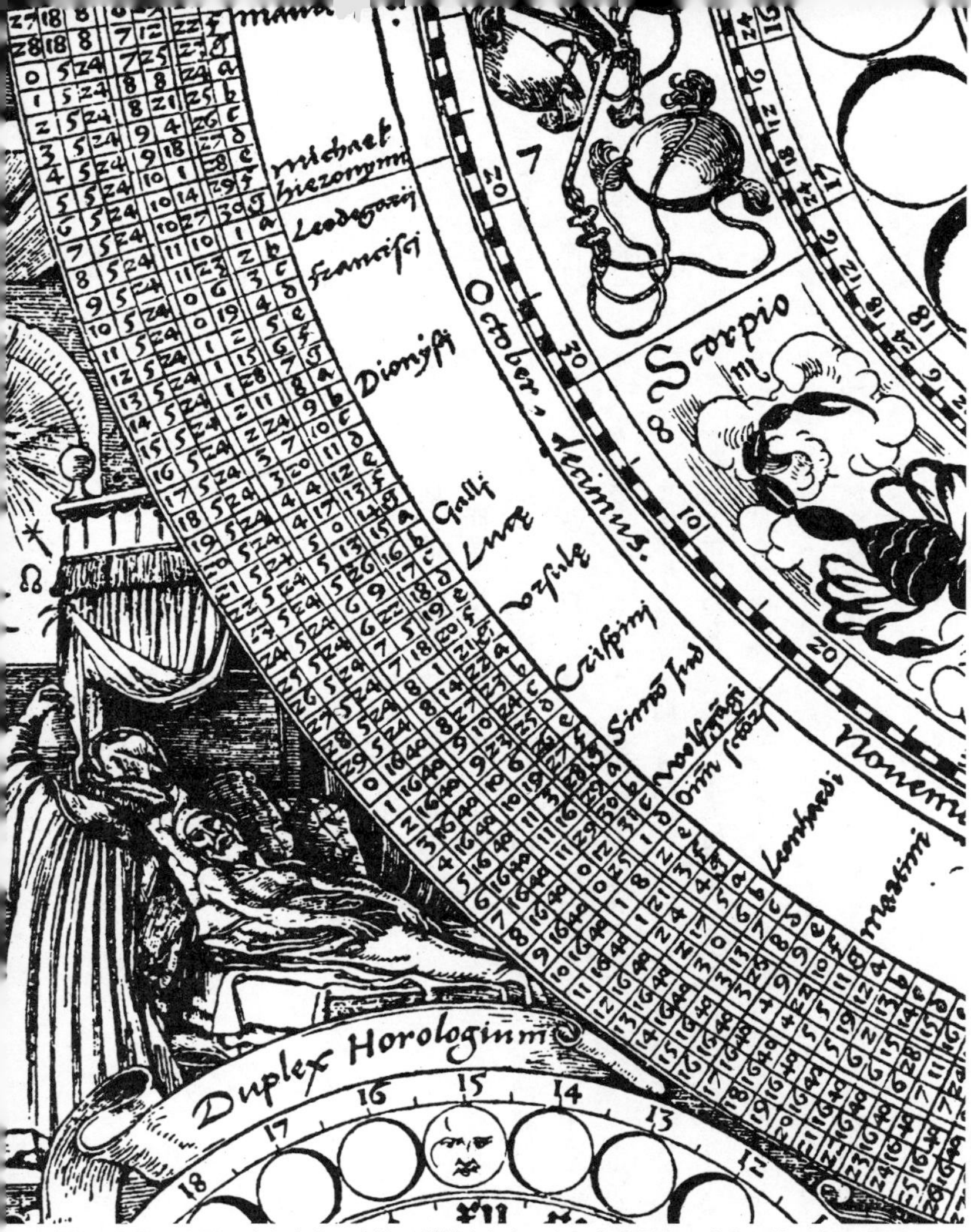

惑星の配置が人間の魂と身体に直接の影響を与えるという占星術の考えに基づき、16世紀には占星術的医学が発達した。医師は患者のホロスコープにおいて悪影響を及ぼしている惑星を探しあてて、治療した。パラケルススは人間（ミクロコスモス）と宇宙（マクロコスモス）の関係を医学に応用した注目に値する人物である。（ホロスコープで診察する占星術医師。ハンス・ホルバイン『カレンダーターフェル（暦表）』より、1534年）

いるかぎり、この考えの正しさをエコロジー的危機は示している。この点でパラケルススは時を超えて注目に値する人物なのだ。

次に調和的な健康概念が依拠する現代的な傾向についてだが、現代のハイ・テク装置医学はあまりに熱心な進歩思想に追随しすぎて、まさに当の医師さえもが攻撃するようになっている――これは「費用の爆発的増大」や技術に支配された医師―患者間の相互関係のせいばかりではない。疑う余地なき人間像を奨励するものとして「人間学的な」非難にも晒されているのだ。

その要点を述べると、この人間像では人間をたんなる物体に還元し、人間を手術で治療し、どんな場合でも選択的に諸器官からなるモノとして認識するが、人間がいろいろな生理的領域をもち、偶然に発生した物体以上のものであり、さらに自己を感じる身体、医師の視線やコンピューター診断に晒された身体であることがすっかり隠されてしまうのだ。現代医学が批判されているのは、それが結局技術装置をモノの尺度にしてしまい、ますます複雑な人間の身体性から遠ざかってしまうからなのである。

こうした頑《かたくな》な拒絶を一般化してはならないことも、また費用のかかる装置医学がりっぱな成果をあげてきたことも確かであり、同時にこの医学がテクノロジー・パークの病理学を促進し、まさにそれゆえにその反対者が正当にも総体的な身体―健康理解を訴えてきたのも確かなのである。この点にこそホモ・エコロギクスの調和的な健康理解の目的がある。それは最新の（部分的にはるか昔にまで遡る）認識と経験によって促進されてきた。

(4) 感情の世界——情緒的ホモ・エコロギクス

ホモ・エコロギクスが感情を欠いた人間でないことはこれまでも再三指摘されてきた。道徳的感情(第四節(3)参照)とも美的感覚(第四節(4))とも疎遠ではないし、また健康と病気を論じた際にも情緒的性格について述べておいた。ここではすでに他の箇所でついでにテーマとしたものをもっと明確に取り上げて、独自に扱うことにしたい。充分証明できることだが、現在優勢な「啓蒙された」人間モデルを描くような幾多のヨーロッパ的人間像は「頭でっかち」である。なぜならそれは(どんな形態をとるにせよ)、合理性を人間の独自性と説明し、そこから人間の本質規定を取り出しているからである。感情を合理性と同等の資格をもったものとして承認しない思い上がった理性は、感情を何か第二義的なものとして貶めたり、非理性的なものとして片づけたりしてきた。

だが同時に、それと厳しく一線を画しながら、人間をこれまた一面的に情念によって定義して、情熱、衝動、感情を過大評価し合理的なものを過小評価するような人間像も何世紀にもわたって流布してきた。前者が感情と身体の忘却を特徴としているのにたいして、後者のグループはたいていの場合、合理性で失敗する。

これにたいして本節のホモ・エコロギクス・モデルは人間的実存の両側面、つまり感情および理性を公正に評価しようとするので、もっと優れたコースをとっている。というのも、エコロジー的危機が発する警告の本質は、両側面にかかわる境界線から抜け出ることを考慮する人間のタイプをそれぞれ堅固にすることではなくて、両者を媒介する点にあるからである。共生と「総体的人間」の理念はここでもまた擁護できるし、それは強固かつ柔軟にこの人間像に刻み込まれている。

エコロジー的危機によって人間の感情的生活はたんに〔理性に次いで〕第二番目に重要であるだけではないものとして把握されるというのが本節の主要命題であるが、これを展開する前に、またこの危機の支配下で情緒性がどのように経験されうるのか、そして実際にどのように体験可能なのかを述べる前に、用語上の困難――感情に関するこれまでの科学的・哲学的議論全体が陥ってきたもの――にひと言触れておかなければならない。感情の下に何を理解すべきなのか、これにたいする回答は定義する人によって千差万別である。たとえば心理学ではこの用語は統一的な使用などにはほど遠く、往々にして気持ち、情動、情緒といった概念と等置される（ついでに言えば、これは英語の用法とも一致している。フィーリング、ムード、エモーション、アフェクトのような概念を参照のこと）。だが同時に、この困難がどこから生じたのかを整序する努力も始まっている。

だからといって本書に新しい定義や感情理論を期待しないでほしい。ここでは言葉の使用法が複雑なことを全面的に認めた上で、科学的な言葉の使い方にもあまり触れずに、全部で四つの概念を使いながら、感情的人間としてのホモ・エコロギクスを記述することにする。ホモ・エコロギクスの感情的側面を表現する包括的な概念としては情緒性が役立つ。この人間像を展開する場合に急を要する問題は、エコロジー的危機がどのようにして情緒性を危険に晒す動因ともなっているかというものだ。そして、個別の論点としては、（これまでは意識的にほぼ不問に付してきた）不安という情動にどのような位置を付与するのかという問題に回答を与えること、情緒的ホモ・エコロギクスの特質を述べ、感情の人間学の領域に踏み込むことがある。

①情緒の領域は身体性ともっとも密接に関連しており、身体性を紛うかたなき根拠として体験する。これは日常用語にはっきり表現されていて、とくに次のような使い方に顕著である。誰もが済んでいない宿題のことを思うと、「胸の疼《うず》くような感情」に襲われるものだ（もちろん生徒全員が必ずしもそう感ずるわけではないが）。憐憫の感情で打ちのめされた人に友人の疑念は「胸にこたえる」し、何週間か前「心の荷を下ろした」ときには安堵の念にとらわれたのに、相手に心変わりされると「胃が痛む」。「怒りに打ち震える」こともあれば、活動の快感に襲われると、「木をも引き抜ける」だろう。羞恥の念にうちひしがれると、「穴があったら入りたく」なるのものだ。こういった例はすべて、感情が身体に拘束されていることを示している。注目すべき点は、それが自然の形姿と結びつくことも多々あり、それはそれで感情の次元から見てみれば、身体と（外的自然という意味での）世界との共生を示している（だからたとえば「天気が悪いと神経に触り」、気分が害される）。だがここでまず問題なのは情緒性と身体性の関連であって、それは身体性が情緒性にとっておそらく連動装置の位置を占めているからである。感情は身体的に感知可能なのであり、身体的な衝動なのだ。快感・陶酔を感じるような興奮状態のときには感情の質も変化し、緊張が緩んだり相対的に緊張のない瞬間より感情ははるかに明瞭に感知される。不安、脅威、悲哀といった感情はエコロジー的危機との関連でもきわめてよく経験できる。身体が拡張する「自由な呼吸」の場合とは違って、これらの感情は身体を収縮させグッと締めつけ、深く

息を吸うことも難しくなる。

悲哀や心痛の場合には身体が押しつけられ、まるで戦車で押さえつけられるかのようである。そんな状態に陥ると、それに応じて気分も意気消沈したものになる。心配事があると重荷が身体的に感知されることはよくあるし、あちこち胸苦しく感じられることもある。気儘、喜び、上機嫌の場合はこれとは違って、身体的拡張が感じられ、実に無上の開放感が感じられる。そして消極的な感情による意気消沈は忘れられ、一種の高揚感に道を譲る。

感情が脈打って流れる身体は、収縮と拡張によって驚くばかりのダイナミズムを獲得する。それは不断に、変化のない永続的な感情的恒常性に抵抗する。きわめて独創的な何巻もの『哲学の体系』(一九八九)を書いたシュミッツ(一九二八— ドイツの哲学者)は、収縮と拡張の意味を感情の現象学の原理としてまとめあげ、それを異常なほどの感覚で分析した(ヘルマン・シュミッツ『身体と感情の現象学』小川侃訳、産業図書、一九八六)。この本はとくに高く評価されねばならないし、また体系化に禁欲的な現代の哲学者のなかでは比類のない位置を占めている。

彼は「感情の空間」を哲学的—人間学的—現象学的に徹底的に測定し、その際感情のもつ気持ち的なものを把握しようと努力する。その出発点となる命題は、身体的な状態が気持ちにとっての「共鳴板」であるとするもので、感情が状況のなかにどのように埋め込まれているかを基礎づけており、それは充分な説得力をもっている。状況はたとえば愛情といった感情を固定する企図、問題、事情からなっていて、彼によれば感情は純粋に私的な心的内部空間であることをやめ、空間的広がりをもった気持ちなのであり、それを通じて感情は情緒的に捉えられる。感情の感知は身体的にも可能であり、感情は気持ちのなかへといわば滑り込むのだ。

感情が身体に拘束されていることにたいして疑念はあるかもしれないが、それはエコロジー的危機によってパラダイムとして充分確証された事実であると同時に経験なのだ。

②これに加えて、情緒性、とくに気持ちは世界を開示する意味ももっているという体験も存在する。さまざまな気持ちは、感覚同様、個人の心的内面を超えて世界を志向し、私と世界、という外的な存在とを媒介し、これによって世界内でかつ世界に即して問うことが可能となる。だから気持ちは、内的なものにたいして外的なものを開示するのだ。ハイデガーは古典的な研究『存在と時間』(一九二七)で、この情緒的な色合いを帯びた世界の開示に哲学的に分け入ったが、彼の言葉を借りると、気持ちというのは「世界内存在」の卓越した〔存在〕様式なのだ。身体性に根を下ろした気持ちが人間と世界の共生に配慮するのであり、その場合世界はたいてい外的自然として意識され体験されるのである。

この共生はエコロジー的危機のなかで極端に壊れやすいものとして知覚される。ホモ・エコロギクスはこの危機が世界開示の可能性を劇的に低下させうることを確信するようになり、この確信は悲しみ、不安、恐れといった情動に反映する。もう一度代表的な例をとると、チェルノブイリは根っからのテクノクラート〔技術官僚〕的人物の場合ですら、(高揚感を呼び起こすどころか)意気消沈させ、打ちのめされるような生の感情を呼び起こすのであって、それはとりわけ当事者には重苦しいものと感じられたし、また現在でもそうである。世界は暗黒と化した。そうした状況では世界の開示ではなくて、(意識的にか無意識的にかは問わず）世界の制限が感じられ、情緒性は「外的」自然と「内的」自然の分裂を映し出すのである。

③だが他方では、あらゆるエコロジー的な破壊と荒廃にもかかわらず、気持ちを抑圧と深刻さに制限するような感情の一元的支配が成立していないこともはっきりしている。一面では、自然の喪失があまりに激烈に進行するために、自然体験も見るまにいっそう否定的なものになるが、同時に、地域によって違いはあるが、自然とともにまた自然のなかで高揚感へと移行するような体験の形態も不断に生ずるのである。その実例はたくさんあるし、またホモ・アエステティクス論（本章第四節⑷参照）で正確に例証できる。現在自然と交わってもただ気持ちを落ち込ませるだけでしかないかのように言うのは事実に反している。感情の弁証法ないし（シュミッツの解釈によれば）気持ちの弁証法を経験することになるという方が正しい。悲しみの力に威圧されながらも、喜びや幸せの高揚感も生まれるのであって、これはニーチェが『ツァラトゥストラ』や『さすらい人とその陰』で詳細にかつ力強く描いたような気持ちである。『午後の静寂』のなかでなされる自然体験は幸せを約束する。直接の自然経験は、以前には目にしたこともなかったような事物が眼前に差し出されると、幸福の経験となるのだ（詳細な解釈についてはBollnow 1974）。

要約すると、エコロジー的危機は以前には考えられなかったほど千変万化の感情の弁証法を体験可能にし、感情は悲しみ、不安、（幸福と感じられる）朗らかな気持ちの間を揺れ動く。もちろん高揚感がしぼむと同時に抑圧感が生まれることで、エコロジー的危機の兆候のなかでは情緒性の弁証法的なダイナミズムにたいする意識がそれ独自の仕方で先鋭化し、感情は固定化されると同時に流動化されるのだ。

④弁証法について語ることが意味をもちうるのは、感情の多様性を体験するかぎりでのことである。感情という藪《やぶ》を整序する努力は絶えず繰り返しなされるが、その場合、このような多元性が根拠となり前提となっている。とりわけ「高揚感」、「気持ちの高ぶり」と「抑圧感」が区別され、「消極的な」感情と「積極的な」感情に分けられたり、「純粋な」感情と「不純な」感情に区分されたりという具合なので、義務感と美的感情も倫理的に区別されるのである。

実際感情の宇宙は驚くほど豊かである。陽気と憂鬱、幸福と悲嘆、喜びと苦しみ、哀れみと気儘、意気粗相、意気消沈と意気軒昂、悪心と魅惑、陰気と陽気、快活と猜疑、陶酔と冷静——これら全部とさらに多くのものが情緒の家全体を取り囲み、その内部で相異なるさまざまの情動と気持ちが変化し、往々にして一瞬一瞬まさに電光のように色合いを変える。しかも(たとえ情感の理論家が、どの個人にも一つの相対的に永続的な根源的気持ちがあると知っていると信じているとしても)極端から極端へと変化することもある。いずれにしてもエコロジー的危機によって情緒的ホモ・エコロギクスは、弁証法的に規定された感情の多元性を体験することになるのだ——とりわけそれが主として否定的な気持ち(そのなかでも不安が頂点に達する)を「生みだす」ことを通じて。

⑤環境の危機は、チェルノブイリ後とりわけ著しく感情のバロメーターを不安へとかなり永続的に高めたが、この情動をもっと詳しく観察してみる必要がある。経験的な調査によれば、直接にはウクライナの「スーパー・ガウ」後、法外な不安の感情があらゆる世代・性の別なく襲い、とくに青年層した

がって子どもや少年少女がその感情に囚われたことが実証されている。一三歳から一八歳までのオーストリアの青少年千百人を調査したウンターブルーナー〔一九五三―　オーストリアの環境教育研究者〕の研究（一九九三）によれば、環境の破滅が戦争や致命症による脅威とならんで将来の最大の不安要因であることが判明しており、環境破壊がこれからもさらにエスカレートするという懸念にほとんど百パーセントが同意している（それは学校の種別や住んでいる地域、田舎か都市かと関係はない。またエコロジー的不安はほとんどの他の不安と同じく、男子よりも女子の場合にもっと永続的である）。

一般化することはできないが、環境の危機は不安を引き起こし、往々にしてそれには破局の感情がまとわりついている。だがこの危機的状況に埋め込まれているのはどんな不安なのだろうか。それはどんな特徴をもっているのか。こう問うてみれば、経験的な証拠から離れて、この不安の現象が哲学的に省察されることになる。人間の感情を哲学的片思いの対象にすることはそれほど頻繁にあることではないが、キールケゴールの先駆的な仕事である『不安の概念』（一八四四）に刺激されて、現代哲学は時々不安解釈の機会をもつことができた。そのような成果をいくつか断片的に見てみると、次のような流れになっている。

a――技術時代の主要な倫理学者の一人ヨナス（一九七九）は、恐れに定位して環境絶滅の防止を扱う。彼は正反対の立場に立つブロッホとは異なって、「希望の原理」に疑念を呈し、おそらく大多数の政治家ももっているであろう楽観的な見解――危機にあってはありとあらゆることがきっと自ずとなされるだろう――を信用してはおらず、そうしたいわゆる自己治癒力には懐疑的である。彼が推すのは

「恐れの発見的方法」であり、恐怖によって目下の狂気じみた外的自然と内的自然への干渉を止めさせようとする。彼がこの恐れの発見的方法によってまず導き出すのは、〔事態が〕疑わしい場合には、肯定的な予測よりも、「より悪く」より不都合な予測を優先するという倫理的格率である。さまざまな恐れの感情とそれに伴う回避不可能な感情の働きが最悪の事態を防ぐのだ。そうなれば、否定的な感情の複合体が肯定的なものを生みだし、破壊的な生の敵が生に役立つものに変わる手助けとなる。ヨナスの解釈に従えば、生を愛するホモ・エコロギクスは恐怖の情動を育み、それを生の構築に利用しなければならないことになる。それによって最終的には彼の感情から脅威（これは普通恐れと結びついている）が取り除かれることになるだろう。

　だがそれだけではない。肝心な点は、一面ではエコロジー的な危機的状況が実際に否定的な経験として不安を生みだし、他面では同じく否定的な情動としての恐れが〔自然との〕慎重な交わりを通じて、また将来について敏感になることによって、一連の危機を和らげ、したがって不安を減ずるよう作用するということだ。ここでも人間の情緒性を過大評価してはいないかという一般的な問題については不問に付しておこう。いずれにしても、キールケゴールが導入した恐れと不安の哲学的差異がエコロジー的危機を通じてテーマとなるのは正当なのだ。しかも不安——よく恐れと対立させて、不定形な情動と定義される——が恐れと対立してはいないという形で。とくにフロイトが精神分析研究で証明できたと主張するのとは異なり、また現代の精神病理学者の解釈とも違って、恐れと不安は対立関係にはないのだ。両者は相互に移行しあうのである。ヨナスによれば恐れとの適切なつきあい方は、最終的にはエコロジー的危機に基づく不安を取り除くのだが、それは二つの点でパラドックスを免れてはいない。一つには恐れという通常「否定的な感情」が生にたいする敵対性を拒否することで、肯定的な性質を獲得するということであり、もう一つは恐れがそれ自身の根拠でもあり前提でもある不安を抑制するということである。

b――情緒性の歩む道は明らかに考察に値する。不安と密接に結びついた恐れは、とくにエコロジー的危機に直面して、ある弁証法的な経験をする。すなわち、恐れは不安に囚われながら、身体的運動の狭隘化を疑いなく体験するが、同時に、ヨナスの解釈に従えば、この狭隘化がいわば肯定的なものへ転化することで中和させられることもあるのだ。恐れが生にたいする敵対を前にして生愛好を生みだしうるからである。もしこれが当たっているなら、普遍的な弁証法が人間の情緒性を支配し、したがって相異なる感情や、悲しみと幸せといった対立する感情の間に、ある弁証法が作用しているだけでなく、たとえば恐れのような個々の特有の感情の内部をも支配しているということになろう。

c――さらに次のことも明らかになる。恐れによって戦慄し、顔面蒼白になり、場合によってはコルセットをつけている様に胸が締めつけられたり、一般的には重力を感じて狭隘化するにしても、恐れは積極的なものを生みだしうると仮定すれば、恐れにはあらゆる狭隘化に抗して「解放する」こともできるという意味があることになる。したがって恐れは自由を排除するのではなく自由を含むのであり、また不安という同類の感情とも相接することになり、ある特殊な働きをする場合には「自由としての不安」でもありうる。私の考えでは、恐れと自由の関連には恐れの感情のもつ肯定的な裏面が存在する可能性もあるのであり、そのように自由と結びついた情緒性は何かを変える力や転倒させる力をもっているのだ。

d――ハイデガーの場合のように、広範囲にわたって構想された不安概念が人間の基底的な性質として解釈されるとすれば、不安の現象が多様な形態に分化することも否定できなくなる。個別科学でも(たとえば心理学)、一般的にも、不安そのものと不安な状態についてはその発現形態が研究されるだけでなく、その類型化もなされている。ハイデガー(一九六二)は「世界内存在」が不可避的に「〔世界内に〕投げ出されていること」によって、世界内存在自身の内に生じてくる、世界にたいする不安に出会った。この不安は世界一般に向けられたもので、世界内の何か特別のものに向けられたものではなく、世界にたいする無力感を伴っている。別のタイプの不安はこれと近接する実存にたいする不安で、この場合には見知らぬものと思わせる実存が不安感を引き起こす。ハイデガーに文字通り従うべきではないにしても、その世界と実存にたいする不安の概念を使えば、エコロジー的危機とともに生ずるような不安を解釈するのに役立つ。というのは、エコロジー的危機において世界は脅かすもの、見知らぬ不気味なもの、慣れ親しめないものとして体験されるという結論がとくに経験的な素材から出てくるからである。エコロジー的危機は情緒的にきわめて強烈に実存の不安として感知される。「何にたいする」不安であるかというと、すなわち実存の根絶に対する不安なのだ。

e――情緒的領域においても、私たちにいつでもつきまとっている周知の事態が繰り返される。すなわち、身体性が文化的解釈の下にあるという事実である。感情はそれほど純粋に身体的に形づくられるわけではないとしても、多様きわまりない解釈の文脈のうちにある。そしてそこから多様な感情が生まれてくるのだ。だから、ホモ・エコロギクスは情緒的な洞察力をもちあわせた身体解釈者であることが確証されるのである。

⑥恐れと不安は、エコロジー的危機によってとりわけ強烈に感知されると同時に反省されるような情動である。この親族とも言うべき二つのものに基づけば、内的に分化した感情複合体のなかにさらに進んだ情緒的構成要素が発見され、「感情的人間」としてのホモ・エコロギクスの特性が見えてくる。本来人間の基底的な性質のなかに深く浸透している実存の不安は、多くの場合死にたいする不安として体験され解釈される。エコロジー的災禍は結果的に有限性と無常の感情を生み出した。破局的な経験は独特な仕方で〔胸を〕締めつける世界没落の気持ちを強める。そして、この気持ちは絶望感に貫かれることになる。

⑦終末感はすぐさま人間の条件の時間性と結びつく。「エコロジー的」不安の状況は未来にたいする不安として現れてくるが、これは情緒的に見て決定的な論点である。この不安の対象とは、まだ……ではないという可能性がますます真実味を帯びてくるだろうという表象なのだ。言い換えると、エコロジー的危機は時間感覚を暴力的に傷つけるのだ。というのは、未来はほとんど威嚇と短縮・制限に他ならないものとして体験されるから。その場合看過してならないのは、それは現在化された未来だということだ。それというのも、未来が現在の地点から考えられているからである。このような未来はまだ現実のものとしては存在していない。しかし、重要なのはそれは将来的な期待であり、現在の地点からす

れば期待にたいする不安であるという点だ。期待されたものが実際に実現するかどうかは分からないのである。この不安の感情は、現在には存在していないけれども現実の行為に影響しうるような何ものかを思い浮かべ、それを先取りする——たとえばエコロジー的にとくに危険な土地への休暇旅行を諦める、車で行くのを差し控える、商品の購入を控える等々。

もう一つの特別な情動は無力さにたいする不安である。これは危機を有効に阻止することができないという無力感（たとえばチェルノブイリとその周辺の住民は無力であった！）と捉えられよう。人間は無力感に囚われると、放っておかれていると感じる。充分な保護策が講じられない場合、自分が関与したわけでもないのに生まれた危機にさらされるのが常である。このような危機はたいていの人にとって助けがなく防げもしない状態として経験されるが、これは人間だけではなく、さらにあらゆる生物にも当てはまる。だが放っておかれているという不安感に苛まれると、人間がどれほど連帯共同体のなかで生きているかという事実も体験できる。「理性的な」人間でエコロジー的ホロコーストを自ら進んでかつ信念をもって拱手《きょうしゅ》傍観する人はほとんどいないだろう——それにもかかわらず少数の人間が引き起こした環境の破局に向かって、大小の差はあれ事態は進んでいるのだ。

エコロジー的危機に起因する生き残りの不安を人は自分の身体で感知する。そして、この不安から、自我は他者に向かい、自分が根源的に他者に依存しているという共生の本質を感得する。だがこの共生的な差異の経験にたいして、平等の経験も姿を現す。身体にたいするエコロジー的暴力は万人にたいして平等だからである。分かりやすく言えば、犠牲者と犯人は「同じ船に乗っているのだ」。エコロジー的危機は、時として皮肉な仕方で、ありとあらゆる生物の共属感情を呼び覚まし、共生の感情を目覚めさせるのである。

⑧逆に、たとえば実存哲学的な側面からすると、純粋な「主体中心主義」は不安によって完全に支配される。不安の許で自我はおのれ自身に投げ返され、自分の自我だけが問題となる。たとえばハイデガーの場合に読み取れるように、不安は「実存的な独我論」と規定され、それは自己関連性の行為としてもっぱら内面性の中に固定される。苦痛や悲哀、不安あるいは幸せや喜びは、いつでも私の不安、私の喜びとして感じられる。したがって主体中心主義的というのは正しい。だがこれは半面の真理にすぎない。「エコロジー的な未来にたいする不安」やその他の情緒は超越的な他者を指示しており、環境にたいする不安は複雑な状況と結びついている。したがって、この状況は「純粋に」主観的でもなければ「純粋に」客観的でもないのだ。だから合意できるのは何よりもまず、危機にたいする不安は紛うかたなく私の不安として主観的に体験されるけれども、その生成という点では主観性を超越した「客観的な」状況を通じて外的に成立するという点だと思われる。身体と世界の共生に従えば、不安でもその他の情緒的な態度でも、自己感情と世界感情は同じ起源をもつものとして経験されると言ってもいいのである。

⑨一見したところ、人間の情緒性はその内部に立ち入ることができないように見えるので、情緒性にはいくつもの謎が投げかけられる。そしてこの謎は科学的な認識手段がどんなに進歩してもひょっとしたら永遠に続くものであるかもしれない。だがそれにもかかわらずほとんど議論の余地がないのは、人

間は感情をわが身に引き受けるだけでなく、それにたいしてある態度をとり評価するという事実である。「本当の」感情は真正でない感情と対照させられ、抽象的な情動は具体的な情動とは違った風に評価され、「否定的な」気持ちには「普段の」気持ちよりもいっそう注意が払われ、いっそう熟考されるのである。

複数の感情が対立する場合にはそれらを評価することが避けられない経験となるが、その時道徳的な色合いを帯びた情緒も往々にして入り込んでくる。だからホモ・エコロギクスを論ずる場合にも、道徳的な感情の問題について一言あってしかるべきであろう。ホモ・エコロギクスは意思と感情の相互行為を体験するだけでなく、この感情的な拘束こそがホモ・エコロギクスの本質をなすものでもあるからである。外的自然・内的自然にたいする責任の感情や思いやりの感情、たとえば将来の世代にたいする罪の感情や畏敬の感情もホモ・エコロギクスの態度を示す実例であり、その生を形づくるものである。道徳的感情が全体としてある特別な位置を占めるのは、共生の道徳（本章第四節(3)参照）がこの感情の領域の周辺でつくられ、そのような道徳的情緒性のうちにその基盤を見出すからである。

感情はその他のものと同様に価値評価される。「卓越した実存」という観念、つまり人間にとってとりわけ有益なものの観念は、一つの優れた良否の尺度として機能する。だからホモ・エコロギクスは道徳的に中立的な情動を過小評価することなく、道徳的感情をとくに高く評価するのである。というのは（これについても証拠を挙げることができるが）、恐怖の感情も不安の感情も環境の危機によってもたらされた生にたいする敵対を阻むことが可能であり、ホモ・エコロギクスの賛成する生愛好を支持することが可能だからである。そのために必要なのは絶望ではなく勇気である。批判的な「啓蒙」の格率〔カント〕を変形して言えば、君の（道徳的）感情を使用する勇気をもて！　ということになるだろう。こうして道徳的な性格をもった感情は他の感情を過小評価することなく、行為を導くことができるようになるだろう。多様な情動が厳格に排除されることなく、豊かな関連を保持しながら相互に影響し合うようになるからである。

この人間像の意味は、近代および前近代にそうであったように、これを感情的人間の典型とするものでないことは言うまでもないし、またその「相手役」の理性的人間を人間種の看板として推挙し、このタイプを「被造物の王冠」として歓迎することを意図しているわけでもない。情緒的適正と理性的適正という二つの次元は、エコロジー的な均衡が失われてしまった現在、公正に扱われねばならないのである。もしそうでないなら、ホモ・エコロギクスをきわめて多彩な視点から「総体的人間」と規定することに依拠している人間像の論理はきわめて大きく混乱してしまうだろう。感情と理性の関連という問題はこの全体論的なスケッチの一つのバリエーションなのである。

(5)　身体性と理性

エコロジーを志向するモデル化が理性の規定を無視することなどありえないということには、次に導入する規定同様いくらそれが暫定的なものであるにせよ、現実的で理性的な根拠がある。大方の批判者の評価では、エコロジー的な不均衡の一つの主要な原因は科学的・技術的合理性の支配にある。この合理性は権力の道具として自然の征服を密かに企むものに他ならない。さらに標準的な文化批判論の見解では、自然にたいする支配は人間にたいする支配に転化すると続く。これはとくにアドルノとホルクハイマーが『啓蒙の弁証法』(一九四七)のなかで展開したものである。

二人によれば、合理性とはますます意識的に物神化し、破滅をもたらす「道具的理性」でもあるとされ、この理性がもつ全能の貫徹力は人類のエコロジー的危機を生む張本人として弾劾される。これを解釈すると、理性が破壊的になりうるのは「外的」自然と人間の「内的」自然にたいする寛容さを失う場合だということになる。なるほど理性非難の聞くべき言葉ではある。数多くの人間学がまさに人間の尊厳を理性のうちに見ているが、この人間の尊厳はエコロジー的危機のせいで傷つけられるのだ。権力の座についた理性の破壊的行動を通じて、理性は環境の災禍にたいする連帯責任を宣告されるのである。

その結果、「新たな倫理」(本章第四節(3)参照)だけでなく、新たな理性を求めることが重要になってくる。これが意味するのは、科学的・技術的合理性が闘うことなくして屈伏させられることではなく、「よりよい」理性の態度に従って監視されるということだ。理性は災いをもたらすものと非難される一方で、「正しい」理性に定位することによってのみエコロジー的危機に対処できるのだと信じられている。

「適正な」理性の規定に至る道が現にあるわけではない。ホモ・エコロギクスにとってもそうだ。ではどんな理性をもって対応するのか。それを熟考することが当面の問題になってくる。ただしその場合

（無数の哲学者が精出してきた）理性の理論を描くという不遜さを意図しているわけではない。「理性的人間」をどう規定するかは、古代ギリシャの精神がこれを永遠の課題であり哲学的義務であるとして以来、いろいろ探究されてきたが、ここでそれを扱うのは先延ばししたい。もちろん他の方法を期待する向きがあるかもしれないが、メモという形で、かつこれまでとは違うやり方、「古典的」でないやり方でやってみたい。それでも読者は私のやり方を大目に見てくれると思う。理性というのはホモ・エコロギクスという寄せ木細工の一つの木片に「すぎない」のだから。

それにしても私の理性《フェアヌンフト》という言葉の使い方には不満を感ずる人がいるかもしれない。理性《ラツィオ》、悟性、合理性といった類似の概念との区別がはっきりしないからである。理性概念は今日まさにエコロジー的危機との関連で再評価されているにもかかわらず、合理性概念は、必ずしもすべてではないにせよ、前世紀に形而上学に由来する理性概念から分離したように思われる（Schnädelbach 1984 参照）。だからこの三つの概念をめぐる議論と解釈を見てみる必要があろう――往々にして論者が特定の「学派」に属していたり、またその語義解釈の内容が貧弱だとしても。

だから理性のカテゴリーを特定の哲学的伝統から導き出すのを断念するのは許されるであろう。「万人」のみならずたいていの哲学者の日常用語で、理性概念は避けて通れないし、またタブー視されてもおらず、いつでも自由に使われているのだから。前に情緒性を感情的なものの総体として導入したように、ここでも理性を思考、知性、反省、意識の働きにつける表題として使用する。そこにある特定の哲学的な概念が転写されることはないが、それでも不都合は生じない。理性をその多様な広がりを含めて全体として把握するような（哲学的）理性モデルなど存在していないからである。それは偉大な理性の理論家であり、（今日に至るまでそれ以後の大部分の哲学者が畏敬の念をもって接する）カントにもあてはまる。

だが理性を身体性と密接に関連させることは正統派合理主義者には不愉快に、ひょっとしたら理性（ラツィオ）にたいする侮辱と感じられるかもしれない。また、理性はもしかしたら身体性の一付属品にすぎないという議論には理性の品位に疵《きず》がつくとの疑念がわくかもしれない。それではホモ・エコロギクスが志向する理性とはどんなものなのか。その理性をできるだけ分かりやすく提示しようと思えば、共生的理性と表現できるのではなかろうか。その主要な本質的指標を挙げると、次のようになる。

①古代に発する昔からの理性対身体の二項対立は長くは続かず、「精神のヴェール」としての身体、「魂の監獄」としての肉体といった表象や隠喩は廃《すた》れていく。もちろん長く続いている見解、すなわち、理性は身体の動きをコントロールしなければならないとか、衝動や情緒を支配し監視しなければならないといった見解も共生的理性の根本理念とは無縁であって、その点では身体の蔑視に囚われて、身体を抑制するために訓練と抑圧の制度を考案する教育プログラムも同じである。身体性を告発し、理性よりも質的に「より悪しきもの」という烙印を押すのも共生的〔理性の〕形態と両立しない。現在支配的となっている理性モデルの身体にたいする反感は、共生的理性においては身体との共感に道を譲る。これがどういうことかと言えば、身体が理性と同一視されるとか、（いわば先のモデルを裏返しにして）身体が理性の主人となり、理性が身体の奴隷に貶められるとかいったことを意味するものではない。身体

との共感はそんなものではない！

注目すべきは、身体と理性の共生という意味での親和性である。身体性は理性の共鳴板でもあるのだ。理性は感性としての身体性から分離することはないのである。感性的に組織され、いわば認知的網目スクリーンを通ずる知覚（これはいつでも選択的でしかありえない。詳細は本章第四節(4)参照）は、基底においては理性の過程に関与しているのだ。

思考の特性である意識の能力も身体と結びついている。一つの顕著な形態は自己意識、すなわち、私が自我として世界内に存在しているということについての知である。このような意識の再構成史や成立条件――これはヘーゲルが『精神の現象学』序論で充分論じている――を括弧に入れると、私たちの目的にとって重要なことは、自己意識も身体に拘束されているということだ。つまり、反省するより先に往々にして、私の苦痛、私の悲哀等々として感知されるのである。エコロジー的なアウシュヴィッツにたいする、私の身体的な感覚を通した恐怖が私を襲うとすれば、問題なのはいつでも私の自我の意識なのだ。環境意識を変え、それによってエコロジー的均衡の攪乱をうめあわせようというアピールがエコロジー的危機に直面して不断に広がっているが、このアピールは最終的には個々の自己意識に向けられるのであり、自我がこの必要性に理性的に適応するということが期待されているのである。

身体は理性から切り離しえないがゆえに共生的理性の組織形態が形成されるのだ。感覚と理性は共に身体的基底に固く結びつけられ、自己開示および世界開示の道具であるという点で両者には親和性がある。簡潔に言えば、共生的理性とは理性の身体化であると同時に身体の精神化であるとまとめられよう。

もしこれが受容されれば、環境意識の多大な変化は、きわめて創造的な自我の身体化をもたらすことになる。私が自分自身を私の自我として意識する場合、別の人間学的関連に入りこむ。これをプレスナーは「離心的立場」と呼んだ。すなわち距離をとる能力である。私の自我は事物と環境にたいする無媒介的・直接的性格を失うが、自らの感情と比較して距離を保つのだから身体性から離れることはないのである。たとえば抑圧や拒絶というような情緒に対応して距離を保つのだから、自我は常に身体性にたいして確固たる態度で関係することになるのである。

②前に思考のところで説明しておいたように（本章第五節⑷）、身体性から情緒性へはほんの一歩である。まだ不完全な身体の現象学を見通しよくするには、多彩な展開能力をもつ身体が情緒の館を拘束している事実を見る必要がある。反対に感情が理性とも若干関係しているかもしれないと主張すれば、懐疑の念が起きるだろう。そして、合理主義者のなかでも厳格な純粋主義者はそうした言明に憤慨し、彼らがいつでも伝統的にやってきたこと、つまり情緒と悟性の結びつきを拒否するということになるだろう。身体に無関心な、近代の多くの合理性モデルにとっては、情動はせいぜいよくても悟性的なものの前庭であり、悪くすると理性の妨害者として非合理的なものの領域に委ねられてしまうものなのである。

そうなると理性（ラツィオ）と情念（パッシオ）は両立不可能ということになり、情緒的理性を認めることは、厳格な合理主義者の視点からすれば、理性の純粋性を汚しその自負を傷つけるものとされてしまう。

違うのだ。共生的理性は「総体的人間」像に導かれて、情緒性を〔肯定的に〕扱い、それを意識的にか無意識的にか承認し、けっして理性を侮辱し弱体化させるものとは見ない。共生的理性に必要不可欠な理性の身体化は、とくに感情的理性のうちに見て取ることができる。このカテゴリーは意味論的にはあの理性と情動の結びつき――他のところでは分離されるべきとされるが、哲学の概念ではもともと感情と知恵の共生は共鳴しあうものではないのか――をきわめてよく表現しており、それは、厳格に分離するよりはるかに現実や人間の経験に合致していると言えよう。

共生的理性の光に照らしてみれば、感情をひっくるめて非合理性として疑問視するのはまちがっている。それどころか情緒性は身体に根を下ろしているにもかかわらず〔理性による意味解釈を通して〕認知的な刻印を受けており、しかも社会的・文化的文脈によって媒介されているのだ（これについてはこれ以上論ずる必要はない）。感情が理性の刻印を受けていることはとくに「エコロジー的不安」に即しても明らかにできる。すなわち、エコロジー的危機においては個人の実存も集団的実存も不安の対象となるが、この情緒はしばしば身体的に感知できる息苦しさを生みだし、それは憂鬱な麻痺感覚をともなう。だがこれは一方の側面にすぎない。

もう一つの側面は、感情が合理的な評価の過程からも生まれてくることがあるということである。圧迫するような不安の情動が身体的に感知されるのは確かだが、多くの場合それは評価と解釈に起因するのも事実である。チェルノブイリとともに、この出来事が破滅をもたらすもの、したがって生の敵であるという解釈を伴う評価が出来するが、これによって情動が解き放たれ、恐怖と不安を引き起こす。できるだけ平和で「自然に近い善き」生活を送るという目標が脅かされるからである。これは認知的活動から生じてくる情動と一般化できよう。だから、情緒性がいわば理性不在ゆえに非合理的で副次的なものであると断罪するのは誤りなのである。実際そのような判断は合理的とは言えないであろう。むしろ、理性的なものと情緒性の共生が受け入れられなければならないのである。

このような共生的理性の概念はとくに現代の脳研究によって裏付けられており、多くの人が言っているように、未来はそうした研究にかかっている。もちろん脳を両半球に分けて、認知・分析の能力を左脳に、情緒や情報授受を右脳に割り当てるのは目新しいなどとはとても言えないが、両「半球」が分業しているにもかかわらず、より高度の認知や情動の成立においては協働しているようだという最近の仮説は、共生的理性が現に存在していることが脳生理学によって実証されていることの証である。〔カントに倣って〕格言風に言えば、情動なき理性は空虚であり、理性なき情動は盲目なのである。

③共生的理性は指導理念として身体的な次元でも存在し、したがって感情をも包摂しており、まさに感情のなかで意識や認識、知や意思も働いている。責任感情と同様に、感情的理性もそこに本来の場所をもっている。そしてエコロジー的危機の深刻さにたいする意識、それについての知が存在している場合にのみ、それまでとは違う態度と行動が期待できるのである。だが現実の効果をもたらすには知と意識だけでは充分ではない。絶対的とでも言えるような意識の転換、言葉の真の意味で危機に立ち向かうべき意識の転換のためには、その必然性に従うという知覚の過程と意欲がなければならないし、意識が生きるに値する生の観念と結びつき、そのような観念を実現を目ざして積極的に支持するのでなければ

ならない。意識が変わるためには「善き」生、「美しい」生を歩むという道徳的理念が必要なのである。また新たな環境意識も通例、道徳的な動機に根ざしている。一般的に言って道徳や美学、経済等々に固有の領域があることを認めるなら、「純粋」理性といった考えに耽るのは難しくなるだろう。もちろんホモ・エコロギクスの環境意識はできるだけ認知的なレベルで構築されるのだが、その場合でも情緒と知は一体化しており、認識過程は道徳的に規定された多様な動機と一体化しているのだ。

④認知中心主義的な合理性モデルは、意識を過大評価し、身体的なものを過小評価する傾向があるだけでなく、意識の反対物、すなわち無意識をも過小評価する傾向がある。意識偏重と無意識からの離反は同根なのだ――あたかも自分の「固有の」理性概念が選択的に知覚されたものであり、それゆえ完全な理性などけっして把握できないという揺るぎなき確信を実証することが問題であるかのように。だが共生的理性はこれにたいしても距離を保つ。無意識を扱う場合にはいつでもフロイトが引き合いに出される。意識と無意識の関連を多大な研究によって天才的に仕上げたのは彼の否定しがたい功績であるが、フロイト批判の側は不安に駆り立てられ、彼が論文を発表するやすぐさま戦場に赴く。そのなかに理性の腐食を見て取ったからである。ここでフロイトを弁護するつもりはなく、個々の点に至るまでフロイトに従うということではないにせよ、共生的理性を構築するためにその意識と無意識のダイナミズムという考えは活用できるのではないかと思われる。

ここで彼に言及するのは、意識に固執し無意識を視野から見失ってしまう合理性モデルにたいして、意識と無意識の緊張を孕んだ共属関係――私の言葉で言えば共生――を評価したからである（たとえ最終的に彼が、無意識をコントロールする役目を意識にあてがったとしても)。

それゆえ「環境を意識した」ホモ・エコロギクスは、自分の合理的な行動が部分的には意識されざるものの層によって同時に方向づけられていることを計算に入れておかねばならない。それだけでなく、フロイトに倣って言えば、子ども時代の天然無垢の不安が「エコロジー的不安」として繰り返されるだろうという推測、言い換えれば、そこに顕著な活動場所を見出すだろうという推測も可能かもしれない。さらには、反省によっては近づくことができない隠されたままの無意識がいつでも残っているのだから、より厳密に言えば、背後で地盤としてともに作用しているのだから、完璧な環境意識など存在しないとも想定できるかもしれない。そうなれば、環境意識はいつでも不完全であり、制限された部分的なもののとどまるということになろう。

⑤共生的理性は、無意識を少しも考えない無数の合理性理念と違って、意識されないものを考慮するが、その特徴はとくに自分以外の理性の形態を承認するところにある。「共生的理性」という名前はこの理性が身体性と絡み合い、情緒性、意識と無意識、道徳的動機と共生していることを表しているだけでなく、それが他にもたくさんある理性の一つにすぎないという事実も表現しているのだ。

理性を省察することが哲学そのものと同じくらい古くからなされてきたことを考えてみれば、そのような言明はさして驚くべきものではない。理性とは多元的理性なのであって、さまざまな形態をとるものなのだ――アリストテレスの場合、あるいは、カントの場合の近代「啓蒙的理性」もさまざまな形態をもつ。たとえばカントは「理論」理性と「実践」理性を分け、さらにその理性は悟性とは異なる。理性を規定しようとする試みは一大軍団をなしており、図書館の書架をいっぱいに満たしているのだ。

理性のパノラマは時代とともに分岐し、多元的になり、多様に分化してきており、一致した姿を呈してはいない。統一というより多様性が実状であり、多種多様な概念が支持者を得ようとお互いに競合しているのだ。理性を一見非合理的な混ぜ物（たとえば情緒）から守ろうと努める「強硬論者」は、伝統的な意識の哲学を克服しようとするハバーマス〔一九二九― ドイツの哲学・社会学者〕やアーペル〔一九二二― ドイツの哲学者〕の「コミュニケーション的理性」同様、無為無策というほかない。そして、最初に述べたように、道具的理性はいまだに環境を犠牲にして暴威をふるっている。この理性は与えられた目標を適切な手段で達成することを自分の目的とし、その基準を手段の効率化と最適化に置く一方で、目的の問題を手段選択に従属させ、時として無意味なものとしてしまうのである。この理性は進歩を最高の目的として祝福するのだ。

したがって共生的理性は現在の理性の多元主義を承認し、他の形態の理性と正当性を争うこともなく、とくに近代・前近代の幾多の〔理性〕概念が感染している境界設定を避けようとする。この境界はたとえば身体的なもの、情緒的なもの、無意識的なものを考慮しないことによって設定されている。積極的に表現すれば、共生的理性は、理性と（たとえば情動といった）他のものとの共同存在を強調するが、それはマルカルド〔一九二八― ドイツの哲学者〕が「知覚的理性」と呼んだもの（Marquard 1986）に似ている。これは「排他的理性」が語らないもの（たとえば偶然）をテーマとして含んでいる。他の理性が片づけてしまったものを問題とすることは、注意深く観察し学ぶ必要を生み出し、多様性を志向するのである。ホモ・エコロギクスの（必然的に多元的な）共生的理性が理念として推奨されるとしても、それを絶対化することがあってはならない。全体化の傾向をもつ理性とは、環境と人間を傷つける目的合理性だからである。共生的理性は開放的性格をもっており、他の理性が締め出したものを包含する。とりわけ目的合理的理性によって忘却された身体を蘇らせるのである。目的合理的理性は、エコロジー的な危機的状況下で明らかに手厳しい反撃をうけている。

共生的理性は闇のなかにあったものを明るみに出し、これまでとは違った風に考え行動することが可能だということを証明することによって、自由を守ることになる。ホモ・エコロギクスがこの共生的理性を練り上げ完成させることは充分可能なのである。

第六章　「世界市民」としてのホモ・エコロギクスの未来

共生の理念によってこの人間像は比類のない色合いを帯びることになる。共生というのは「総体的人間」という特殊なモデルの特徴を表現している。このモデルは道徳、理性、美学、セクシュアリティ、健康したがって身体性といった決定的な複数の次元で表現される。重要なのは、人間両性を貫く自然と文化の根源的な緊張関係が、共生の精神をもった生活態度を要求するということである。というのは、エコロジー的危機が明らかに人間の文化と自然の多面にわたる不均衡――その作用はますます破壊的な脅威となっている――の結果であるという確信を抱かせるようになるからである。まさにそれゆえに、ホモ・エコロギクスは共生的な生活様式を体現している。これを認知的に見ると、そこには今まで水面下に潜んではいたが、まだ明確にテーマとなっていなかった側面、つまり政治的態度が含まれている。

共生の考えと、世界から隔絶した冷たい孤独という実存形態とは絶対に両立しない。ホモ・エコロギクスは蝸牛《かたつむり》の殻のなかに退くのも好まないし、逆に天上の惑星に逃れて、そこから「精神病院」となった地球の騒ぎを何もせずに眺めることも求めない。それはホモ・エコロギクスとは無縁である。彼は何よりもまず、自分が公的な人間であることを理解している。他の人間や生物と一緒に、社会的に形成された空間、つまりさまざまな制度、共同の教育、継続的なコミュニケーションのうちに実存し、そういった公共空間のなかで固有の社会化と文明化の過程を通じて自らの特質を獲得する。

ホモ・エコロギクスは、ある特定の社会の構成員としての役割を担う者であり、〔社会の〕期待に応えねばならず、〔社会に〕同調するよう強制される。けれどもホモ・エコロギクスの役割が社会的強制に解消されないことは言うまでもない。すなわち、たとえば「浪費社会」の幇助者になるよう強制される

——盲目的な消費行動を（たとえ非公式ではあっても）奨励する——ことほど抵抗を引き起こすものはないであろう。序章〔「はじめに」〕以来周知のことだが、ホモ・エコロギクスは無反省のまま順応などしないのであって、むしろ日和見主義に抵抗する。環境の危機を洞察することで、日和見主義が非理性的で非道徳的であることを暴露するのである。

だから、たとえば（自治体であろうと州、連邦であろうと）「公的な」政治が環境に負担となる実行不可能な決定——たとえば人口密度が低く、地盤の弱い地域に何キロメートルものアウトバーン〔高速道路〕を建設する（「バルト海アウトバーン」の無謀な延長計画を参照）——をしたら、すぐに声をあげ、自らの判断に従って自分の不満を公的に表明する心構えがある点にホモ・エコロギクスの特質はあるのだ。したがって、ホモ・エコロギクスはその自己理解に相応しくホモ・ポリティクス〔政治的人間〕なのだが、それは政党に縛りつけられた環境政治家として功名をたてようとするという意味ではない。むしろ彼はそのような政治部門による対応の欠如、幾多の誤った評価、無視、拒絶をはっきりと証明したのだ。環境問題の爆発的な力をはるかに有効に呼び覚まし促したのは既成政党などではなく、もともと社会的な市民運動なのである。

ホモ・エコロギクスは政治的にはかなり広義で、——カントがかつて『永遠の平和のために』（一七九五）で述べたように——「普遍的な人間理性」を公的に使用する人間であり、とりわけエコロジー的危機との関連で「レース・プーブリカ〔公共の事柄〕」を自分の事柄とした人間なのだ。だから共同体内部の環境的公正のために活動し、環境意識と政治的意識を結合した「共和主義者」と呼ぶこともできるかもしれない。

二一世紀は「環境政治の世紀」となるというヴァイツゼッカー〔一九三九— ドイツの物理／生物学者〕の診断（Weizsäcker [4]1994）が当たっているとすれば、ホモ・エコロギクスが明確に実践しようとしている環境政治的な行動力が至るところで必要となる。もちろんこの環境政治的な思考と行動、ヴァイツゼッカーの言葉を借りると、「地球政治的な思考と行動」は働きかけがなければ誕生しない。そのためには熟練、能力、態度が必要となるが、これらは努力して獲得しなければならないものだ。しかも充分吟味してみれば、ホモ・エコロギクスは政治的活動においてもまた——これを行動至上主義と混同してはならない——、総体的人間となることが求められていることが分かってくる。なぜか。

実例を吟味してみると、ホモ・エコロギクスの政治的構造がもつ本質的な次元が見えてくる。まず認知的な領域である。というのは、政治的行動が洞察に基づくことは自明であって、ここで指摘しないたくさんの他の洞察と同時に、次のような洞察が挙げられる。

①環境の危機は地域的に囲い込むことはできず、境界を越えているという特徴をもっており、注目すべきグローバルな性格をもっていて、世界的規模に広がっているから、人類全体に関係している。しかも看過できないのは、現在必ずしも全人類が等しい強さと厳しさでこの危機の当事者となっているとはかぎらず、したがって人類そのものについて語るのは一つの抽象であるという事実である。

環境問題は、さまざまに異なった形で人類の間に具体的に分布している。熱帯雨林のなかで環境問題とともに生活せざるをえない人々は、オーストラリアの人々とは違った風にそれを経験する。ウクライナ住民の体験の質と関係の程度もまた異なっている。だから「人類」という言葉を使う場合には注意する必要がある。とはいえエコロジー的危機によっていわば私たち「全員が一つのボート、しかも途方もない苦労をしてやっと沈没を免れることができるボートに座っている」という感情を共有していることも事実なのだ。

高度に複雑化した社会では個人の行動の結果はほとんど見通せなくなっており、比較的意識的になされる行動の半径は、たいていの場合狭い範囲にとどまっている。それにもかかわらず、ホモ・エコロギクスは環境の危機をいつでも世界的規模で考察するのでなければならない。

マクルーハン〔一九一一—八〇、メディア論研究者〕の「グローバル・ヴィレッジ〔地球村〕」という言葉を借りると、メディア論的に見れば、世界は一つの村に収縮している。ただし職業政治家は、「世界政治的な決断」について大言壮語し誓いを立てて、これによって自分たちの発言に重みをもたせようとしてはいるが、まだ単一の世界政治は存在していない。ホモ・エコロギクスはこれとは違って、環境の危機を一つの世界政治にする。コスモポリティクス〔世界市民〕としてのホモ・エコロギクスには宇宙的な責任にたいする義務が課せられている。この義務が狭義に意味するのは、いかなる行動をとる場合でも他の人間、国民、文化、人間以外の生物との共生を考慮しなければならないということ「だけである」。

もちろんその背後には、ナイーヴさと過度の理想主義的情熱、人間の条件の過大評価を見て取れるかもしれない。しかし、ホモ・エコロギクスが世界中のエコロジー的中心点となり、同時に自らの政治を実践することなどないのは明らかである。ここで言おうとしているのはただ、ホモ・エコロギクスが地域的、国民的な特殊性を越え、環境政治を世界政治として解釈することによって、世界市民であることを「証明する」ということにすぎない。簡単にまとめると、ホモ・エコロギクスが行動する場合、彼は環境にたいする自分の行為（たとえば分別のないフロンガス使用）が近隣の環境を傷つけるだけでなく、遠く離れた地域にも否定的な結果をもたらす可能性があることを考慮に入れようとする意思をもっている。このようにその行動は、〔地球環境〕全体を考慮する場合でも無視する場合でも、世界の環境政治に関わっているのだ。

②さらに政治的ホモ・エコロギクスの洞察としては、本当に信頼できる真の環境政治は、（世界中で一般的な事態とは異なり）特定の官庁〔たとえば環境庁〕——これも国際的な慣例となっているが、省庁間のヒエラルキーのなかではまだはるか下位に位置づけられている——に制限されてはならない。その名に値する環境政治は、伝統的に束ねられてきた全部門を横断し、内政、外交、司法、住宅建設、都市建設、防衛、健康、交通、財政等々の対象となるものであり、環境政治的な権限があらゆる政治部門に移されるのが望ましいであろう。実効あらしめるためには環境政治に関する拒否権の付与も必要となろう。そうなれば当然それまでの権限と儀式は廃止されねばならず、それと同時に新たな環境政治に関する夢が燃え上がらねばならないことになろう。

天分ある予言者でなくとも、近い将来、枯渇した原料や、今日でもすでに費用がかかるようになっている「基本要素」である水資源の配分をめぐって闘争が起きることは見て取れる（マグロ資源をめぐるいわゆる「漁師戦争」のことを考えてみるだけでよい)。「エコロジー戦争」は残念ながらたんなる絵空事ではないのだ。そうした将来の脅威にたいして、国連に「緑の」飾り――特別な権利をもった環境長官――を創設することを思い描くこともできるかもしれない。

もちろん世界政治的に考え行動するホモ・エコロギクスは、高度に分化した社会ではエコロジーについての建設的なコミュニケーションを行うことさえ異常に困難だという事実を見過ごすわけにはいかない(Luhmann 1986)。相異なる部分的な社会システムが自らの優位と利害に固執しようとしたり、それらを実現しようとするからである。エコロジーに関する論議は、代表者の強烈な個別利害に規定されて、相互理解の困難さに悩んでいる。一部では、それはひときわ際立っている。そして、このことが必要かつ延期不可能な環境政治的な対策をとる妨げとなっている。

③さらに顕著なのは、単一の社会やさらにはまた「世界社会」において複雑さが増大するとともに、重要だが必ずしも厳密には計算できないので、誤って評価や決定をしてしまっていることを認識する可能性も増大することである。誤った評価や決定によって危険も高まってくる。だから、ホモ・エコロギクスにとって政治的に起こってくる危険や不確実性との取り組みを学ぶことが不可欠となり、まさに実存に関わる課題となる。

④しかも現行制度下の環境政策は、環境問題を緩和するには全体として役に立たないことも明々白々である。消費者が、つまりエコロジー的危機を引き起こした人々が、依然として安価もしくは無料の環境対策に甘んじているかぎり、事態が目立って変化することはなく、むしろ危機は先鋭化する。実際に

環境問題の解決に努力する環境政治は、それが多少とも首尾一貫したものならば、環境からの多大の給付を必要とする人々（たとえばレジャー部門や「廃棄物処理場」）に、給付を断念する人々より多くを支払わせねばならないだろう。価格の上昇は、特定の環境財にたいする需要を減少させ（Krol 1993）、それによって環境にたいする負荷も減少する。人間の行動がはっきり教えているように、道徳的アピールが経済的費用削減よりはるかに効果的だとは言えないからである。最後に、環境政治は、正当な日常業務よりも〔環境に〕悪い仕事にたいしては何も支出することはなく、消費者と生産者に必要な環境対策費を支払わせることになる。

政治的活動を行うホモ・エコロギクス（これについては少しの疑念もないと思う）は、推論の能力や論議する能力、先見の明やグローバルな思考（これは地球という家全体に妥当するもので、たんに自分のことだけを事とするものではない）を鍛えることによって、自分の理性を公的に使用しなければならない。世界市民主義は頑迷固陋な狭隘さを禁じているのだ。たとえ当該社会内部でエコロジー的な理解がどんなに困難だとしても、ホモ・エコロギクスは理解力を発展させ、とりわけ自分のことのように「身近」ではない異質なものを理解する力を発展させなければならない。このような力を多く確実に得れば、「誤解を避ける」術を習得し、シュライヤーマッハー〔一七六八—一八三四、ドイツの神学者・哲学者〕が求めたように、本来の解釈学の課題を追求することになるだろう。何度も強調してきたように、ホモ・エコロギクスは理解する行為に精通するために、考えられるかぎりのあらゆることをすることが必要である。それと同時に、彼はとりわけ自然の解釈者・理解者でもあると考えられる。世界市民としてあるために多文化理解が必要であり、これには他者理解の能力と並んで言語能力の増進が役立つだろう。

さらに推論すれば、ホモ・エコロギクスというのは感情豊かなホモ・ポリティクス〔政治的人間〕でもあり、その環境政治的な活動の動機は畏怖とか謙虚さといった、生命あるものにたいする（一見したところ古めかしい）感情に確固として基づいている。環境政治に関する理性的な行為はけっして純然たる頭脳の産物ではなく、そこには道徳的な態度や立場も表現されているのである。だから自分以外の人間の行動やある制度が環境に反していると確信すれば、それに介入する勇気ももっている。行為における持続と確固不動さは希望に満ちた環境政治的活動の根本前提であって、ホモ・エコロギクスはまさに介入の義務を負っているのだ――共生の名において、また共生を促進し強化するために。ただし利他主義を過度に強調できないのは言うまでもない。

ホモ・エコロギクスの行動で大いに望みを託す徳とは禁欲である。これは浪費社会においてはきわめて低く評価されているにすぎないが、エコロジー的危機を緩和するためには、これが「新しい」根本的な徳の地位を占めるのだ。自己制御と自覚的な断念の能力を発揮するような禁欲的態度にたいする心構えと意思、これが危機克服の基本的かつ道徳的な前提条件であり、環境財の枯渇に際して要求されるつましい消費は強度の禁欲によってのみ実現できるのである。真の環境政治の特徴は、市民を環境倹約の生活に向かわせることにあり、ここに経済と環境政治の接点がある。こうして経済、倫理、政治の内的な親和性を鮮明に描きだし、それを実践哲学の下に包摂することによって、かつてはるか昔にアリストレスが蘇生させた考えが再生されるのだ。

したがって経済活動は実践哲学の一部であり、そのかぎりで道徳と政治の領域から独立したものと見ることはできない。私たちの人間像解釈に翻訳すると、ホモ・エコロギクスが消費者であることは自明の理だが、空気と水だけで生きていくわけにはいかないのだから、いついかなる場合でもホモ・エコノミクスの役割も引き受けることになる。ホモ・エコロギクスは、禁欲を身につけ倹約を旨として、しかも厳密な意味で経済的に環境の消費を節約し、かつ経済的理性、エコロジー的理性、道徳的理性を調和させようと努めることによって、同時に環境政治的にも有意義に行動することになるのである。

最後に、ホモ・エコロギクスの環境政治的態度は合意〔形成〕能力を旨とする社会的態度によっても規定されている。エコロジーについての論議には理解しあうという点で特有の困難があるからこそ、合意の心構えと能力が政治的行動の土台となるのである。エゴイズムが消えてなくなると信ずるのは理想主義的だろうから、合意の心構えというのは真の共生感情の特質として高く評価されねばならない——合意と協働が暴力を減少させ、ひょっとして大小のエコロジー戦争を前線で押さえ込むことができるかもしれないのだ。

希望あふれる未来が現実のものとなるのは、愛生のホモ・エコロギクスがグローバルな視点から考え行動するホモ・ポリティクスとなる場合だけのように思われる。だがどうやったらそのあるべき姿になれるのか。こう問いを立てると、答えを先取りしていることになるかもしれないが、それは教育によってである。哲学者（マウラー、ツィンマーリなどたくさんいる）でも社会学者でも心理学者でも、ヴァイツゼッカーが提案する「地球政治家」でも誰でもよい――彼らは皆エコロジー的危機を緩和すべき教育力をいろいろもっている。だがよく考えてみると、教育過程のもつ明らかに積極的な力を想定するような（たいていの場合吟味されていない）仮定は問題を孕んでおり、したがってそのためには独自の教育論的論稿が必要となる。とはいえ、これは本書では期待もできないし、また実行もできない。したがっていくつかの基本的な示唆だけに集中することにし、それで本書の人間像研究全体のまとめとしよう。

第七章　進むべき道——教育

どうしたらエコロジー的危機を克服できるのかという問いに答えようとする場合、長いこと親しまれ、通例とまではいかなくとも敬われてきた教育の力にたいする信念が再登場する。この教育楽観論は社会的疾病が教育の介入によって改善できるということを土台にしている。そうした考え方に立てば、教育は社会の欠陥を補う一種の補償手段であり、極論すれば修理工場であるということになる。教育の目的と過程に癒しの機能が帰せられるのである。この人間性善論の立場は普通、現在のエコロジー的ジレンマが教育過程の「何らかの」産物で、その影響を受けた特有の意識形態に違いないとみなしがちである。だがそのような見方は、人間的なものの本性的な両義性を完全に過小評価している。この両義性は、教育の有効性と無力さの間の揺れにとくにはっきりと反映されているのである。

この印象は教育学文献によってさらに強くなる。教育者や教育学者の職がエコロジー的危機によって利を得ているという考えも「執拗に続いている」——本章では、これ以降教育学者についてだけ語ることにする。八〇年代になってから教育学には比類のないエコロジー・ブームが訪れ、それはとどまることなく続いているが、それは右の教育楽観論と密接に結びついている。いくらか皮肉に言えば、教育学者のツンフト〔同業組合〕は、エコロジー的危機を職業戦略として利用しており、この危機は彼らにとっては教育学部門の公的な重要性を強化する、歓迎すべききっかけとなっているのだ。というのも、社会改革の機運が下火になって以来、教育学も信用を失い、公的な論議では沈黙を守るようになっていたからである。

エコロジー的危機によって教育学がもっと真剣に受け止められる可能性が再び生まれた。教育関係者以外の多く（たとえば「ローマ・クラブ」など）が教育過程のもつ力に全幅の信頼を置くようになると、それは自然に、職業として教育に携わる人々の水車を加速する水流となった。エコロジー的な危機意識が教育学に新たな「仕事の可能性」をつくりだし、その意義を高めることになったのである。

そして実際自らの怠惰も非難される必要などなくなり、熱心に仕事に取り組んでは環境教育学という新芽をつけることになった。そして、これによって教育学のさまざまな下位部門が拡張されてきた。その間環境教育学は、特殊〔学校〕教育学、レジャー教育学、学校教育学等々の部門同様ますます増大し、次のような特徴を帯びることになった。

①「エコロジー教育学」（Beer/de Haan 1984）、「環境教育学」（Schmack 1982）、「自然関連教育学」（同名の Göpfert ^{2}1990 参照）といったさまざまなレッテルは、環境志向の教育学の相異なる概念の広告ともなっている。現在エコロジー的アプローチの異質さが眼につくようになり、そのことによって至福をもたらす唯一の教育学的方法など存在しないことが強調されている。真の環境教育は何で、またどうあるべきなのかについても諸説紛々で、それは実践志向の必要性を減ずるどころか増大させるものとなっている。

②多くの点で環境教育は平和教育と近接しているが（Calliess/Lob 1987）、それは両者にとって平和が最高の価値とされるからである。環境教育の〔平和〕概念に特有なのは、平和の理念が人間以外の世界にも拡張され、「自然との平和」のために活動していることである。これははるか以前にマイヤーとアビッヒが説いていたものである。そのスローガンによれば、人間以外の世界は「自然的同胞世界」とし

て尊重されねばならない。自然との不和ではなく、「自然との融和」が教育の目標として要請されるのである（Jantzen 1986）。

③このような考え方には、人間と自然の宥和と調和という強烈な欲求が表現されている。そして夥しい数の著者達が一致して「全体論的な教育」を唱えている。もとよりそのような「全体論」の提案は往々にして拡散しており、総論的である。また、丁寧でもなく、驚くほど現実離れしている（Maiwald 1987）。人間を自然全体のなかに埋め込むという理念から実践的にどんな有効な結果が生まれうるのか、またそのことが教育実践にとって生産的な正当性をどの程度もちうるのか、これらのことが徹底して考え抜かれるのはきわめて稀である。疑問の余地なく自然が忘却されていることを教育の欠陥と解釈し、それにたいして徹頭徹尾ロマン主義的な宥和の欲求でもって繰り返し対応するかぎり、そのような教育学はまさに忘却の教育学となる。

④もう一つのタイプの環境教育は教育に対する不安に定位して、人類の未来を暗く描くものとなっている。それは、黙示録的な教育学という表題をもっており、世界の没落の気分に喜びを見出し、その情動を醸成しようとする。したがってそれは、感情を強調する威嚇の教育学ともなっている。その教育目標は、没落する運命にある「悪しき世界」像に基づいている。未来は幾層倍もの脅威の増大と解釈され、真の教育はそれに対抗しなければならないとされる。だが不安と恐怖を教育のなかに打ち立てる人間は、目標とされた「困惑」が、諦念とよるべない無力な狂気とに転化するのを覚悟しなければならない。

⑤この二つの環境教育もそうだし、その他多くの教育学もそうだが、いずれにせよ二重に疑念が湧く。

つまりそれらは何よりも過度の道徳的アピールに訴え、エコロジーに関する論議全体と同様に、過度に道徳化する傾向がある。この傾向は次に述べる二つの危険にたいしてあまりに無防備である。

まず一面で、彼らは、過度の道徳的な対応が人間を無感覚・無関心にしがちだという経験を過小評価している。同時に、他面では人間の道徳的能力を過大評価している。そのような教育学の核心は、過度の要求をつきつける教育学にある。それは利他主義の裏面であるエゴイズムを不当に過小評価し、他方道徳的理性を過大評価することになる。そこには現実にたいするある種の盲目ぶりが現れている。そしてこの盲目性は環境教育の現状では例外というより通例になっているのである。

⑥政治的に作り出される具体的な教育の現実を見る目を欠いていると、反省は過度の個人化とでも言えるようなものになってしまう。この表現の下に私が理解しているのは、抽象的な個人にエコロジー的危機緩和の責任を負わせるような教育学や倫理学の議論の仕方である。多くの環境教育学的アプローチには、個人が実際に行動している枠組である社会制度にたいする関心が欠けているのだ。つまり提案されている環境教育プログラムを実現するにはどんな制度がつくられねばならないかを問わないのである。

教育というのは当然個人に始まるものだが、だからといって教育学的考察がその時々の社会的、政治的、文化的関係を無視してよいということにはならない。それらを除外することは現実離れしているだけでなく、たとえば過度に複雑化した社会でも個人に行動の結果を帰することができるかのように仮定していることになる。

環境をめぐる問題設定は近年驚くべき速さで進み、ほとんどすべての教育学部門に浸透し、永続的なテーマとなってきた。だが、依然として分化と現実にたいする感覚を逆撫でするような提案がほとんどである。教育学的理念の天国には現実的な分析の代わりに、多大の概念が漂っていて、使命感に満ちたグローバル化に媚を売り、色とりどりの花壇を作ったり壊したりしているのだ（これについては、すぐれた議論を展開している Kahlert 1991 を参照）。

あれこれの環境教育学の議論から出てくる一つの結論は、次のことである。すなわち、エコロジーの教育学的論議は、これまで解釈の機会を充分に利用してこなかった。また、（善意の計画や教授する提案文献にも、思弁的で使命感に燃えた熱意にも事欠かないけれども）とりわけラディカルな解釈、つまり根源からの問題把握をおろそかにしてきたのである。

至るところで「啓蒙の欠陥」を確認することができると同時に（Karlert, Heid 1992, Krol 1993）、また欠陥を正すこともちろんできる。だがその場合、きわめて根源的なのは、人間自身がエコロジー的危機のなかで自分とどのように出会うのかという問いかけなのだ。なぜなら、この危機において重要なのは、人間の自己理解だからだ。このような自己理解にエコロジー的危機の文化問題全体ならびに教育問題が根ざしているからこそ、その根源的土台を明るみに出すことが第一義的な（人間学的！）啓蒙の義務となるのだ。その考古学的歩みにおいてきわめて価値ある道具こそ人間像の構成なのだ。そうした人間像を描くことで、人間の自己理解を透徹したものとし、またいわば揺るぎないものとすることが可能となる。そしてこの人間像の利用は、人間行動の航路標識として利用することであり、生の指導標となることなのである。

ホモ・エコロギクスの人間像はこの自己理解に役立つし、したがってまた、人間の使命〔を考えるの〕に役立つ。この像を通して私たちは自分を形づくるのであり、この陶冶形成は必然的に人間像の創造を含んでいる。それを用いて私たちは自分を規定するのだ。陶冶形成とは自己規定の道そのものであり、原理的に開かれた、閉じることのない道なのである。ホモ・エコロギクスは陶冶形成過程の道を歩んでいくのであり、その道はホモ・エコロギクスが自らについて創造し、自らが帰依した人間像を形づくる過程なのである。

これで私たちの思考の歩みは閉じるが、その中心には今述べたように、エコロジー的危機における人間の使命という問いがある。ホモ・エコロギクスの構想は、現下の由々しき事態をもたらし、グローバルに広がっている危機の経験から生まれたものであり、きわめて特殊な人間学的解釈の結果でもある。この解釈の出自がヨーロッパの知的伝統に根ざしていることは否定できないし、また否定しようとも思わない。とはいえ、ここで描いたようなホモ・エコロギクス理解が世界中に広まり、できるだけ具体的な未来を手にすることができるようにという望みを排除するものでないことは当然である。

現在と未来を憂慮する人間、自分と現在の戸口から否定しがたい未来を見ている人間、そうした人間はこのような指導理念を苦々しい思いで必要としている。眼前にあり、すぐさま手に入れねばならないものなのだ。だがなぜホモ・エコロギクスは模範とはならないのか。

この人間像を文字どおり現実の歴史的な行為へと「移し変える」ことは徐々にしか進まないのだから、ホモ・エコロギクスが超人として固定化されるようなことがけっしてあってはならない。彼は「ツァラトゥストラ」の後継者たらんと努力するのではない。彼の位置はむしろシジフォスに比べられよう〔シジフォスとはカミュのエッセイ『シジフォスの神話』の主人公。そもそもはギリシャ神話の登場人物で、山頂に持ち上げる毎に落下してくる石を永遠に持ち上げ続けるという労働を行う罰を課せられた〕。シジフォスも――カミュの素晴らしい叙述に学ぶと――生を愛したのであり、愛生の人間であり、その「相手」は岩石であった。彼も人間の行為の無益さを知っていたが、カミュの「永遠の反抗」に倣えば、彼もレジスタンスの闘士ホモ・エコロギクス同様、反抗心によって成長するのだ。

それにもかかわらず、彼は不屈の人であり、ただ漫然と生きる人間ではない。シジフォスの心は「充実していた」のであり、それがシジフォスの幸せな実存であった。このような親和性が分かれば、ホモ・エコロギクスをもなぜ幸せな人間と解釈してはならないのだろうか。その足跡を辿ることこそ、生に値するのではないか。

応できるか？』改訳版、土方昭訳、新泉社、1992。
㉓キャロリン・マーチャント『自然の死――科学革命と女・エコロジー』団まりな・垂水雄二・樋口祐子訳、工作舎、1985。
㉔セルジュ・モスコヴィッシ『自然の人間的歴史』（上・下）大津真作訳、法政大学出版局、1988。
㉕ニーチェ『ツァラトゥストラ』（ニーチェ全集第9巻）吉澤傳三郎訳、理想社、1969。／『このようにツァラトゥストラは語った』吉沢伝三郎訳注、講談社文庫、1971。／『ツァラトゥストラはこう語った』（ニーチェ全集第2期第1―2巻）薗田宗人訳、白水社、1982。
㉖ニーチェ『善悪の彼岸／道徳の系譜』（ニーチェ全集第10巻）信太正三訳、理想社、1967。／『道徳の系譜：ヴァーグナーの場合――遺された著作 1889年』（ニーチェ全集第2期第3巻）秋山英夫，浅井真男訳、白水社、1983。
㉗ペスタロッチ『探究』虎竹正之訳、玉川大学出版部、1966。
㉘ルソー『エミール』（ルソー全集第6―8巻）樋口謹一訳、白水社、1980。
『エミール』（上・中・下）今野一雄訳、岩波文庫、1962―64。
㉙シェーラー『宇宙における人間の地位――哲学的世界観』（シェーラー著作集第1巻）亀井裕他訳、白水社、1977。
㉚シラー『美的教養論――人間の美的教育について』（世界教育宝典・世界教育編第7）清水清訳、玉川大学出版部、1952。／『美的教育』（西洋の教育思想9）浜田正秀訳、玉川大学出版部、1982。
㉛アルベルト・シュヴァイツァー『ランバレネ通信――植民地アフリカにおけるわたしたちの仕事』（シュヴァイツァー著作集4）野村実訳、白水社、1957。
㉜アルベルト・シュヴァイツァー『文化と倫理――文化哲学第二部』（シュヴァイツァー著作集7）氷上英廣訳、白水社、1957年。
㉝G・ジンメル『貨幣の哲学』（ジンメル著作集2―3）元浜清海・居安正・向井守訳、白水社、1978―81。／『貨幣の哲学』居安正訳、新訳版、白水社、1999年。
㉞ピーター・シンガー『動物の解放』戸田清訳、技術と人間社、1988。
㉟シュプランガー『文化と性格の諸類型』（世界教育学選集・18―19）伊勢田耀子訳、明治図書出版、1961。
㊱M・ウェーバー『職業としての政治』西島芳二訳、角川書店（角川文庫名著コレクション11)、1984。

㊲エルンスト・U・フォン・ワイツゼッカー『地球環境政策――地球サミットから環境の21世紀へ』宮本憲一・楠田貢典・佐々木建監訳、有斐閣、1994。

㊳W・ヴェルシュ『感性の思考――美的リアリティの変容』小林信之訳、勁草書房、1998。

〔邦訳のある文献〕

①マックス・ホルクハイマー／テオドール・W・アドルノ『啓蒙の弁証法——哲学的断想』徳永恂訳、岩波書店、1990。
②テオドール・W・アドルノ『美の理論』大久保健治訳、河出書房新社、1985。
③E・バダンテール『男は女　女は男』上村くにこ・饗庭千代子訳、筑摩書房、1992。
④ボーヴォワール『第二の性』（ボーヴォワール著作集6・7）生島遼一訳、人文書院、1966。
⑤ウルリヒ・ベック『危険社会——新しい近代への道』東廉・伊藤美登里訳、法政大学出版局、1998。
⑥エルンスト・ブロッホ『希望の原理』第1—3巻、山下肇他訳、白水社、1982。
⑦O・F・ボルノウ『気分の本質』藤縄千艸訳、筑摩書房、1973。
⑧エドマンド・バーク『崇高と美の観念の起原』中野好之訳、みすず書房、1999。
⑨カミュ『シーシュポスの神話』清水徹訳、新潮文庫、1969。
⑩レイチェル・カーソン『沈黙の春——生と死の妙薬』青樹簗一訳、新潮文庫、1974。
⑪ドネラ・H・メドウズ他『成長の限界——ローマ・クラブ「人類の危機」レポート』大来佐武郎監訳、ダイヤモンド社、1972。
⑫ミシェル・フーコー『性の歴史』（第1—3巻）、新潮社、1986—87。
⑬ハンス＝ゲオルク・ガダマー『真理と方法——哲学的解釈学の要綱』轡田収他訳、法政大学出版局、1986。
⑭アルノルト・ゲーレン『人間——その本性および世界における位置』平野具男訳、法政大学出版局、1985。
⑮キャロル・ギリガン『もうひとつの声——男女の道徳観のちがいと女性のアイデンティティ』岩男寿美子監訳、生田久美子・並木美智子訳、川島書店、1986。
⑯R・M・ヘア『道徳の言語』小泉仰・大久保正健訳、勁草書房、1982。
⑰マルティン・ハイデッガー『存在と時間』（上・下）細谷貞雄訳、筑摩書房（ちくま学芸文庫）、1994。
⑱W・V・フンボルト『人間形成と言語』C・メンツェ編、K・ルーメル他訳、以文社、1989。
⑲ハンス・ヨナス『責任という原理——科学技術文明のための倫理学の試み』加藤尚武監訳、東信堂、2000。
⑳『カント全集』、理想社、1966—88。
㉑キルケゴール『不安の概念』（キルケゴール著作集10）氷上英廣訳、白水社、1995。／キェルケゴール『不安の概念』斎藤信治訳、岩波文庫、1979。
㉒N・ルーマン『エコロジーの社会理論——現代社会はエコロジーの危機に対

Schmölders, G.: Das Bild vom Menschen in der Wirtschaftstheorie. In: Gadamer, H. G./Vogler, P. (Hrsg.): Neue Anthropologie. Bd. 3. Stuttgart 1972, 134–167.

Schnädelbach, H. (Hrsg.): Rationalität: Philosophische Beiträge. Frankfurt a. M. 1984.

Schüßler, R.: Der Homo Oeconomicus als skeptische Fiktion. In: Kölner Zeitschrift für Soziologie und Sozialpsychologie 40 (1988) 3, 447–463.

㉛ Schweitzer, A.: Briefe aus Lambarene 1924–1927. München 1928.

㉜ Schweitzer, A.: Kultur und Ethik: mit Einschluß von Verfall und Wiederaufbau der Kultur. Nachdruck der Sonderausgabe München 1990.

Seel, M.: Eine Ästhetik der Natur. Frankfurt a. M. 1991.

㉝ Simmel, G.: Philosophie des Geldes. Frankfurt a. M. 1989.

㉞ Singer, P.: Animal Liberation. London 1978.

㉟ Spranger, E.: Lebensformen. Geisteswissenschaftliche Psychologie und Ethik der Persönlichkeit. Tübingen ^{8}1950.

Unterbruner, U.: Sehnsüchte und Ängste – Naturerleben bei Jugendlichen. In: Seel, H.-J., u. a. (Hrsg.): Mensch–Natur. Zur Psychologie einer problematischen Beziehung. Opladen 1993, 164–174.

㊱ Weber, M.: Politik als Beruf. München 1919.

Weischedel, W.: Das Wesen der Verantwortung. Ein Versuch. Frankfurt a. M. 1933.

Weise, P.: Homo Oeconomicus und Homo Sociologicus. Die Schreckensmänner der Sozialwissenschaften. In: Zeitschrift für Soziologie 18 (1989) 2, 148–161.

㊲ Weizsäcker, E. U. von: Erdpolitik. Ökologische Realpolitik an der Schwelle zum Jahrhundert der Umwelt. Darmstadt ^{4}1994.

㊳ Welsch, W.: Ästhetisches Denken. Stuttgart 1990.

Wemmer, U./Korczak, D.: Gesundheit in Gefahr. Frankfurt a. M. 1993.

Maiwald, R.: Der Mensch in Harmonie mit sich und der Natur – Zur bisherigen Vielfalt pädagogischer Ideen und Modelle. In: Calliess, J./Lob, R. E., a. a. O. Bd. 2, 1987, 6–20.
Marcuse, H.: Triebstruktur und Gesellschaft. Frankfurt a. M. 1965.
Marquard, O.: Merkende Vernunft. Betrachtungen über Vernunft und Zufall beim Menschen. In: Rössner, H. (Hrsg.): Der ganze Mensch. München 1986, 247–256.
Marquard, O.: Ästhetica und Anästhetica. Philosophische Überlegungen. Paderborn u. a. 1989.
Meinberg, E.: Das Menschenbild in der modernen Erziehungswissenschaft. Darmstadt 1988.
㉓ Merchant, C.: Der Tod der Natur. Deutsch: München 1987.
㉔ Moscovici, S.: Versuch über die menschliche Geschichte der Natur. Deutsch: Frankfurt a. M. 1982.
Nadolny, S.: Die Entdeckung der Langsamkeit. München 1987.
㉕ Nietzsche, F.: Also sprach Zarathustra. Ein Buch für Alle und Keinen. Gesammelte Werke 7. München o. J. (1895).
㉖ Nietzsche, F.: Zur Genealogie der Moral. Gesammelte Werke 9. München o. J. (1887).
Nunner-Winkler, G. (Hrsg.): Weibliche Moral. Die Kontroverse um eine geschlechtsspezifische Ethik. Frankfurt a. M. 1991.
㉗ Pestalozzi, J. H.: Nachforschungen über den Gang der Natur in der Entwicklung des Menschengeschlechts. Bad Heilbrunn 1962 (1797).
Pieper, A.: Geschichte der neueren Ethik. 2 Bde. Tübingen 1993.
Pieper, A.: Aufstand des stillgelegten Geschlechts. Freiburg 1993.
Platner, E.: Anthropologie für Ärzte und Weltweise. Leipzig 1772.
Plessner, H.: Die Einheit der Sinne. Grundlinien einer Ästhesiologie des Geistes. In: Gesammelte Schriften Bd. III. Anthropologie der Sinne. Frankfurt a. M. 1980 (1923), 7–315.
Plessner, H.: Die Stufen des Organischen und der Mensch. Gesammelte Schriften Bd. 4. Frankfurt a. M. 1981 (1928).
Rosenkranz, K.: Ästhetik des Häßlichen. Königsberg 1853.
㉘ Rousseau, J. J.: Emile oder Über die Erziehung. Stuttgart 1970 (1762).
Sachsse, H.: Ökologische Philosophie: Natur, Technik, Gesellschaft. Darmstadt 1984.
Schäfer, J.: Das Bacon-Projekt: von der Erkenntnis, Nutzung und Schonung der Natur. Frankfurt a. M. 1993.
㉙ Scheler, M.: Die Stellung des Menschen im Kosmos. Darmstadt 1928.
Schelling, F. W. J.: Vorlesungen zur Philosophie der Kunst. 1802–1805.
㉚ Schiller, F.: Briefe über die ästhetische Erziehung des Menschen. Hrsg. von A. Reble. Heilbronn 1960 (1795).
Schiller, F.: Sämtliche Werke. Bd. 1–5. München ^{3}1962.
Schmack, E.: Chancen der Umwelterziehung; Grundlagen einer Umweltpädagogik und Umweltdidaktik. Düsseldorf 1982.
Schmitz, H.: System der Philosophie. Band III, Bonn ^{2}1989.

⑫ Foucault, M.: Sexualität und Wahrheit. 3 Bde. Frankfurt a. M. 1986.
⑬ Gadamer, H.-G.: Wahrheit und Methode. Frankfurt a. M. 1960.
Gebhardt, U.: Erfahrung von Natur und seelische Gesundheit. In: Seel, H. J. (Hrsg.): Mensch – Natur: zur Psychologie einer problematischen Beziehung. Opladen 1993, 127–148.
⑭ Gehlen, A.: Der Mensch. Seine Natur und seine Stellung in der Welt. Berlin 1940.
⑮ Gilligan, C.: Die andere Stimme. Lebenskonflikte und Moral der Frau. München 1984.
Göpfert, H.: Naturbezogene Pädagogik. Weinheim 21990.
Haeckel, E.: Generelle Morphologie der Organismen. Allgemeine Grundzüge der organischen Formen-Wissenschaft, mechanisch begründet durch die von Charles Darwin reformierte Descendenz-Theorie. Bd. 2: Allgemeine Entwicklungsgeschichte der Organismen. Berlin 1866.
Hammer, F.: Leib und Geschlecht. Bonn 1974.
Hampden-Turner, C.: Modelle des Menschen. Weinheim 21983.
⑯ Hare, R. M.: Sprache der Moral. Frankfurt a. M. 1972.
Heid, H.: Ökologie als Bildungsfrage? In: Zeitschrift für Pädagogik 1992 (38) 1, 113–138.
⑰ Heidegger, M.: Sein und Zeit. Tübingen 101963 (1927).
Honegger, C.: Die Ordnung der Geschlechter. Frankfurt a. M. u. a. 1991.
Hösle, V.: Philosophie der ökologischen Krise. München 1991.
⑱ Humboldt, W. v.: Plan einer vergleichenden Anthropologie. In: ders.: Bildung und Sprache. Paderborn 21965 (1795), 29–58.
Jäger, H.: Einführung in die Umweltgeschichte. Darmstadt 1994.
Jantzen, W.: Voran zur Eintracht mit der Natur! In: Demokratische Erziehung (1986), H. 7/8, 42–49.
⑲ Jonas, H.: Das Prinzip Verantwortung. Versuch einer Ethik für die technologische Zivilisation. Frankfurt a. M. 1979.
Kahlert, J.: Die mißverstandene Krise. Theoriedefizite in der umweltpädagogischen Kommunikation. In: Zeitschrift für Pädagogik 1991 (37) 1, 97–122.
⑳ Kant, I: Gesammelte Werke. Bd. 1–6. Wiesbaden 1958–1964.
㉑ Kierkegaard, S.: Der Begriff Angst. Gesammelte Werke. 11. und 12. Abt. Düsseldorf 1958 (1844).
Kirchgässner, G.: Homo Oeconomicus: Das ökonomische Modell individuellen Verhaltens und seine Anwendung in den Wirtschafts- und Sozialwissenschaften. Tübingen 1991.
Krol, G. J.: Ökologie als Bildungsfrage? Zum sozialen Vakuum der Umweltbildung. In: Zeitschrift für Pädagogik 1993 (39) 4, 651–672.
Lenk, H.: Über Verantwortungsbegriffe und das Verantwortungsproblem in der Technik. In: Lenk, H./Ropohl, G. (Hrsg.): Technik und Ethik. Stuttgart 1987, 122–149.
㉒ Luhmann, N.: Ökologische Kommunikation. Kann die moderne Gesellschaft sich auf ökologische Gefährdungen einstellen? Opladen 1986.

参考文献

（丸数示は邦訳のある文献を示す。末尾にリストを挙げる）

① Adorno, T. W./Horkheimer, M.: Dialektik der Aufklärung. Philosophische Fragmente. Frankfurt a. M. ²1969 (1947).

② Adorno, T. W.: Ästhetische Theorie. Frankfurt a. M. 1973.

Alberoni, F.: Erotik – weibliche Erotik, männliche Erotik – Was ist das? München 1987.

Altner, G.: Naturvergessenheit. Grundlagen einer umfassenden Bioethik. Darmstadt 1991.

③ Badinter, E: Ich bin Du. Die neue Beziehung zwischen Mann und Frau oder die androgyne Revolution. München ⁵1993.

Baumgarten, A. G.: Aesthetica. Frankfurt a. d. Oder 1750.

④ Beauvoir, S. de: Das andere Geschlecht. Sitte und Sexus der Frau. Hamburg 1976.

⑤ Beck, U.: Risikogesellschaft. Auf dem Weg in eine andere Moderne. Frankfurt a. M. 1986.

Beer, W./de Haan, G. (Hrsg.): Ökopädagogik. Aufstehen gegen den Untergang der Natur. Weinheim/Basel 1984.

Birnbacher, D.: Verantwortung für zukünftige Generationen. Stuttgart 1988.

⑥ Bloch, E.: Das Prinzip Hoffnung. Frankfurt a. M. 1959.

Böhme, G.: Der offene Leib. Interpretationen der Mikrokosmos-Makrokosmos-Beziehung bei Paracelsus. In: Kamper, D./Wulf, C. (Hrsg.): Transfigurationen des Körpers. Berlin 1989, 44–58.

Böhme, G.: Für eine ökologische Naturästhetik. Frankfurt a. M. 1989.

Böhme, G.: Natürliche Natur. Über Natur im Zeitalter der technischen Reproduzierbarkeit. Frankfurt a. M. 1992.

⑦ Bollnow, O. F.: Das Wesen der Stimmungen. Frankfurt a. M. ⁵1974.

Brüggemeier, F. J./Rommelspacher, T.: Besiegte Natur. Geschichte der Umwelt im 19. und 20. Jahrhundert. München 1987.

Bubner, R.: Ästhetische Erfahrung. Frankfurt a. M. 1989.

⑧ Burke, E.: Philosophische Untersuchung über den Ursprung unserer Vorstellungen des Erhabenen und Schönen. Hamburg 1980.

Calliess, J./Lob, R. E. (Hrsg.): Handbuch Praxis der Umwelt- und Friedenserziehung. Düsseldorf 1987. 2 Bde.

⑨ Camus, A.: Der Mythos von Sisyphus. Hamburg 1959.

⑩ Carson, R.: Silent Spring. Drawings by Lois and Lois Darling. Boston (Mass.) 1987. Deutsch: Der stumme Frühling. München 1963.

⑪ Club of Rome: Die Grenzen des Wachstums: Bericht des Club of Rome zur Lage der Menschheit. Stuttgart 1972.

Etzioni, A.: The Active Society. A Theory of Societal and Political Process. London 1968.

訳者あとがき

本書は、Eckhard Meinberg, *Homo Oecologicus : Das neue Menschenbild im Zeichen der ökologischen Krise*, Wissenschaftliche Buchgesellschaft, Darmstadt, 1995 の全訳である。

環境保護思想に関するものまで含めると、今日、エコロジー（ないし環境）倫理（学）に関する文献は、汗牛充棟只ならぬものがある。最近一〇年間だけをとってみても、優に五〇冊以上になる（翻訳を含む）。内容もまた千差万別である。

このような現状のなかで、本書のユニークさを挙げれば、「人間像」に焦点を合わせ、とくに人間の身体性と感性の重要性を論証することによって、一方では、自然と文化の緊張に満ちた絡み合いを多角的に解きほぐしながら、他方では、身体化された理性概念の主導的性格を浮き彫りにしていることである。

原著の出版後の書評（ドイツ語圏だけで、一〇本が訳者の手元にある）は、いずれもこの点を強調している。そのなかでマリアンネ・ヴォレンヴェーバーの書評をここに紹介しておこう（一〇本のなかで、比較的簡潔かつ的確である）。

エコロジー的人間——総合化の探求

チェルノブイリの炉芯の破局は、グローバルな環境危機の悲しむべきシンボルとなった。人間は自然への依存から解放されるために、自らが制御できると考えている技術化の犠牲となったのだ。人類と自然が生き延びるために、環境に公正な人間―自然関係はどうあるべきか、この根本的な問いかけにたいして、この間多くの回答が与えられた。だが、人間の指導理念たるホモ・エコロギクス——これは、エコロジー的危機の体験を反映していると同時に、この危機からの出口も示している——は、いったいどのようにしてこの要請を満たせるのだろうか。

マインベルクは、現代の学問的論争、さまざまな人間学的命題、哲学的人間像におけるエコロジー的に有用な内容を研究して、次の結論に至る。すなわち、従来のエコロジー的人間モデルは断片的で、かつ部分的には問題が多い。たとえば、「自然に還れ」式の要求は単純素朴にすぎよう。マインベルクによれば、ホモ・エコロギクスは自然的かつ文化的存在なのだ。人間的実存のアンビヴァレントな両極には、これまで適切なバランスが欠けていた。たしかに世界の技術化は文化的成果と認められねばならない。これにより、人間だけが自然を操作できるようになったのだが、しかし今や技術の結果を前にして、いかにして自分と自然を救えるかという地点にまで来てしまった。

享受はするが倹約する人間

求められているのは、ある新しい道徳と美学である。何よりもまず文化的危機たるエコロジー的危機を克服するために、マインベルクはアルベルト・シュヴァイツァーとともに、「生命にたいする畏敬」に立脚する。他の生物との苦悩の共有、将来にたいする責任も、あらゆる生物との平和的共‐生を旨とする。しかも、善き生活は美的生活でもなければならない。すなわち、ホモ・エコロギクスの美的知覚世界は、自然美も芸術美も包摂し、芸術によってユートピアへと形を変える現実は、幸福な実存の可能性を示している。言い換えると、ホモ・エコロギクスは禁欲的な自然の使者ではなく、自覚的に倹約する人間、現代的で、文化と身体を意識しつつ楽しむ人間、感情と理性の調和をはかる人間なのだ。というのも、「情緒なき理性は空虚であり、理性なき情緒は盲目だからだ」。

マインベルクのホモ・エコロギクスは、徹底したホモ・ポリティクス、地域的・文化的特殊性に鋭い感覚をもつ人間であると同時に、自然の救済を最優先する世界市民たらねばならない。今日のグローバルな環境破壊につながる人々の意識は、自然否定に結びつく方向に進んでもいる。しかしマインベルクは、教育学者が言うような黙示録的、悲劇的シナリオには反対する。それだけに、「エコロジー的アウシュヴィッツ」という彼の警告には奇異な印象を抱かざるをえない。このような直喩では、ナチス強制収容所の殺人装置を過少評価することにつながり、さらに、環境破壊者にたいする非民主的でエコ・ファシズム的な手段としてこの考え方が利用されかねない。

それにもかかわらず、マインベルクは、現代の破壊的な〈ホモ・エコノミクス〉にたいするすばらしい対案を用意してくれた。本書は、将来のエコロジー的挑戦にさらに深く応えるための基本書であり、大いに推賞されるべき作品である。

＊　＊　＊

次に、筆者のなかでの本書の位置付けについて、私的ながら一言させて頂くわがままをお許し願いたい。

筆者にとってエコロジー思想の問題が再燃したきっかけは、一九八六年の母の死であった。より善き生活をめざして筆者が選んだはずの（従来の）社会思想史という学問は、かけがえのない個人の死を受容するには無力であった。言い換えると、死に先立つ生の充実度を測る究極的基準がこの学問を通しては不明確であった。それ以来、生きることの意味、生命の価値、存在の平等、生を贖う死等々といった問題群に日夜悩むことになった。その過程で、次の課題に取り組むことにした。

(1)　従来の社会思想史をエコロジー、ラディカル・デモクラシー、女性解放、南の解放という四つの視点から組み換えること。

(2)　そのために、今後最低一〇年間は翻訳作業に専念し学び直すこと。

(3)　(1)～(2)を経て、再度ヘーゲルと格闘すること。

この課題設定は、一九九〇年の長女の大手術等を経験するなかで、さらに確固としたものになっていった。(2)の作業は、①ラディカル・デモクラシー、フランクフルト学派系[†1]、②エコロジー思想[†2]、③フェミニズム、南関係[†3]と続き、(1)の作業は、教科書執筆および翻訳[†4]として具体化された。この間いくつかのエッセイは書いたが、学問的オリジナリティを要求される(3)の作業はこれからの課題として残されている。

マインベルクの本書は、(2)—②および(1)と密接に関連している。理論的水準がとりわけ高いわけではないが、〈身体的理性〉という筆者の思想と最も強く共鳴したため、最後の翻訳書として選んだ次第である。

翻訳は壽福（はじめに・一—二章・五章五節・六—七章）、後藤浩子（三—四章・五章第一〜四節）の二人で分担し、最終稿と訳注・索引は後藤が作成した。なお、原典のイタリクス等の強調は傍点とした。

今回も山田さん、吉住さんに大変お世話になった。御配慮と御厚意に感謝します。

壽福　眞美

二〇〇一年六月二〇日

故　二美子、五二歳の誕生日に

＊本書は、一九九八年度法政大学特別研究助成金「ドイツ・エコロジー思想史」による成果の一部である。

†1——クラウス・オッフェ『後期資本制社会システム——資本制的民主制の諸制度』法政大学出版局、一九八八年。

ヘルムート・G・ハージス『共和主義の地下水脈——ドイツ・ジャコバン派　一七八九—一八四九年』新評論、一九九〇年。

†2——メアリ・メラー『境界線を破る！——エコ・フェミ社会主義に向かって』共訳、新評論、一九九三年。

クラウス・エーダー『自然の社会化——エコロジー的理性批判』法政大学出版局、一九九二年。

†3——ロッシ・ブライドッチ他『グローバル・フェミニズム——女性・環境・持続可能な開発』共訳、青木書店、一九九九年。

ミース／シヴァ『エコ・フェミニズム——脱開発とサブシスタンス社会に向かって』共訳、新曜社、二〇〇一年(予定)。

†4——アンドリュー・カトロッフェロ『暁のフクロウ——続・精神の現象学』法政大学出版局、一九九九年。

高校教科書『倫理』教育出版、一九九二年、一九九八年。

地名索引

プロタゴラス　Protagoras　39
ブロッホ、エルンスト　Bloch, Ernst　43, 154, 192–3, 250
フント、マグヌス　Hundt, Magnus　39
フンボルト、ヴィルヘルム・フォン　Humboldt, Wilhelm von,　39, 163

ヘーゲル　Hegel, Georg Wilhelm Friedrich　125, 127, 146, 163, 181, 182, 262
ベーコン、フランシス　Bacon, Francis　100
ペスタロッチ　Pestalozzi, Johann Heinrich　39
ヘッケル、エルンスト　Haeckel, Ernst　29
ベーメ　Böhme, G.　164
ヘルダー　Herder, Johann Gottfried　94, 162, 165
ヘルツ、マルクス　Herz, Marx　40

ボーヴォワール、シモーヌ・ドゥ　Beauvoir, Simone de　213
ホメロス　Homer　161
ホルクハイマー　Horkheimer, Max　84, 259
ボルノー　Bollnow, Otto Friedrich　92

マ行

マクルーハン　McLuhan, Marshall　275
マルカルド　Marquard, Odo　268
マルクーゼ、ヘルベルト　Marcuse, Herbert　143

メルローポンティ　Merleau Ponty, Maurice　204, 217

モスコヴィッシ、セルジュ　Moscovici, Serge　54

ヤ行

ヤスパース、カール　Jaspers, Karl　118

ヨナス　Jonas, Hans　149–58, 250, 251, 252

ラ行

リオタール　Lyotard, Jean François　183

ルソー　Rousseau, Jean–Jacques　75–89, 90, 91, 98, 112, 137

レンク　Lenk, H.　149

ローゼンクランツ　Rosenkranz, K.　182
ロポール　Ropohl, Günter　112

204, 225

シェーラー　Scheler, Max　41, 42, 72, 92
シェリング　Schelling, Friedrich Wilhelm Joseph von　106–7, 163
シュヴァイツァー　Schweitzer, Albert　136–58
シュティフター　Stifter　191
シュプランガー　Spranger, Eduard　195
シュミッツ　Schmitz, Hermann　246, 248
シュライヤーマッハー　Schleiermacher, Friedrich　278
ショーペンハウアー　Schopenhauer, Arthur　78, 127
シラー　Schiller, Friedrich　163, 181, 190, 192, 238
シンガー、ピーター　Singer, Peter　142

スティーヴンソン　Stevenson, Charles L.　145

ゼール　Seel, Martin　185

ソクラテス　Sokrates　161
ソレル　Sorel, Georges　95

タ行

デカルト　Descartes, Rene　100, 101

ナ行

ニーチェ　Nietzsche, Friedrich Wilhelm　52, 127, 144, 204, 221, 248

ハ行

バーク　Burke, Edmund　182
ハイゼンベルク Heisenberg, Werner 102
ハイデガー　Heidegger, Martin　70, 247, 253, 256
バウムガルテン　Baumgarten, A. G. 162, 171, 172, 174, 179
バダンテール　Badinter, Elisabeth 215, 216
ハバーマス　Habermas, Jürgen 268
パラケルスス　Paracelsus　215, 240, 242

ヒッポクラテス　Hippocrates　122
ピュタゴラス　Pythagoras　142
ビルンバッハー　Birnbacher, D. 155, 156

フィンク　Fink　120
フォイエルバッハ　Feuerbach, Ludwig　204
フーコー　Foucault, Michel　168, 184
プラトン　Plato　71–2, 125, 126, 161, 166, 183, 189, 192, 215, 225
フリードリヒ、カスパー・ダフィート　Friedrich, Caspar David　190
プレスナー　Plessner, Helmuth　41, 42, 46, 92, 93, 94, 95, 96, 207, 263
フロイト　Freud, Sigmund　219, 227, 251, 266, 267

人名索引

ヤ行

ラ行

タ行

ナ行

ハ行

マ行

サ行

事項索引

訳者紹介

壽福眞美（じゅふく　まさみ）

1947年生まれ。法政大学社会学部教授。

〔著書〕『批判的理性の社会哲学――カント左派とヘーゲル左派』（法政大学出版局、1996）など。〔翻訳〕ヘルムート・G・ハージス『共和主義の地下水脈――ドイツ・ジャコバン派1789―1849年』（新評論、1990）、メアリ・メラー『境界線を破る！――エコ・フェミ社会主義に向かって』（共訳、新評論、1993）、クラウス・エーダー『自然の社会化――エコロジー的理性批判』（法政大学出版局、1992）、アンドリュー・カトロッフェロ『暁のフクロウ――続・精神の現象学』（法政大学出版局、1999）、ロッシ・ブライドッチ他『グローバル・フェミニズム――女性・環境・持続可能な開発』（共訳、青木書店、1999）、ミース／シヴァ『エコ・フェミニズム――脱開発とサブシスタンス社会に向かって』（共訳、新曜社、2001近刊予定）など。

後藤浩子（ごとう　ひろこ）

1960年生まれ。ダブリン大学トリニティ・カレッジPh.D. 法政大学経済学部助教授。〔論文〕“The Dawn of Anti–imperialism : Irish Radicals and their Liberal Project for Modernisation of Ireland in the 1780–90 s”, Dublin University, Trinity College Ph. D. Thesis など。

〔翻訳〕メアリ・メラー『境界線を破る！――エコ・フェミ社会主義に向かって』（共訳、新評論、1993）、ロッシ・ブライドッチ他『グローバル・フェミニズム――女性・環境・持続可能な開発』（共訳、青木書店、1999）、ミース／シヴァ『エコ・フェミニズム――脱開発とサブシスタンス社会に向かって』（共訳、新曜社、2001近刊予定）など。

エコロジー人間学
ホモ・エコロギクス――共－生の人間像を描く　（検印廃止）

2001年7月20日初版第1刷発行

著　者　エックハルト・マインベルク
訳　者　壽福眞美
　　　　後藤浩子
発行者　武市一幸

発行所　株式会社 新評論

〒169-0051　東京都新宿区西早稲田3―16―28
http : //www.shinhyoron.co.jp
TEL 03（3202）7391
FAX 03（3202）5832
振替 00160-1-113487

定価はカバーに表示してあります
落丁・乱丁本はお取り替えします

装幀　山田英春
印刷　新栄堂
製本　河上製本

ISBN4-7948-0524-1　C0010
Printed in Japan